CAICT 中国信息通信研究院
China Academy of Information and Communications Technology

CAICT Insight ON ICT-2015

2015年泰尔ICT深度观察

中国信息通信研究院◎编

人民邮电出版社
北京

图书在版编目（CIP）数据

2015年泰尔ICT深度观察 / 中国信息通信研究院编
. -- 北京 : 人民邮电出版社, 2015.3
ISBN 978-7-115-38565-9

Ⅰ. ①2… Ⅱ. ①中… Ⅲ. ①通信－邮电企业－企业
经济－研究－中国－2015 Ⅳ. ①F632

中国版本图书馆CIP数据核字(2015)第031497号

内 容 提 要

本书主要内容为中国信息通信研究院在行业发展、法律法规、产业与政策、通信监管、互联网、无线和移动、宽带与泛在网络、网络与信息安全八大软科学研究领域的深度观察报告，具有较高的时效性、权威性和实用性。

本书的主要读者对象为各级政府和行业主管部门、国内外电信运营商、设备制造商、增值服务提供商及相关行业协会、高等院校、研究机构的相关人员。

◆ 编　　　　中国信息通信研究院
　责任编辑　杨　凌
　责任印制　彭志环
◆ 人民邮电出版社出版发行　　北京市丰台区成寿寺路 11 号
　邮编　100164　　电子邮件　315@ptpress.com.cn
　网址　http://www.ptpress.com.cn
　三河市潮河印业有限公司印刷
◆ 开本：787×1092　1/16
　印张：15.75　　　　2015 年 3 月第 1 版
　字数：362 千字　　　2015 年 3 月河北第 1 次印刷

定价：298.00 元

读者服务热线：(010)81055488　印装质量热线：(010)81055316
反盗版热线：(010)81055315

编 委 会

作　者

行业发展篇　鲁春丛　张丽　许立东　刘默　张悦　刘今超　王晓玲　朱彤　贾敬宇　孙克　刘高峰　杨子真

法律法规篇　李海英　毕春丽　王融　杨筱敏　杨扬　石月　沈玲　李梅　姚财福　伦一　苏子汀　何波

产业与政策篇　辛勇飞　曹蓟光　史德年　郝也　韦柳融　陶泽荣　王伟华　张春飞　屠晓杰　张琳　杨思维

通信监管篇　马源　李冬　胡善冰　高巍　贺宁　刘光浩　贺佳　马慧　刘丽文　姜涵　肖云　石立娜　杨光

互联网篇　何宝宏　覃庆玲　刘越　朱乾龙　魏凯　栗蔚　张倩　张丽　汤子健　李原　高巍　郭丰　贺佳（政经所）　刘悦　孙鑫　孙颖　贺佳（信息所）　宋恺　吴韶鸿　刘飞　王亦澎　陈慧慧

无线与移动篇　万屹　王彦龙　沈嘉　罗振东　刘思言　付有奇　潘峰　宋颖　路博　杨天一　杨萌

宽带与泛在网络篇　续合元　王爱华　张海懿　杨然　马军锋　王洪岭　李海花　陈才　李少晖　葛雨明　高艳丽　陆洋　吴冰冰　刘阳

网络与信息安全篇　魏亮　田慧蓉　郭丰　赵爽　落红卫　陈其云　魏翔　王奕澎　戈志勇　李晶晶　景慧昀

序

2014年，全球经济复苏回暖。ICT产业发展走出连续两年的低谷期，规模达5.1万亿美元，同比增长4.5%。总体来看，全球ICT正在进入互联网驱动的新一轮科技革命和产业变革爆发期，信息通信技术的重大突破、跨界融合、集成创新和深度应用，不断颠覆人类社会的生活、生产方式，极有可能重塑全球经济结构，转换产业竞争主赛场。这一轮变革以信息通信技术与制造业的融合创新为主要特征，美、德为代表的发达国家提出先进制造伙伴计划、工业"4.0"计划，引发国际社会高度关注。

我国信息通信产业发展与十八大以来提出的全面深化改革、建设网络强国、依法治国的总目标和总要求深度交汇关联，正站在一个新的历史起点上。2014年，在扩大内需、技术创新和投资驱动等多重因素作用下，我国ICT总产值突破15.5万亿元，同比增长11.4%，是全球平均增速的2.5倍；ICT服务收入占ICT总收入的比重提升至34%，产业结构持续优化。信息消费规模突破2.8万亿元，对GDP增长的直接贡献超过0.77个百分点。从信息通信服务业来看，整体发展速度放缓，基础电信业由中高速增长转入中低速增长。互联网企业收入高速增长。基于互联网的服务收入在行业中的占比首次超过50%，行业步入以互联网主导的发展新阶段。基于互联网的众筹、众包、众创、众享等新模式、新产品、新业态排浪式兴起，加速扩散，形成一支支零散、广泛但气势磅礴的力量，不断激发大众创业、万众创新的热情和活力，开启"互联网+"新时代。从ICT制造业来看，集成电路各产业环节取得新突破，国内企业首次跨入28nm的国际主流工艺门槛。LTE促进终端设备制造业升级换代。智能汽车、智能可穿戴、人工智能、3D打印等创新产品迭出，智能化全面提速。2015年，中国ICT产业增速约为11%，产业规模预计突破17万亿元。

实施创新驱动发展战略、促进“四化”同步发展、建设网络强国、依法治国等一系列国家战略部署，需要高水平智库提供ICT科研支撑。在巩固传统电信优势的基础上，我院构建了以互联网为主线、以ICT主要领域和关键环节为重心、辐射综合政策的研究体系。2014年12月，我院正式更名为中国信息通信研究院，“中国”意味着更高层次，体现了努力建设“国家高端专业智库、行业创新发展平台”的更高追求和更远目标；“信息通信”意味着更宽的领域，体现了我院的立足点和科研业务体系全面转型的大方向。作为“重大决策支撑者、行业发展规划者、技术标准引领者、产业创新推动者和政府监管服务者”，我院努力在信息通信领域发挥核心支撑和引领作用。今年是我院第七次，也是首次以“中国信息通信研究院”新名称发布《ICT深度观察》，本书集中了我院行业发展、法律法规、产业与政策、通信监管、互联网、无线与移动、宽带与泛在网络、网络与信息安全八个领域的研究成果，为社会各界了解ICT产业最新态势和发展趋势提供参考。不当之处，请读者指正。

2015年2月于北京

目 录

行业发展篇

导 读

2014 年，全球基础电信业呈转折性复苏态势，基础电信业务收入增速由负转正，同比增长 0.7%。全球互联网服务业规模持续扩大。受移动话音和移动增值加剧萎缩影响，我国基础电信业收入增速下滑至 4.0%；信息通信业收入增速随之下滑至 12.3%，总收入近 1.7 万亿元。

2014 年，信息通信业发展呈现出以下四个突出特点。一是信息通信业呈现 3 个 50% 的显著转变。基于互联网的业务收入在全行业中的占比首次突破 50%，智能手机用户渗透率首次超过 50%，移动非话在移动 ARPU 值中的占比接近 50%。二是新一轮投资并购热潮持续，重绘全球行业竞争版图。全球基础电信业并购交易规模达到十年以来的历史最高值，互联网投资并购呈现“交易大手笔频现、涉足领域广泛、抢先移动端布局”三大特点。三是基础电信企业加快转型创新，通过加强流量经营、生态经营和拓展新业务经营等不断创新经营方式。四是信息消费加快推进，预计全年信息消费规模达到 2.8 万亿元，拉动国民经济相关行业新增产出 1.18 万亿元。

2015 年，随着全球经济持续复苏，全球信息通信业将持续反弹。我国信息通信业呈现六大发展趋势：一是基础电信业增速止跌回升，同比增长 5.4%，信息通信业增速随之提升至 16.5%；二是移动数据业务规模首次超过移动话音；三是 4G 用户高速发展，移动宽带（3G 和 LTE）用户占比突破 50%；四是移动户均流量高速攀升，ARPU 值触底回升；五是数据资费进一步下降，普惠民生激发消费；六是 4G 成为投资重点，网络设施水平持续提升。

本篇作者：

鲁春丛　张丽　许立东　刘默　张悦　刘今超　王晓玲　朱彤　贾敬宇　孙克
刘高峰　杨子真

一、2014 年信息通信业发展综述

（一）全球信息通信业发展

1. 行业持续复苏，移动数据引领收入增长

全球基础电信业持续复苏。由于全球经济触底缓慢回升，2014 年全球基础电信业走势向好。基础电信业务收入增速由负转正，全年基础电信服务业收入 16 350 亿美元，同比增长 0.7%。其中，移动数据业务收入成为基础电信业务收入增长的最关键动力，2014 年移动数据在基础电信服务业中的占比增加 2 个百分点。全球基础电信服务业和 CDP 增速如图 1 所示。

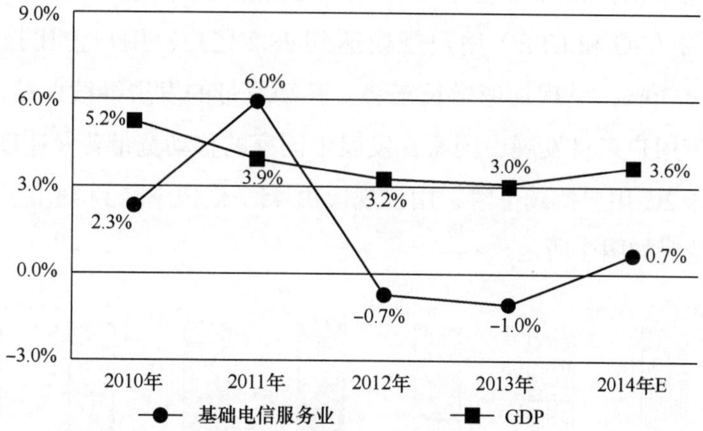

注：年份后的“E”表示估计值，全书均同。

图 1　全球基础电信服务业和 GDP 增速（数据来源：Gartner）

电信业收入结构进入新阶段。用户对 OTT 业务的使用日益普遍，所产生的替代作用导致数据业务在整体电信业务收入中的比例持续提升。2014 年基础电信业非话收入占比突破 50%，比 2013 年提高 3.1 个百分点。受移动互联网业务发展的影响，移动数据成为全球电信业最主要的增长动力，拉动整体基础电信业增长 2 个百分点。移动话音依然是最大的收入组成部分，但是其贡献份额比 2013 年减少了 1.1%。固定话音收入的下滑最为明显，用户对固定话音业务使用量增长放缓带来的固定话音业务收入减少，导致整体电信业收入下降 2.1 个百分点。总体来看，移动替代固定趋势更加明显，

2014 年移动收入占比超过 60%。全球基础电信业收入结构如图 2 所示。

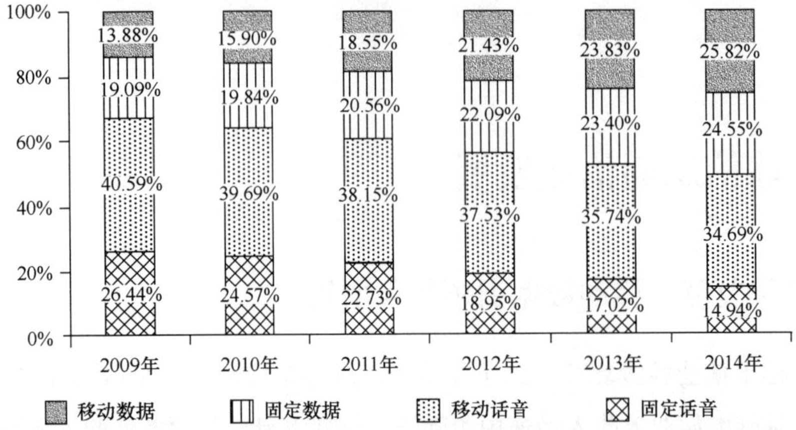

图 2　全球基础电信业收入结构（数据来源：基于 IDATE 和 Informa 数据估算）

2. 宽带用户加速普及，驱动流量迅猛增长

移动用户宽带化。2014 年全球移动用户规模达到 71.1 亿户，普及率接近 100%。其中，移动宽带（3G 和 LTE）用户规模达到 28.2 亿户，用户占比接近 40%，智能手机渗透率超过 30%，呈现加速增长态势。移动宽带的发展继续保持两位数的涨幅，55% 的移动宽带用户来自发展中国家，发展中国家的移动宽带普及速度相当于发达国家的两倍。全球 2G 用户持续下滑，用户规模由 45.7 亿户下降到 43 亿户。全球移动用户增长及构成情况如图 3 所示。

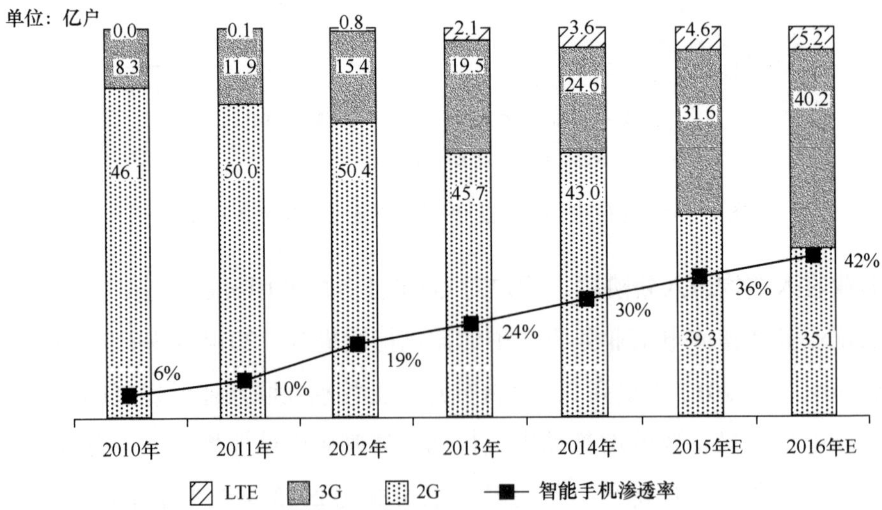

图 3　全球移动用户增长及构成（数据来源：Informa、CDG、GSMA）

光纤宽带进入普及期。由于话音和短信等传统业务收入一直在下滑，全球运营商日益重视高速宽带网络的发展。同时，世界各国政府也高度重视宽带网络的建设，国家宽带战略的实施推动了全球光纤市场的快速发展。近年来，全球固定宽带用户中光纤宽带占比持续提高，从 2008 年的 11% 增加到 2014 年的 34%，如图 4 所示。

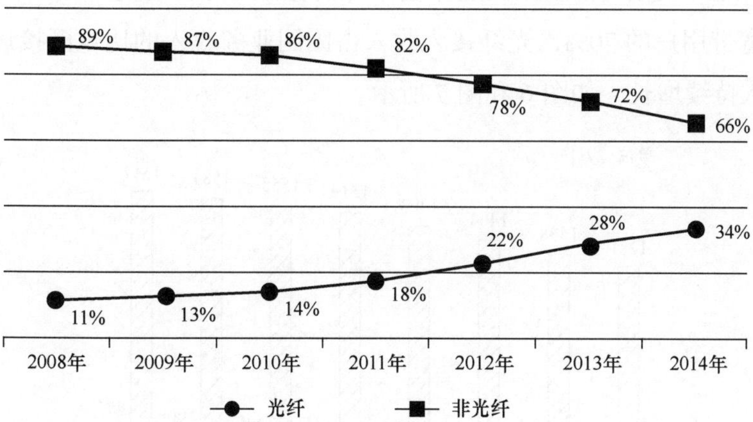

图 4　全球固定宽带用户中光纤占比逐年提升（数据来源：Point Topic）

流量迅猛增长，移动化趋势加剧。思科预测，全球总流量将从 2014 年的 61EB/月增长到 2018 年的 128.5EB/月，月均流量将翻番，流量复合增长率达到 21%。在移动互联网业务的作用下，移动流量占比逐年增长，将从 2014 年的 4.1% 增长到 2018 年的 12%，如图 5 所示。

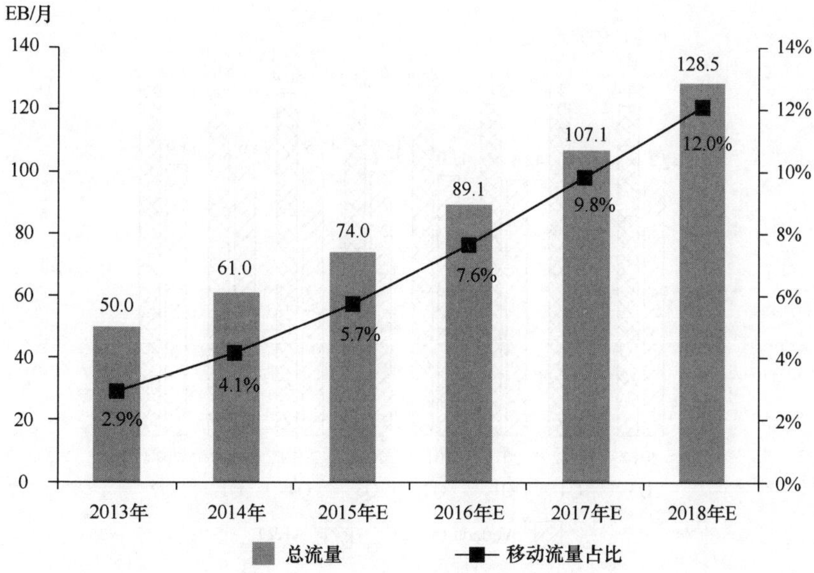

图 5　移动流量占固定流量的比例（数据来源：思科）

3. 光纤宽带对固网业务的拉动作用日益显著

光纤宽带在驱动流量的同时，也拉动固网业务收入的持续增长。传统固定电话业务在全球范围内不同程度地走向饱和与衰退，固网业务的发展面临增长乏力的困境。在此背景下，光纤正成为带动固网业务复苏的核心驱动力。北美 Verizon 等企业的光纤用户已占到宽带用户的 70%，光纤接入收入占固网业务收入的比重已接近 70%，带动固网业务收入持续增长，如图 6 和图 7 所示。

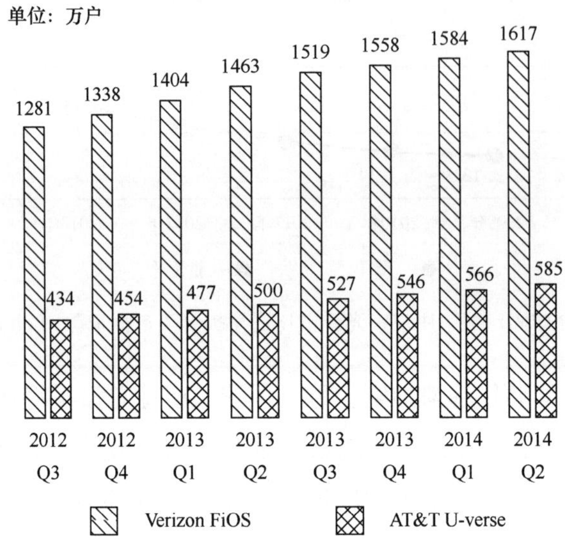

图 6　北美运营商光纤宽带用户数

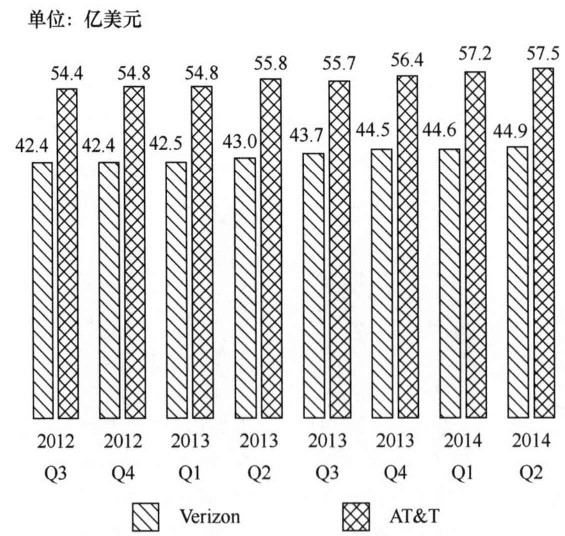

图 7　北美运营商固网业务收入（数据来源：公司财报）

4. 运营企业在复苏中谋求转型

全球电信运营商在面对日益激烈的业内竞争的同时，还遭遇各类互联网企业的颠覆性竞争，用户发展和获利能力都受到直接影响。传统运营商通过多种方式实施转型，各地区表现与效果不尽相同。**北美地区流量经营效果持续释放。**北美是全球最大的LTE市场，拥有最高的智能终端普及率和光纤接入普及率。以AT&T和Verizon为代表的企业凭借流量经营取得收入增长。**欧洲地区开始显现全面复苏迹象。**由于漫游费管制影响减弱，以及海外市场的增长和经济复苏的影响，大部分企业实现收入正向增长。**日韩地区通过发展4G与并购推动增长。**韩国与日本领跑全球LTE市场发展，普及率分别达到70%和40%。由于LTE用户的ARPU（每用户平均收入）值为全球平均水平的4倍，因此对提振ARPU值、保有高价值用户将起到明显作用。此外，并购也是日韩企业推动增长的重要途径，如软银通过并购大举扩张，对内挤压NTT DoCoMo等传统主导企业。**中国运营商收入增速大幅下滑。**由于市场接近饱和带来的用户增长减缓，以及OTT业务（基于互联网的各种业务）的冲击，中国运营商的流量经营仍在摸索中，收入增速出现下滑。**发展中市场的传统发展模式陷入困局。**长期以来，发展中市场过度依赖规模增长，在用户市场未饱和地区收入仍可增长，然而，当用户增长停滞后，收入即随之下滑。主要运营商收入增长速度如图8所示。

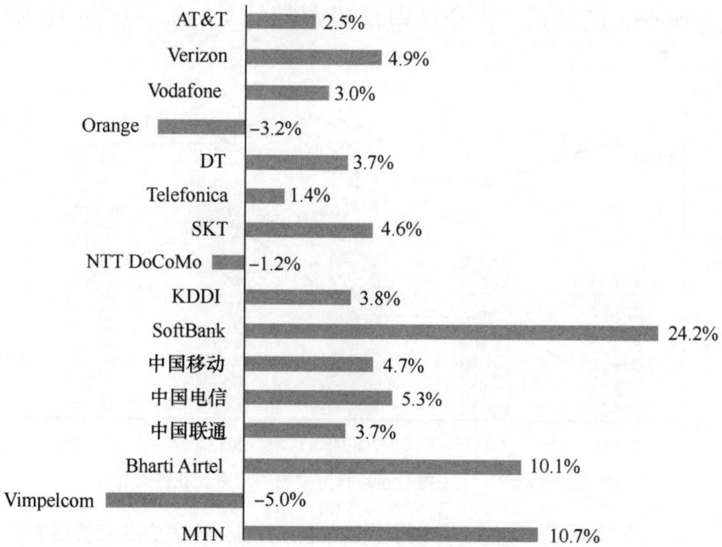

图8 主要运营商收入增长速度（数据来源：运营商财报）

从利润率来看，北美与日韩企业利润率较高，体现出流量经营的成功所带来的持续获利能力提高。北美与日韩的电信运营商保持两位数的利润率，其中，日本

SoftBank的利润率最高，达30%以上。中国的电信运营商利润率偏低，三家基础电信运营商中，只有中国移动的利润率高于典型企业平均水平（12.4%）。主要运营商利润率如图9所示。

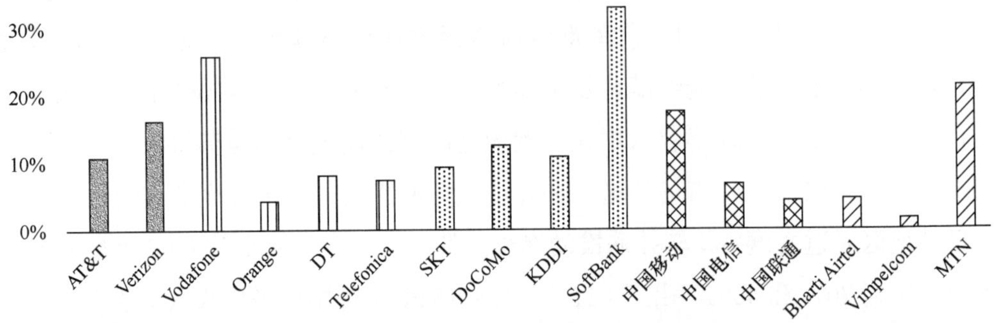

图9　主要运营商利润率（数据来源：运营商财报）

5. LTE网络驱动投资，我国投资效益低

移动宽带建设驱动投资增长。全球主要运营商积极部署LTE网络，至2014年9月，全球共有331个LTE网络在112个国家商用。移动宽带网络建设掀起新一轮投资热潮，电信运营商纷纷加大投资以提高4G网络速率和覆盖率。在移动宽带和其他因素的驱动下，2014年全球电信投资比2013年增加6.2%，投资总额达3774亿美元。其中，我国电信投资额达到652亿美元，占全球电信投资额的17.3%，如图10所示。

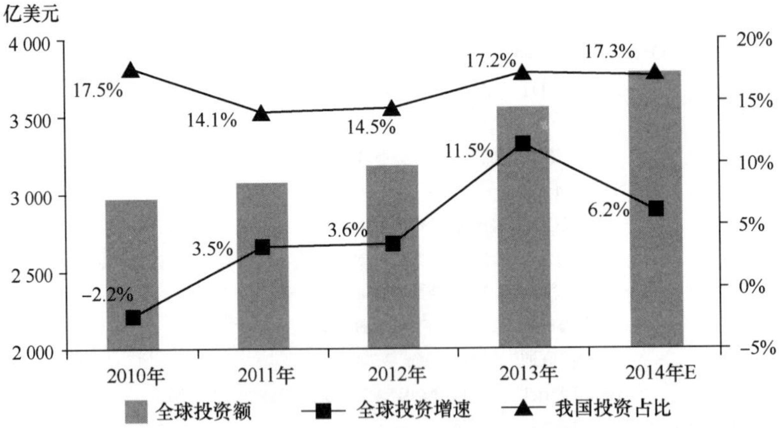

图10　全球及我国电信投资额（数据来源：ITU，中国信息通信研究院）

我国投资收入比高于全球平均水平。全球电信投资收入比多年维持在16%左右，而我国的投资收入比一直高于全球水平。2014年，我国投资收入比为33%，高于全球平均水平15个百分点，如图11所示，主要原因是我国电信业仍处于快速发展阶段，

电信业的收入增长带来更大的网络投资驱动力。未来，随着我国电信市场的进一步成熟和发展，总体上电信投资收入比将会呈现下降趋势。

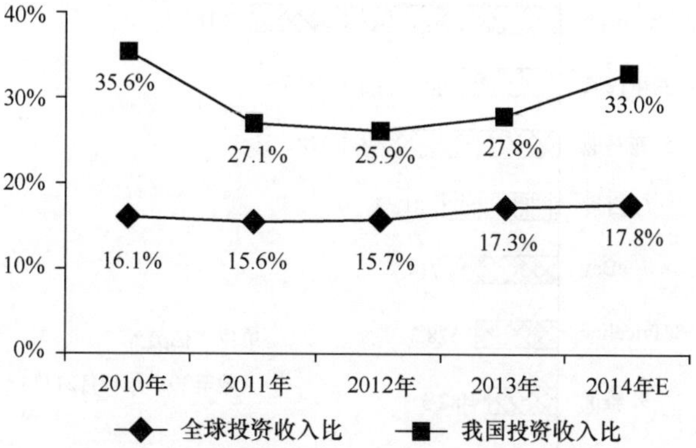

图 11　全球及我国投资收入比（数据来源：ITU，GSA）

6. 互联网服务业规模持续扩大，市值高速攀升

全球互联网服务业规模持续扩大。全球收入前 10 强互联网企业 2014 年总营收达 2600 亿美元，同比增长 26.9%，如图 12 所示。2014 年 9 月 19 日巨头阿里巴巴上市拉动**全球互联网市值高速攀升**。截至 12 月 21 日，全球前 30 强市值高达 1.7 万亿美元，同比增长 50.5%。**全球互联网已形成显著的中美两大国格局**，前 10 强由中美包揽：美国 7 家，中国由 2 家增加到 3 家，如图 13 所示。前 30 强中，美国 17 家，中国 9 家，其他国家合计 4 家。**阿里上市使中国与美国的市值差距持续缩小。**前 30 强中，中国公司市值 5700 亿美元，美国 1.1 万亿美元，我国超美国的 1/2，而 2013 年这一比例仅为 1/5，差距大幅缩小。

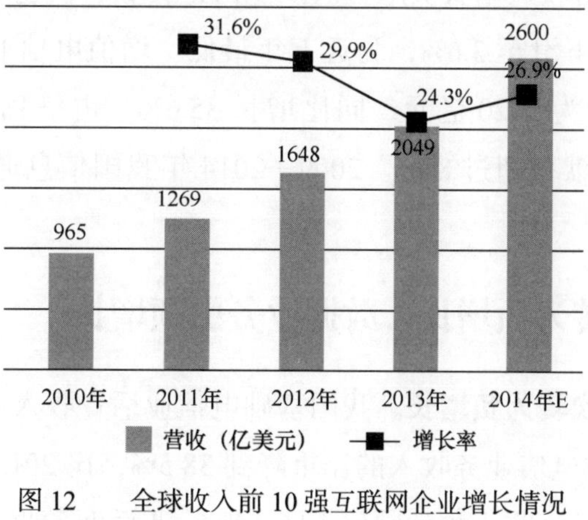

图 12　全球收入前 10 强互联网企业增长情况

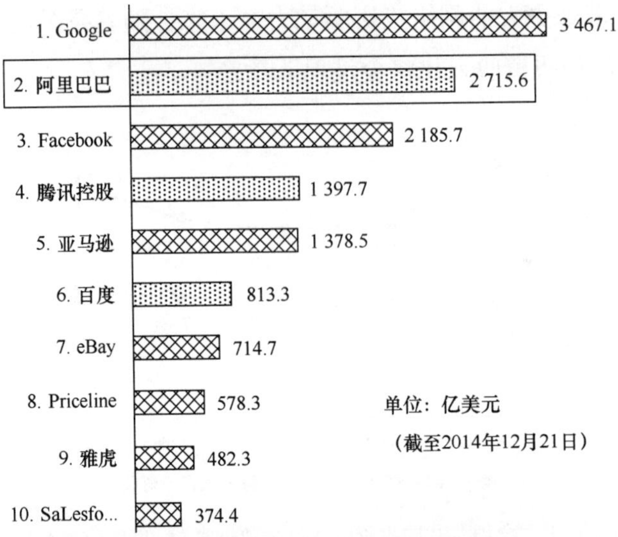

图 13　全球市值前 10 强互联网企业排名

（二）我国信息通信业发展

1. 我国信息通信业增速下滑，增值业持续高速增长

我国信息通信业增速下滑。2014 年，我国信息通信业收入增速略有下滑，全年增速 12.3%，规模达到 1.7 万亿元人民币，信息通信业占 GDP 比重约为 1.58%。其中，基础电信业自 6 月 1 日起实施“营改增”政策，这使得 6 月之后实际计入财务账面的收入直接减少，预计全年实际账面收入将减少 500 亿元，仅为 11 541.1 亿元。受移动话音和移动增值对收入增长贡献首次双双由正转负、快速下滑的影响，我国基础电信业可比口径增速下滑至 3.6%，为近五年最低。增值电信业继续高速增长，2014 年增值电信业收入约为 5620 亿元，同比增长 35.6%，占信息通信业收入的比重超过 30%，收入增长贡献率超过 80%。2009—2014 年我国信息通信业收入发展情况如图 14 所示。

2. 话音业务收入转为负增长，数据业务引领增长

话音业务收入首次转为负增长。我国基础电信业话音收入增速首次由正转负，同比下降近 5%，占基础电信业务收入的比重降到 38.5%，比 2013 年下降 3.5 个百分点。短信量收出现双负增长，收入预计同比下降 14%。非话业务收入占比持续提升，2014

年非话音收入占比达到58.2%，提升5个百分点。2010—2014年我国基础电信业收入结构变化情况如图15所示。

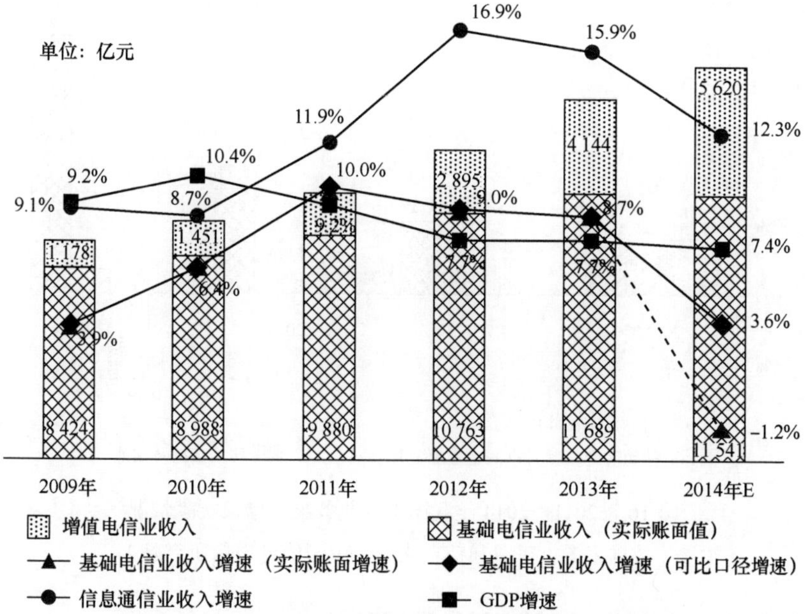

图14　2009—2014年我国信息通信业收入发展情况

（数据来源：工业和信息化部、中国信息通信研究院）

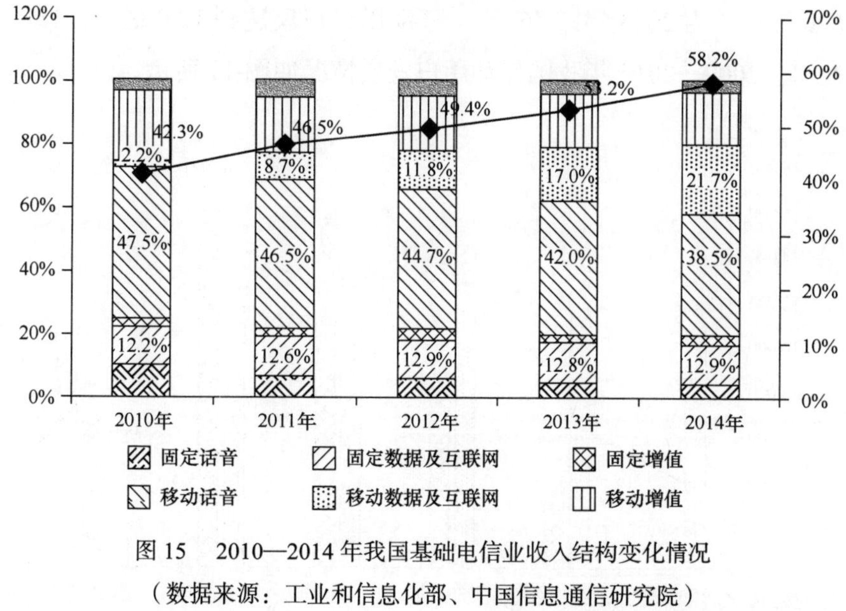

图15　2010—2014年我国基础电信业收入结构变化情况

（数据来源：工业和信息化部、中国信息通信研究院）

数据业务全面成为行业增长引擎。2014年，我国移动数据及互联网收入增速超过40%，对基础电信业收入增长贡献率首次突破100%，移动互联网业务收入占比首次超过 20%。互联网宽带接入收入增长贡献率达到 17.8%。2011—2014 年我国重点业务收入增长贡献情况如图 16 所示。

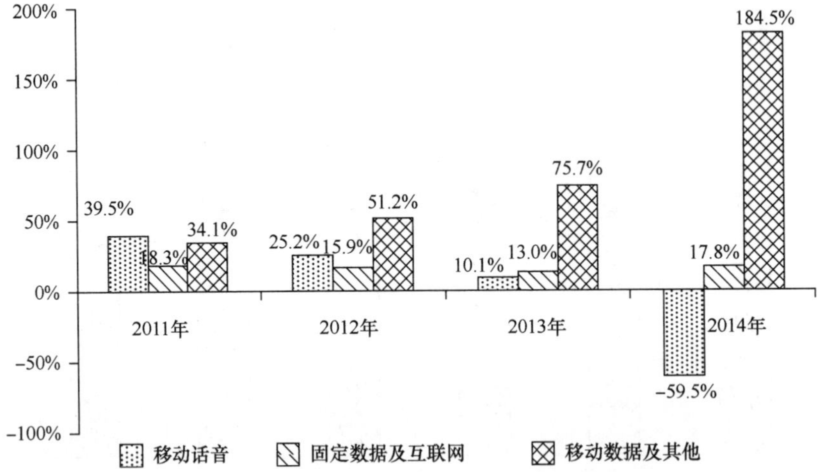

图 16　2011—2014 年我国重点业务收入增长贡献情况

（数据来源：工业和信息化部、中国信息通信研究院）

3. 移动用户升级加速，总体增长空间趋小

移动用户日趋饱和，新增用户规模呈较大幅度下滑。2014 年，我国新增移动电话用户仅 5600 万户，为 2013 年的 46.7%，移动用户规模达到 12.9 亿户，移动电话普及率达到 93.9%。2009—2014 年我国移动用户发展情况如图 17 所示。

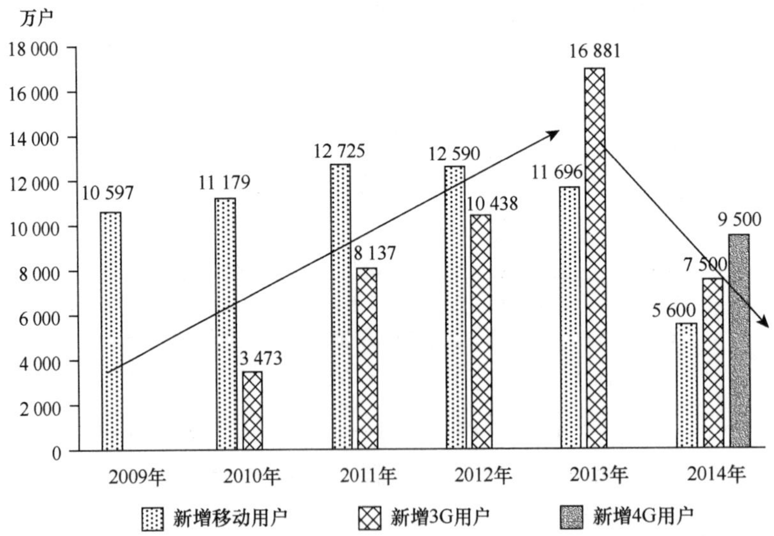

图 17　2009—2014 年我国移动用户发展情况（数据来源：工业和信息化部、中国信息通信研究院）

2G 用户加速向 3G、4G 用户迁移，用户结构不断优化。2014 年，我国 3G 和 4G 用户分别新增 7500 万户和 9500 万户，移动宽带（3G 和 4G）用户渗透率达到 44.7%。我国 3G 成为全球第一大市场，4G 成为仅次于美国的第二大市场。新兴业务用户快速增长，手机支付用户增速超过 70%，接近 800 万户。物联网终端用户超过 4300 万户，增速超过 40%。2010—2014 年我国移动用户结构变化情况如图 18 所示。

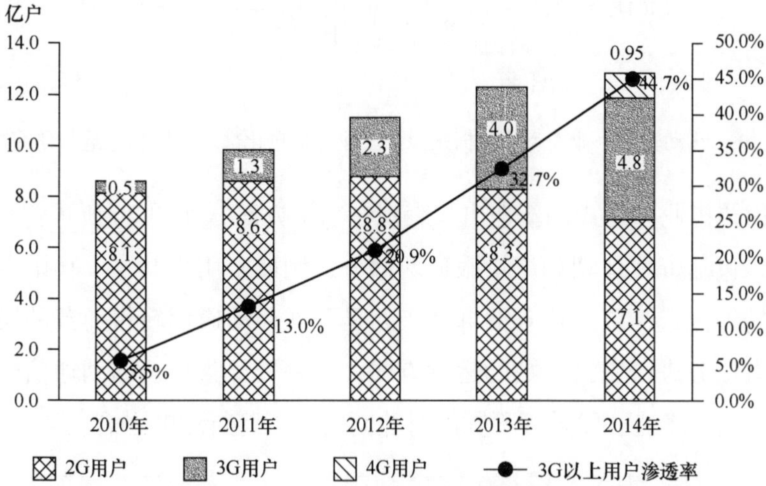

图 18　2010—2014 年我国移动用户结构变化情况

（数据来源：工业和信息化部、中国信息通信研究院）

4. 移动通信转售业务试点起步

我国移动通信转售业务拓展起步顺利，截止到 12 月 18 日，工业和信息化部共向 42 家民企发放移动通信转售业务试点批文。在获得试点批文的企业中，近 20 家企业开始正式放号，转售用户数已超过 170 万。其他的企业也正在加速完成系统调试，为业务开展做最后的冲刺，2014 年年底移动转售用户数超过 210 万户。

我国移动通信转售业务具有市场空间大、试点区域广、企业参与热情高、跨行业企业多的特点，受到各行业民营企业的青睐。移动通信转售企业主要有六种类型，分别是渠道企业、行业应用企业、非 ICT 行业企业、互联网企业、终端制造企业和互联网基础设施，如图 19 所示。

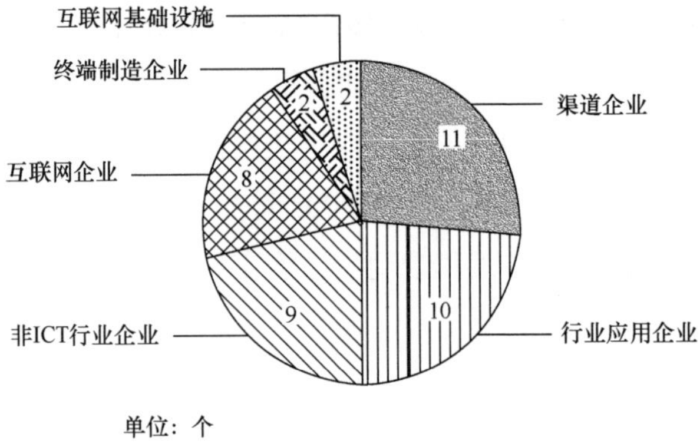

图 19　移动转售企业类型（数据来源：工业和信息化部、中国信息通信研究院）

移动通信转售业务模式创新迭出，表现在三个方面，如图 20 所示：一是通信产品本身的创新，包括资费计划和流量服务两部分，例如多用户共享、自由定制套餐以及话音流量互转等方式；二是业务捆绑，指的是开展移动通信转售业务的民营企业将转售业务与自有业务进行交叉补贴的运营方式；三是资源整合，移动通信转售业务在零售、金融、游戏、制造、娱乐等不同的行业间实现了跨行业的融合。

图 20　移动通信转售业务模式创新（数据来源：中国信息通信研究院）

5. 固定宽带普及提速，高带宽用户大幅提升

固定宽带用户首次突破 2 亿户。 2014 年我国新增互联网宽带接入用户 1200 万户，互联网宽带接入用户总规模达到 2.1 亿户，用户普及率接近 15%，较 2013 年提升 1 个百分点。

用户接入速率大幅提升，FTTH 渐成宽带发展主流。 2014 年我国宽带用户接入速率得到明显提升。从宽带接入方式来看，FTTH/O 用户达到 6800 万户，用户占比提升至 33.8%，全年提升 12.2 个百分点。4Mbit/s 以上宽带用户占比达到 88%，比 2013、

2012 年分别提高 9.2、19.2 个百分点。8Mbit/s 以上宽带用户占比达到 40%，比 2013、2012 年分别提高 17.4、23.7 个百分点。我国宽带用户接入速率发展变化情况如图 21 所示。

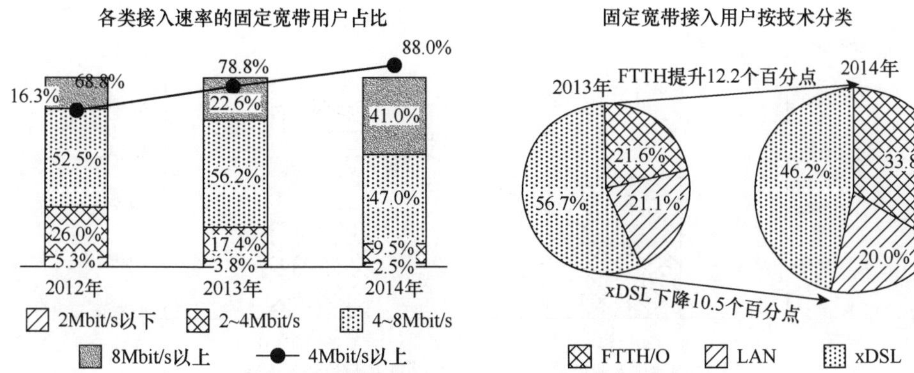

图 21　我国宽带用户接入速率发展变化情况

（数据来源：工业和信息化部、中国信息通信研究院）

6. 数据流量迅猛增长，4G 流量增长突出

移动互联网接入流量高速增长。2013—2014 年，我国移动互联网接入流量连续两年增速超过 50%，2014 年移动互联网户均接入流量达到 210MB，增长 50.6%，4G 累计流量超过 2 亿 GB，月户均接入流量超过 700MB，成为流量增长新引擎。此外，我国 4G 发展刚起步，与美国相比，我国移动互联网和 4G 月户均接入流量增长空间和发展潜力还非常大，未来还将进一步爆发。中美两国移动互联网月户均接入流量对比情况如图 22 所示。

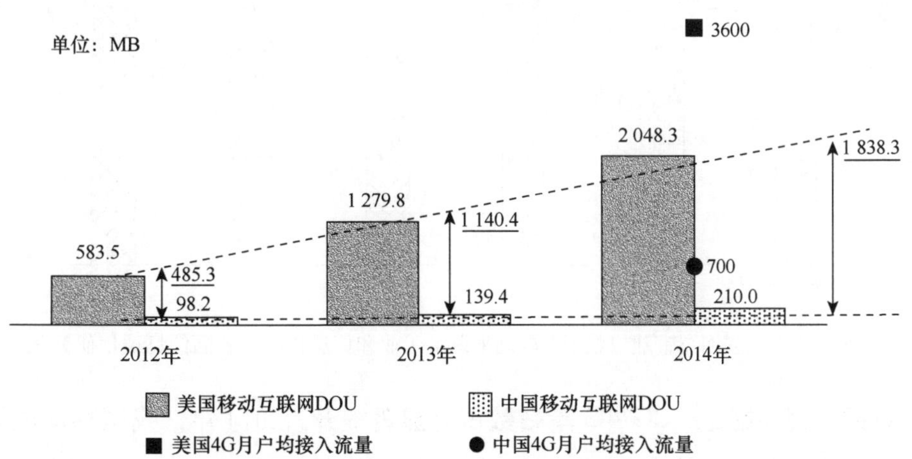

图 22　中美两国移动互联网月户均接入流量对比情况（数据来源：ITU、工业和信息化部）

手机上网流量占比持续提升。从移动数据流量结构来看，2013—2014 年，我国手机上网流量占比持续提升，2014 年手机上网流量占比进一步提升至 85%，比 2013 年提高 13.3 个百分点，成为移动数据流量的主要贡献力量，如图 23 所示。

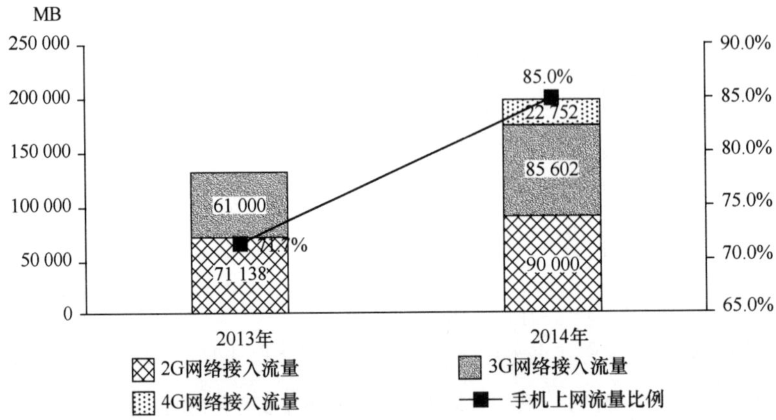

图 23　我国 2G/3G/4G 移动数据流量增长情况（数据来源：工业和信息化部、中国信息通信研究院）

7. 宽带网络加速升级换代，4G 商用步伐开启

固定宽带建设提速，网络能力不断增强。2014 年，我国互联网宽带接入端口数达到 3.98 亿个，同比增长 10.8%，FTTH 覆盖家庭规模 2.36 亿户，同比增长 41.4%，光缆线路长度 2022 万公里，同比增长 15.8%，国际出口带宽达到 3688Gbit/s，同比增长 80%，如图 24 所示。

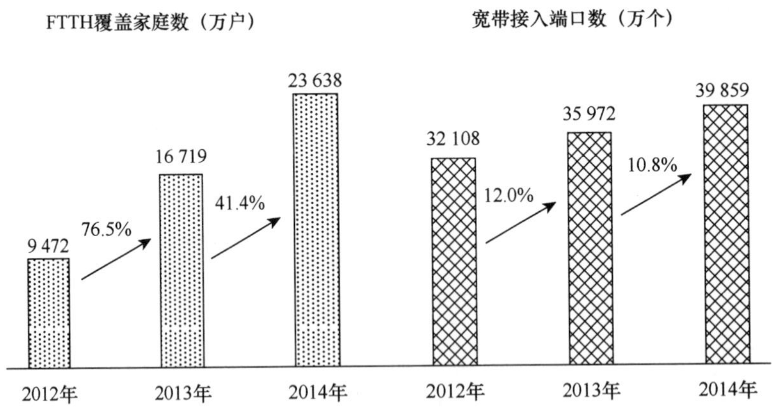

图 24　我国互联网宽带建设情况（数据来源：工业和信息化部、中国信息通信研究院）

无线宽带突飞猛进，3G/4G 基站数占比显著提升。2014 年，我国移动电话基站数累计达到 340 万个。其中，3G 和 4G 基站数分别达到 128 万个和 90 万个，合计占

比达到 64.1%，比 2013 年提高 18.8 个百分点，如图 25 所示。中国移动 TD-LTE 基站数达 70 万个，网络覆盖超过 300 个城市。中国电信、中国联通分别在 40 个城市开展 LTE FDD 和 TD-LTE 混合组网试验并提供相应的 4G 服务。

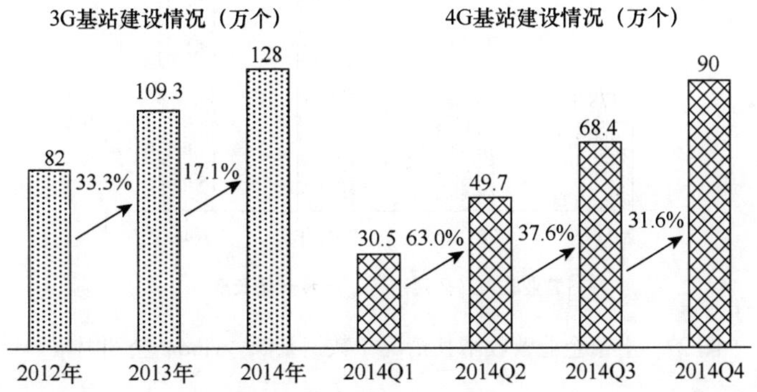

图 25　我国移动通信基站建设情况（数据来源：工业和信息化部、中国信息通信研究院）

8. 互联网高歌猛进，掀起新一轮上市热潮

2014 年，**我国互联网企业掀起新一轮上市热潮**，全年上市企业激增 12 家。12 家企业的新上市拉动我国互联网企业总市值翻番，截至 12 月 21 日，总市值达到 4.0 万亿元，同比增长 137%。市值达千亿美元的有 2 家（阿里巴巴、腾讯），百亿美元的有 4 家（百度、京东、网易、唯品会）。**互联网企业收入继续高速增长**，预计 2014 年互联网上市企业营收全年累计达到近 4900 亿元，同比增长 48%。上市企业市值和营收增长情况分别如图 26 和图 27 所示。

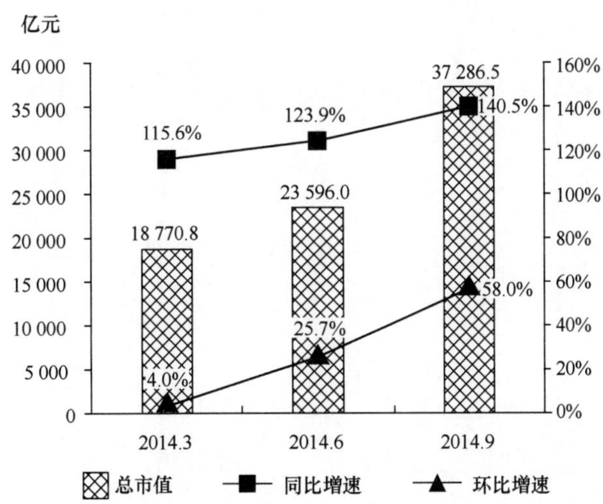

图 26　上市企业市值增长情况（数据来源：wind、公司财报）

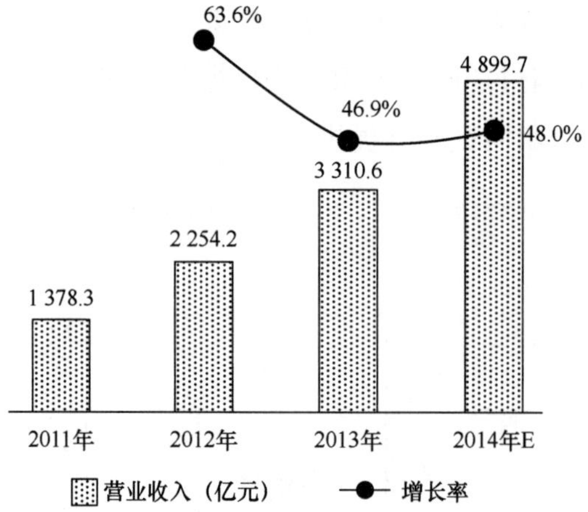

图 27　上市企业营收增长情况（数据来源：wind、公司财报）

二、2014 年信息通信业热点分析

（一）投资并购热潮持续，重绘全球行业竞争版图

1. 全球电信业并购总规模达到十年最高值

延续 2013 年以来的并购浪潮，全球电信业在 2014 年进一步整合。截至 2014 年 9 月，电信业并购规模位居全球并购前三大行业。全球电信并购交易规模与往年同期相比，达到 2005 年以来的历史最高值。新一轮并购将显著影响主要运营商的实力对比，重绘全球电信业版图。从近十年的电信业并购交易规模与数量来看（如图 28 所示），金融危机期间，全球电信业并购处于低谷期，受到危机期间现金流匮乏等原因的影响，电信并购的规模和数量都明显减少。而随着经济形势的好转，电信并购交易也进入复苏期。全球电信业并购总规模自 2012 年起呈上升态势，从 2013 年开始已接近危机前的水平。

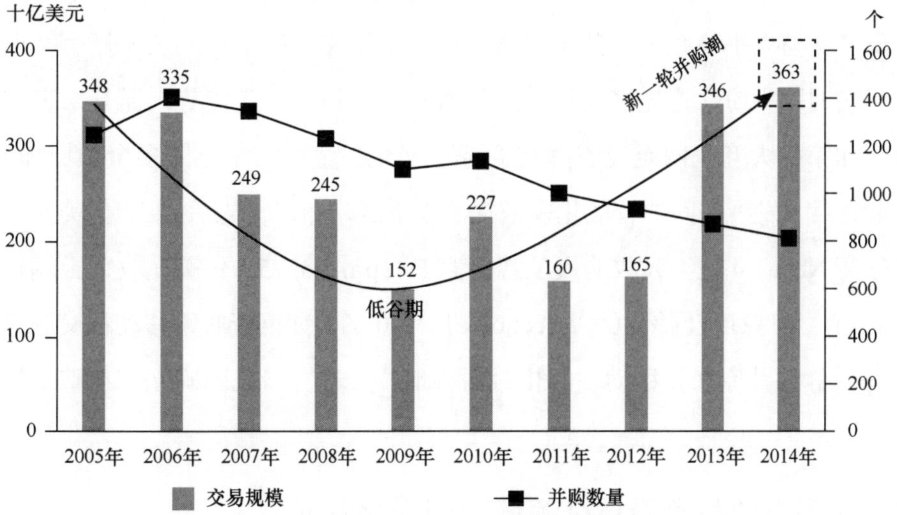

图 28　全球电信业并购交易规模与数量（数据来源：dealogic）

2. 全球电信业正进入新一轮并购整合热潮

全球电信业增速放缓，传统业务萎缩带来竞争加剧。主要运营商一方面通过并

购扩大规模，另一方面迅速补齐向新领域拓展所需的关键资源和能力，寻找新的增长点。**一是扩大规模，占领关键市场。**接近饱和的市场难以容纳过多的企业数量，必须通过扩大规模寻找新的经济平衡点。如软银并购 Sprint，向其全球化战略目标迈进一步，跃居全球第三大运营商。**二是布局工业互联网。**通过强化网络优势、提高 IT 服务能力和创新 M2M 应用业务来布局工业互联网。如沃达丰并购 Cobra，提升 M2M 服务能力；NTT 收购 Virtela 和 RagingWire，提升企业云服务能力；葡萄牙电信收购 Axeda，提升其物联网技术能力。**三是向产业链上下游延伸。**面对移动互联网业务的崛起，运营商以并购来扩大产业链上的影响力，收购互联网企业等内容提供商。如软银并购 Dramafever 视频网站、传奇影业，提升其内容掌控能力；AT&T 收购 Direc TV 以扩大其视频业务。**四是抢占 LTE 发展制高点。**电信运营商通过并购在 LTE 网络部署和维护上节省现金流，迅速切入 LTE 市场。如俄罗斯第二大移动运营商 MegaFon 收购 Scartel，获取 LTE 无线频谱资产。

3. 国外互联网巨头加速多元化领域的战略布局

国外互联网领域投资并购热度持续高涨，2014 年前三季度，国外互联网企业投融资事件多达 575 件，披露金额高达 591.2 亿美元。与前几年不同，2014 年互联网投资并购呈现“交易大手笔频现、涉足领域广泛、抢先移动端布局”三大显著特点。通过并购，互联网巨头纷纷抢先多元化重点领域布局，拓宽自身优势，提升未来综合竞争力。如全球第一大互联网企业谷歌在商务、文化、金融、工业等多个领域加速收购，并对未来有巨大发展空间的智能化领域提前设下战略布局，先后以 32 亿美元收购智能家居服务商 Nest，4 亿美元收购人工智能商 Deepmind，5.5 亿美元收购云端智能摄像头 Dropcam。全球社交网络巨头 Facebook 斥 190 亿美元巨资收购移动社交服务商领袖 whatsapp，弥补其原来在移动端的相对弱势地位，进一步巩固确立其在整个社交领域的霸主地位。

4. 国内大型企业投资看重全领域和国际化发展

我国互联网企业投资收购活动持续活跃，2014 年前三季度，我国互联网企业宣布投资并购事件 197 件，是 2013 年同期的 3.5 倍；投资金额达 106.5 亿美元，是 2013 年同期的 1.6 倍。投资收购加速的原因主要有：一是探索移动互联网下的商业模式，力图将庞大的流量变现，如腾讯收购大众点评网 20% 股权，后者已进驻微信菜单，利用微信流量提升业务；二是补齐自身短板领域，抢占移动流量入口，如百度出 19 亿美元巨资收购 91 手机助手，置换自身弱势业务的发展时间和市场份额；阿里巴巴入股新浪微博，发展社交商务等；三是对行业发展热点趋势敏感，积极抢占新兴市场。互联网巨头对把握行业趋势和商业热点有先天优势，腾讯、阿里巴巴分别收购滴滴打车和快的打车，意在培育用户，抢占网络支付市场；四是谋求提升公司 IPO 市值；2014 年以来，阿里巴巴先后以 11 亿美元收购高德 72% 股份、62.44 亿港币收购文化中国 60% 股份、53.7 亿港币投资银泰商业等抬升其 IPO 市值。我国互联网企业宣布收购情况如图 29 所示。

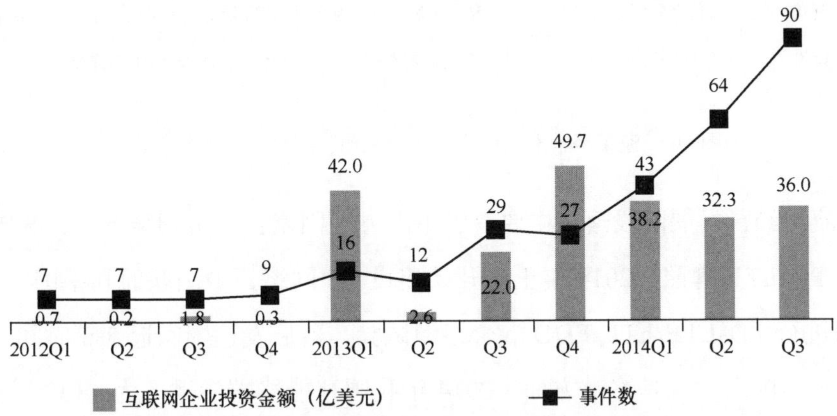

图 29　我国互联网企业宣布收购情况（数据来源：根据公开数据统计整理）

（二）创新经营方式，基础电信业加快转型步伐

1. 流量运营：商业模式变革推动行业价值持续增长

我国的流量发展正处于消费培养中期。根据国外移动户均流量的增长规律，流量运营分为流量用户导入期、流量消费培养期和流量价值运营期三个阶段。目前，发达国家运营商在 4G 网络和智能管控技术的带动下已进入流量价值运营期，2014 年我国移动互联网用户普及率为 68%，DOU 为 210MB，正处于流量消费培养期，如图 30 所示。

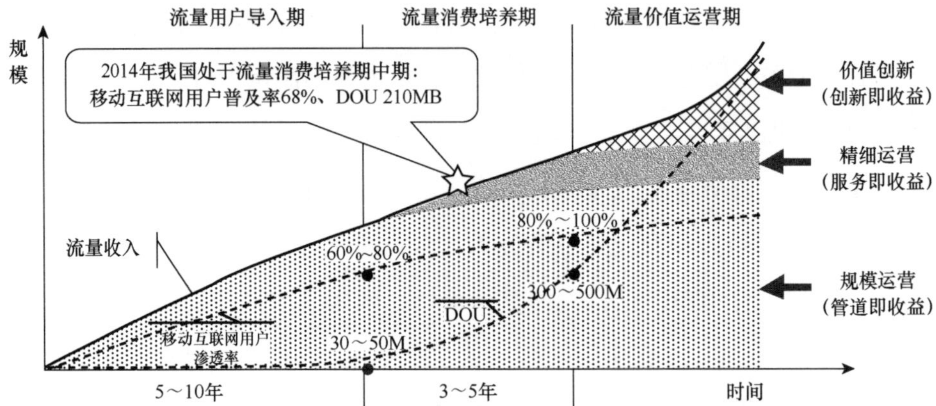

流量经营特点			
业务	基本互联网业务	生活化、本地化业务	能力开放，富媒体内容，OTT深度合作
终端	功能机为主	智能终端高速发展	多屏融合化、物移融合化
资费	低价套餐刺激	私人定制，共享套餐	内容计费、差异化计费、后向收费
管道	2G向3G迁移	3G覆盖基本完善，3G+Wi-Fi	4G，智能管道+策略管控

图 30　流量经营发展阶段（数据来源：根据公开资料整理）

我国流量经营发展阶段落后主要有以下三方面因素：一是网络方面，我国 2013 年年底发放 TD-LTE 牌照，2014 年正式开始建设 4G 网络，中国联通和中国电信获批在 40 个城市进行 TD-LTE/LTE FDD 混合组网试验，落后发达国家近 5 年时间，4G 发展整体落后发达国家；二是终端方面，2014 年我国智能终端渗透率为 58.1%，发达国家在 80% 以上，智能终端渗透率低影响移动数据流量的增长；三是移动应用开发方面，国外移动互联网市场已经比较成熟，丰富的移动应用带动户均流量快速增长，美国手机上网户均流量超过 2GB/月。

国内外运营商流量经营的商业模式变革。随着移动数据流量成为拉动收入增长的主要因素，国内外运营商均积极开展流量经营实践，在前端服务模式方面不断推陈出新，主要体现在两个方面。一是资费方案方面，运营商变革资费模式，数据流量共享套餐方式成为大势所趋。2012 年 Verizon 推出流量共享套餐以来，全球多家运营商转变以语音为主的套餐设计思路，采取流量收费、话音 / 短信免费计费模式。国内运营商均推出流量共享套餐，其中中国联通允许 1 个主号码设 9 个子号码，每子号码月功能费 6 元；中国电信允许每个主卡办理 4 个副卡，每张副卡月功能费 10 元；中国移动允许 5 台手机共享一个流量资费，每终端月功能费 10 元。二是计费模式方面，面对 OTT 冲击的深度与广度不断扩大，运营商开始探索与 OTT 服务商的合作，实现双赢，运营商开始探索后向运营商模式，实现“用户使用，企业买单”，如 AT&T “Sponsored Data”和“ Sponsored Content Store 在线商店”计划，国内运营商也分别和高德、网易、蜗牛、奇虎等互联网公司合作，开启后向付费模式。如图 31 所示。

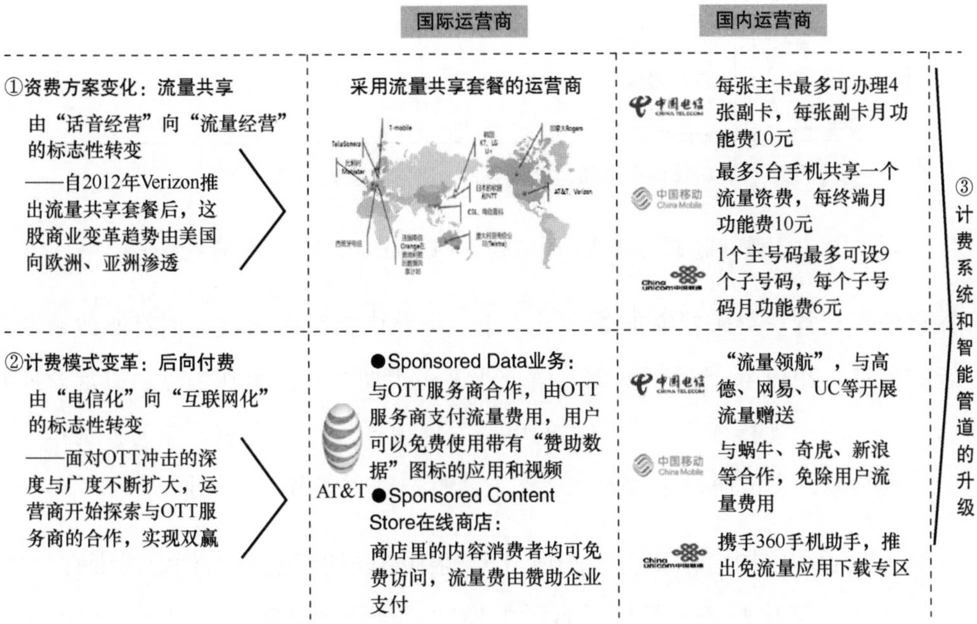

图 31　国内外运营商流量经营模式创新（数据来源：根据公开资料整理）

2. 生态运营：强化生态经营，探索资本经营

产业合作模式多元化，移动互联网生态圈初见雏形。面对移动互联网产业链垂直整合不断深入、移动互联网与传统产业更广泛的跨界融合不断加速，国外运营商积极布局移动互联网生态圈，并取得了一定的成效，如 NTT DoCoMo 与餐饮、娱乐、购物、金融 / 支付等多领域的商家合作，获得了良好收益，Verizon 依托 4G 全面打造业务和应用生态系统，成果涵盖零售、健康医疗等 7 大行业近 80 种设备和应用。我国运营商也陆续开展了探索，在产业链垂直整合方面，中国电信、中国联通分别建了天翼开放平台、“Wo+”分享，并在此基础上不断聚合外部资源，从收益方面来看，中国联通“Wo+”开发平台每月营收超过 3000 万元。在与传统产业跨界融合方面，中国电信、中国联通、中国移动分别推出了添益宝、沃百富、和聚宝等互联网金融产品。如图 32 所示。

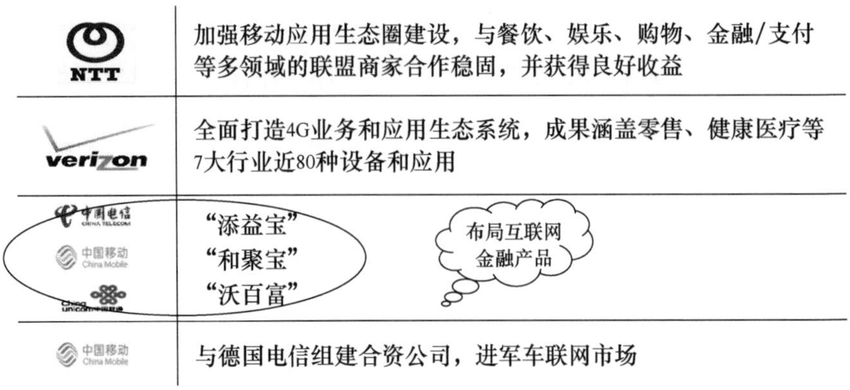

图 32 通信业与传统产业的跨界融合（数据来源：根据公开资料整理）

探索资本经营，突破机制瓶颈。近年来，运营商持续探索混合所有制改革并取得了一定的成果。2014 年下半年基础电信企业进一步加大开放合作力度，以混合所有制经济为导向，改变纯粹依靠自我积累的单一发展模式，在需要引入能力、资本、创新活力的重点领域，尝试通过多种资本运作方式打造新兴业务运营格局。

从中国联通和中国电信来看，2014 年年初中国联通组建联通创业投资有限公司，通过建立“创新孵化服务 + 投资平台”的模式，培育创新市场。旗下应用商店运营中心（以下简称“沃商店”）在 2014 年下半年开始独立化运作。中国联通组建的投资公司主要呈现出“全资控股，独立运作”等特点，首次将控制权完全交出，创新孵化服务与投资平台的模式结合，国有资本、管理层持股和民营资本比例可能接近 1 ∶ 1 ∶ 1。中国电信旗下新兴业务公司炫彩互动网络科技有限公司（以下简称“炫彩互动”）于 6 月 9 日引入顺网科技和中国文化产业投资基金（以下简称“文化基金”）作为战略投资者，并于当日与两家公司正式签署增资扩股协议。中国电信以混合所有制经济为导向，积极引入能力、资本、创新活力的重点领域，尝试通过多种资本运作方式打造新兴业务运营格局。

3. 新业务运营：新型服务全面铺开，企业价值快速提升

在传统企业服务下滑的形势下，**主要电信运营商都在积极寻找新型企业服务以突破困局。**以 M2M 为例，全球市场规模从 2011 年的 57 亿美元增加到 2015 年的 120 亿美元，发展迅猛。中国 M2M 用户达到 4650 万户，占全球 1/4 以上，成为 M2M 技术应用的全球领导者，如图 33 所示。

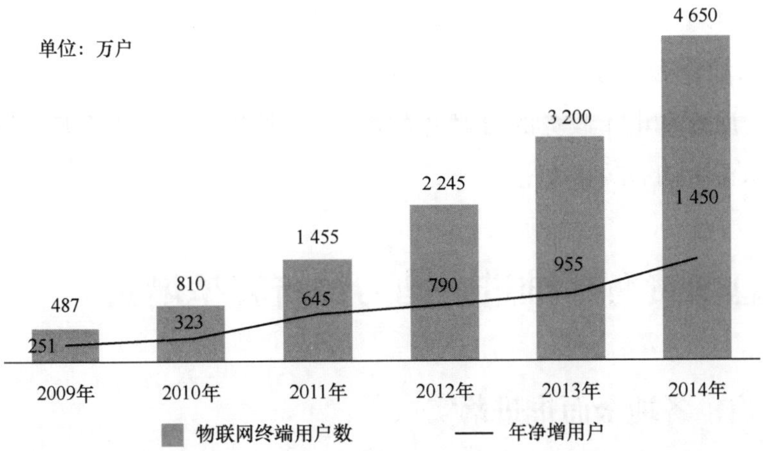

图 33　2009—2014 年中国物联网终端用户（数据来源：工业和信息化部）

此外，**新型 IT 服务也呈现快速增长的态势**，如法国电信的企业服务中，话音业务下滑，数据业务（IPVPN）发展缓慢，但云服务、视频会议和安全服务等新型 IT 服务增长势头强劲，如图 34 所示。

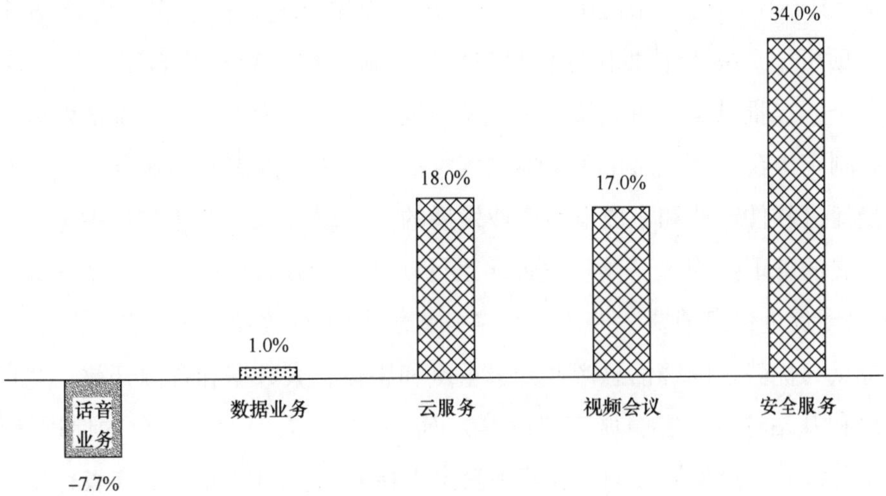

图 34　2014 年法国电信企业服务增长情况（数据来源：法国电信财报）

2014 年，**M2M 已经在美国、欧洲、日本、韩国、中国等全球多个国家和地区的市场全面铺开**。在欧洲市场，沃达丰 M2M 连接数已达 1620 万，市场成熟，产业链完整，其 M2M 方案可帮助企业客户削减碳排放，节约成本；日本市场 U-Japan 泛在网络战略，重点发展汽车信息通信系统、智能家居、远程医疗和远程办公；韩国市场 U-Korea 泛在网络计划，重点发展智能交通、自动监测和智能家居等。其中，KDDI 于 2014 年推出“3M 战略”聚焦为中小企业客户和海外拓展企业提供服务。在中国市场，三大运营商都相继发布新产品：中国电信 7 月发布“天翼混合云”，面向大中型企业等提供优质的混合云服务；中国移动 11 月正式发布“移动云”，已推出针对互联网、金融、教育、医疗和电子政务的云解决方案；中国联通 7 月与华为联合发布云清洗服务产品，从源头防御 DDoS 攻击。

（三）信息消费有序推进，助力经济转型增长

1. 元年开启，各地全面推进落实

2014 年以来，我国信息消费全面推进，各省市结合自身实际资源优势，因地制宜，通过出台指导意见、增强财政扶持力度等多种手段，不断推进文件落实，催生产业新业态、新技术，培育消费新热点、新需求，使信息消费成为当地扩大内需、拉动经济增长的重要力量。

截至 2014 年 9 月，全国 20 个省、自治区、直辖市已出台了相关政策，5 个省份已安排了专项资金。68 个首批国家信息消费试点城市中，37 个出台了政策，19 个安排了专项资金。二批试点初审完毕。**在政策方面**，以北京为例，结合本地发展实际，北京市先后制定出台了《北京市关于促进信息消费、扩大内需的实施意见》、《北京市关于进一步促进软件产业和集成电路产业发展的若干政策》、《关于支持中关村互联网金融产业发展的若干措施》、《落实宽带北京行动计划的政策措施》等一系列政策。其中《北京市关于促进信息消费、扩大内需的实施意见》（京政发〔2014〕5 号），立足北京市产业特点与优势，围绕信息产业升级重点和路径、大数据和资源开放、宽带建设的光纤到户和基站选址、智慧城市建设等方面，提出了具有北京特色的促进信息消费、推动产业升级的重点发展方向。**在专项资金支持方面**，2014 年，浙江省在年度财政新增预算安排 1.5 亿元，统筹 3 亿元用于支持试点示范项目建设；湖南省在信息化专项资金中，安排 1000 多万元用于促进信息消费；青海省设立了青海省信息服务专项资金 6000 万元；河南省建立了省市两级扶持资金；湖北省加大了资金投入，用于促进信息消费。

2. 量质齐升，新型信息消费引领增长

信息消费已成为当前消费领域中增长最为迅猛的新兴消费领域。2014 年我国信息

消费总体规模突破 2.8 万亿元，同比增长 25%。其中，信息服务消费达到 1.3 万亿元，同比增长 30.2%；信息产品消费达到 1.5 万亿元，同比增长 17.6%。新型信息消费规模突破 1.9 万亿元，同比增长高达 28%，成为拉动信息消费增长的新引擎。

信息产品消费规模占比仍处于主导地位，但增速日渐趋稳。2012 年一季度之前，信息产品消费规模低于信息服务消费规模；此后，随着信息产品消费的爆发式增长，信息产品消费规模一直高于信息服务消费规模。2014 年以来，信息产品消费增速呈现出稳中趋缓的显著特征，四个季度同比增速分别为 23%、18%、20% 和 20%。2014 年信息产品消费规模达到 1.5 万亿元，占信息消费的比重为 53.6%。2010—2014 年我国信息消费规模及结构占比情况如图 35 所示。

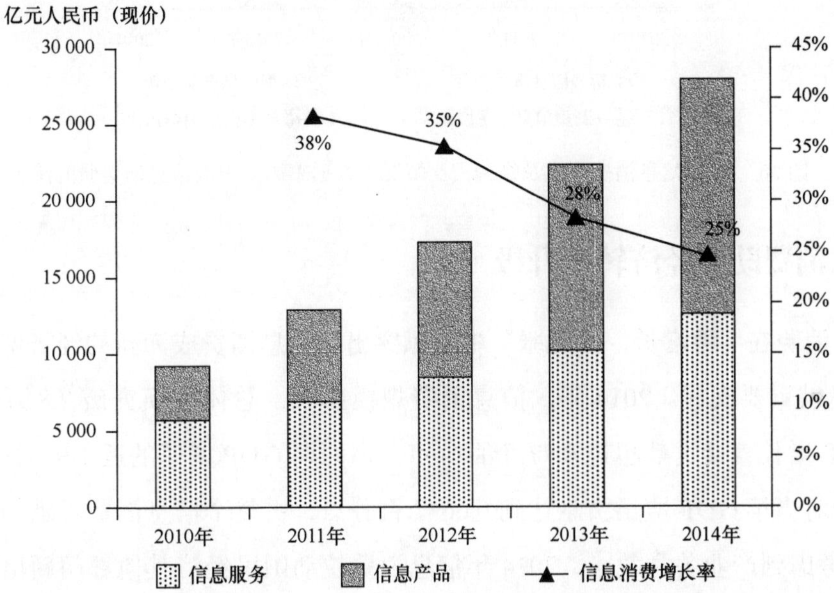

图 35　2010—2014 年信息消费规模及结构占比情况（数据来源：中国信息通信研究院）

新型信息消费占比稳步提升。2014 年新型信息消费占信息消费总量的 70%，同比增长超过 3 个百分点。其中，基于互联网和信息通信技术的电子商务、云计算、大数据、物联网、搜索引擎等平台类应用集中爆发，成为信息消费中创新最为活跃、增势最为迅猛、发展最具潜力的重点领域。以电子商务为例，2014 年 1～9 月，网络零售总额（B2C+C2C）达到 18 238 亿元，同比增长 49.9%；电子商务（B2B+ 网络零售）交易额达到 71 400 亿元，同比增长 30.1%；网络零售占电子商务比重突破 25.6%。这些都为居民消费注入了新的成长动力，提供了新的市场空间，形成了促进信息消费持续稳定增长的新型交易模式。如图 36 所示。

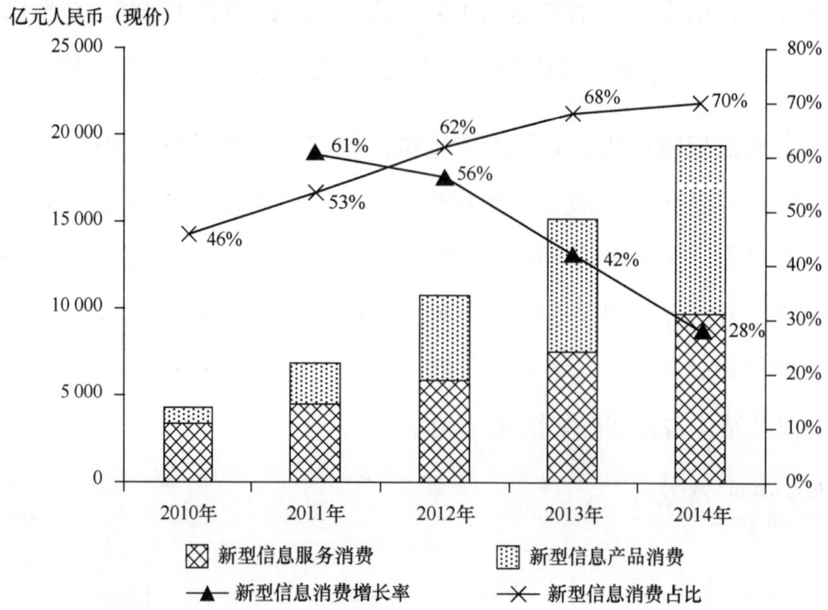

图 36　新型信息消费规模及结构占比情况（数据来源：中国信息通信研究院）

3. 信息消费助力经济转型升级

信息消费在“稳增长，防通胀”中贡献突出。信息消费成为新的经济增长点，为稳增长提供重要支撑。2014 年，信息消费规模巨大，总体规模突破 2.8 万亿元，对当年 GDP 增长直接贡献超过 0.77 个百分点，占同期 GDP 增速的近 1/9。其中，新型信息消费对当年 GDP 增长贡献达到 0.66 个百分点，占整个信息消费贡献的比重高达 85.7%。考虑到产业关联效应，2014 年信息消费拉动国民经济其他部门新增产出超过 1.3 万亿元。同时，智能终端和电信资费持续下降，对平抑物价的作用逐步显现。以中关村电子产品价格指数为例，2014 年 9 月，ICT 价格指数下降至 80.32，同比降幅达 3.9%。中国信息通信研究院研究表明，2014 年信息消费对消费者价格指数（CPI）的抑制作用达到 0.15 个百分点，通货紧缩贡献率（信息消费对 CPI 抑制作用与当期 CPI 的比例）达到 5.6%，对通货膨胀的抑制效果非常显著。信息消费对经济增长的贡献情况如图 37 所示。

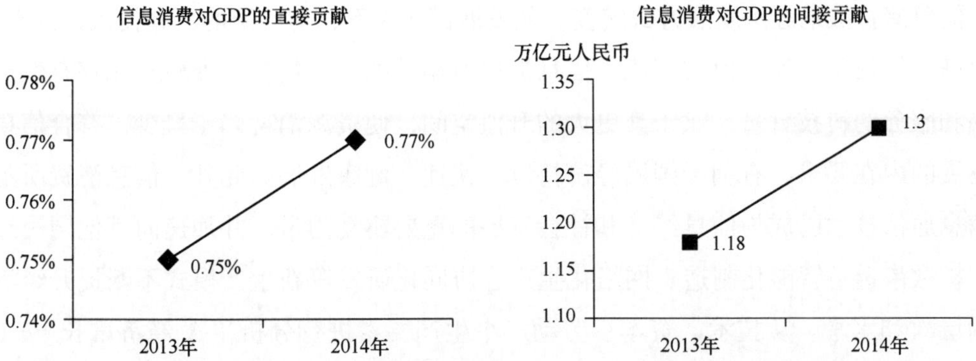

图 37　信息消费对经济增长的贡献（数据来源：中国信息通信研究院）

信息消费引领产业结构优化升级。信息消费通过需求引领产业供给，不断催生新技术产生与应用，不仅推动新产品、新业态和新应用的大量涌现，而且促进信息通信技术与其他产业间的融合渗透深化，使较低层次产业中的资金、人才、技术向更高的产业转移，对产业结构升级具有显著作用。中国信息通信研究院研究表明，信息消费有助于提升我国产业结构高度，信息消费每新增 100 亿元，对农业、工业和服务业新增产出的贡献分别为 3 亿元、191 亿元和 144 亿元。2014 年，信息消费拉动农业、工业和服务业新增产出的贡献分别为 156 亿元、9855 亿元和 7430 亿元，如图 38 所示。其中，新增产出中后两者的占比超过 99%，信息消费对工业和服务业的产业关联效应更为显著。

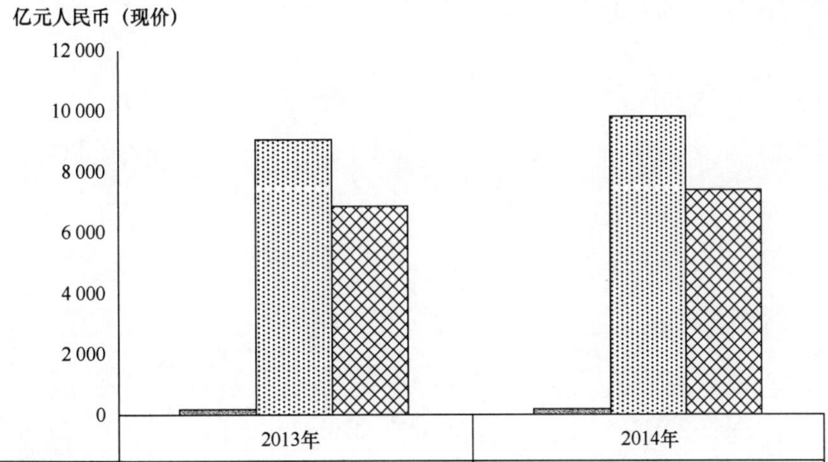

	2013年	2014年
农业	144	156
工业	9 090	9 855
服务业	6 855	7 430

图 38　信息消费对三次产业产出的贡献（数据来源：中国信息通信研究院）

信息消费推动经济发展方式转变。从发展模式来看，与传统的“高投入、低产出、高污染、低效率”发展模式相比，信息消费所驱动的经济社会发展模式能够有效提高产品和服务的科技含量，赋予其更大的升值空间，使资源消耗趋于最少，符合信息经济发展的内在要求，有利于国民经济持续、快速、健康发展。此外，信息消费所蕴含的信息通信技术已成为信息经济和社会发展的重要驱动力量，并加速向其他国民经济部门扩散渗透，智能化制造、网络化生产、协同化研发等新生产模式不断提升经济发展的层次和水平。从技术、资本、劳动三个生产要素进行分析（Δ经济增长=*F*（Δ技术、Δ资本、Δ劳动）），2014年与信息消费领域相关的信息通信技术对全社会生产效率提升的作用达到38.2%，贡献超过1/3。

三、2015 年信息通信业发展展望

（一）全球信息通信业继续保持增长

全球经济复苏带动信息通信业回暖。根据世界银行的预测，2015 年全球经济将实现 3.9% 的增长，发达国家成为复苏主力。在经济形势总体趋好的背景下，全球基础电信业将持续反弹，基础电信业收入将增长 2.0%，与全球 GDP 增长预期差距缩小。除了规模增长，全球电信业务结构转型将继续深化，在移动宽带使用的引领下，移动业务收入成为全球电信增长引擎。全球基础电信业收入增长预测如图 39 所示。

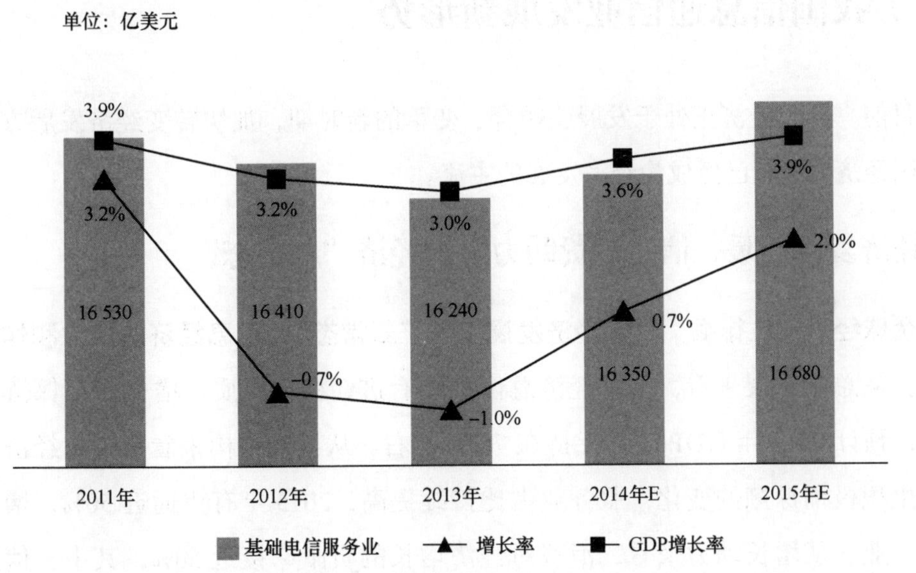

图 39　全球基础电信业收入增长预测（数据来源：Gartner、IDATE）

互联网企业保持高速增长势头，全球排名前十的互联网企业预计 2015 年将实现 25.2% 的收入增长速度，总收入将超过 3000 亿美元，如图 40 所示。

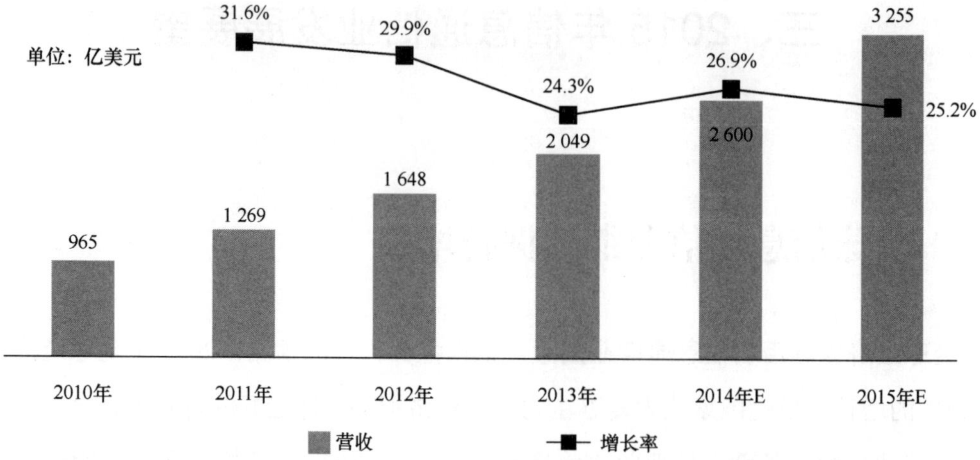

图 40　TOP10 互联网企业收入增长预测（数据来源：企业财报）

（二）我国信息通信业发展新形势

目前，我国经济正处于发展、融合、变革的新时期，加快转变经济发展方式，打造中国经济升级版已经成为经济发展的主流。

1. 经济复苏回暖，信息消费助力中国经济“新常态”

全球经济低位徘徊，我国经济发展步入“新常态”，信息经济的地位和作用日益突显。从总量发展来看，国民经济总体稳中有进、稳中提质，增长速度保持在合理区间，预计 2015 年 GDP 增长保持在 7.0% 左右。从三产结构来看，国内经济结构正在发生积极而深刻的变化，服务业占比持续提高，2015 年有望逼近 50%，增长速度快于工业。从增长动力来看，消费对经济增长的贡献率接近 50%，其中，信息消费成为重要的增长引擎，也是国务院重点推进的六大领域消费之首。2014 年信息消费规模同比增长 25%，预计 2015 年仍将保持高速增长。我国历年 GDP 增速及三产贡献率变化情况如图 41 所示，历年城乡居民人均可支配收入 / 纯收入变化情况如图 42 所示。

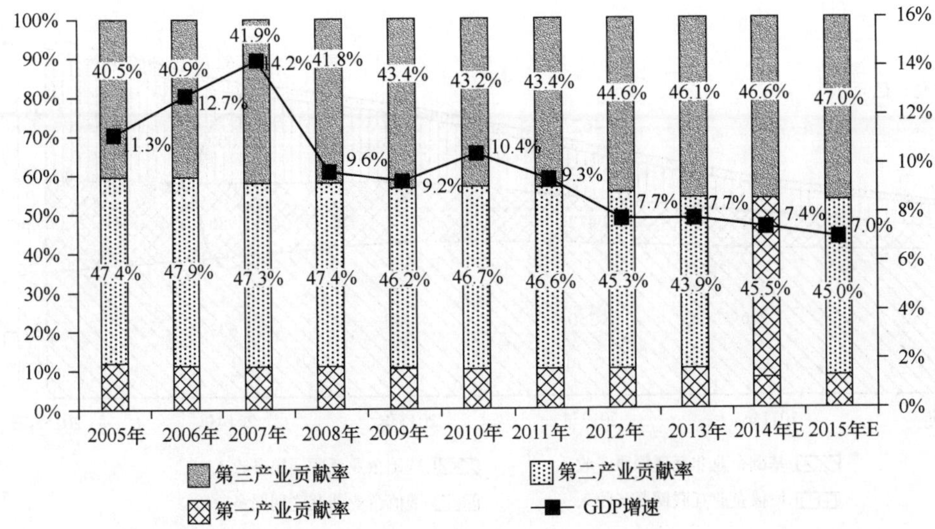

图 41　中国历年 GDP 增速及三产贡献率变化情况（数据来源：国家统计局）

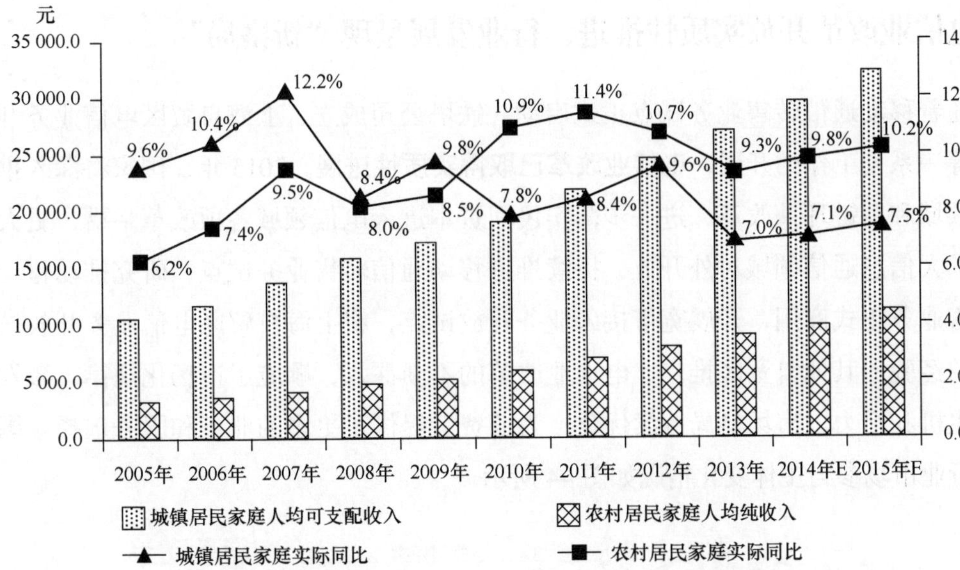

图 42　中国历年城乡居民人均可支配收入 / 纯收入变化情况（数据来源：国家统计局）

2. 互联网影响日益凸显，推动行业发展进入“新阶段”

信息通信业增长的主导力量全面转向互联网。我国信息通信业在需求拉动、政策驱动、投资带动下保持高增长态势，其中互联网表现尤为突出，相关业务高歌猛进，深刻改变着行业的收入结构和价值取向。2014 年，国内互联网服务收入近 9000 亿元，占比首次超过 50%。2015 年，预计互联网服务收入将首次超万亿元（预计可达 12000 亿元），占比超 60%，信息通信业发展全面进入互联网主导的新阶段，如图 43 所示。

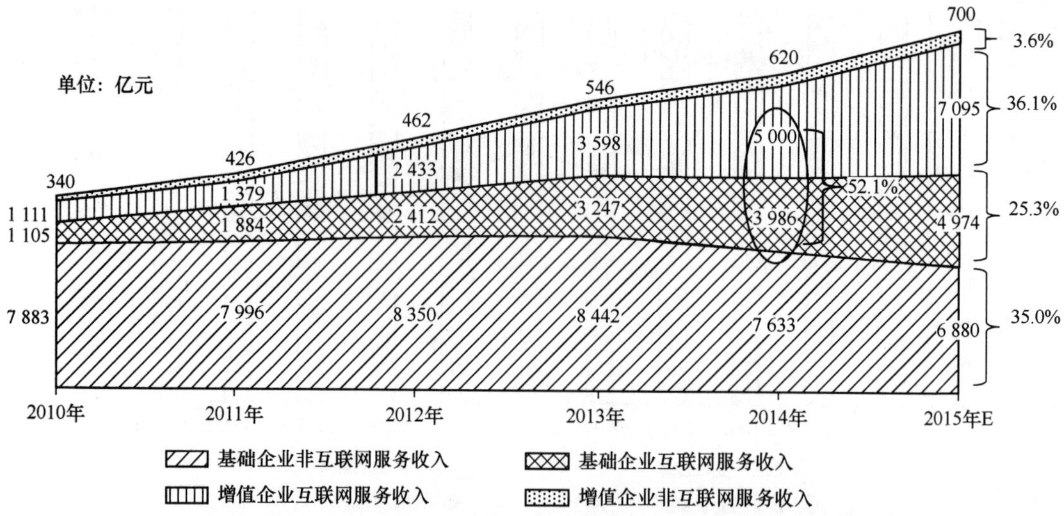

图 43　我国信息通信业收入变化情况（数据来源：中国信息通信研究院）

3. 电信业改革开放实质性推进，行业发展呈现“新格局”

随着移动通信转售业务试点正式启动、铁塔公司成立、上海自贸区电信业务开放试点等一系列工作的开展，**电信业改革已取得实质性进展**。2015 年，国家将深入推进重点领域和关键环节改革，进一步落实民间资本进入电信领域各项改革举措，更大力度地扩大信息通信领域对外开放，持续推进移动通信转售业务试点，研究推动移动通信转售业务正式商用，开展宽带接入业务开放试点，将上海自贸区电信业务开放试点工作的经验向其他自贸区推广。电信业改革的不断深入，顺应了市场化规律，激发了市场生机和活力，市场格局持续优化，为消费者提供了更多的业务和服务选择。国内电信行业市场参与主体变化情况如图 44 所示。

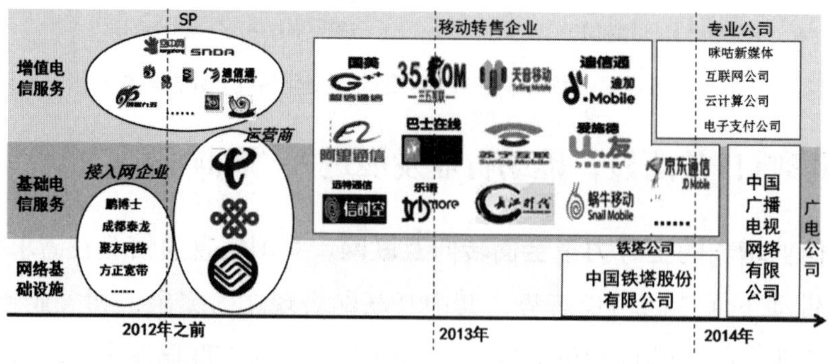

图 44　国内电信行业市场参与主体变化情况（数据来源：根据公开资料整理）

（三）我国信息通信业发展趋势判断

1. 行业增速触底回升，互联网业务收入贡献率超 100%

信息通信业收入 2015 年预计将达到 1.96 万亿元，按可比口径测算，同比增长回升至 16.5%。信息通信业占 GDP 比重约为 1.64%。2015 年 4G 商用步伐和网络部署全面加速，4G 业务将带动移动数据业务快速发展，**拉动基础电信业增速止跌回升**。预计 2015 年基础电信业收入将达 1.18 万亿元，按可比口径测算，同比增长 5.4%。增值电信业收入将达到 7795 亿元，同比增长 38.7%，继续高速发展态势。互联网服务收入超 12000 亿元，对信息通信业增量的贡献超过 100%。2009—2015 年我国信息通信业收入规模增长情况如图 45 所示。

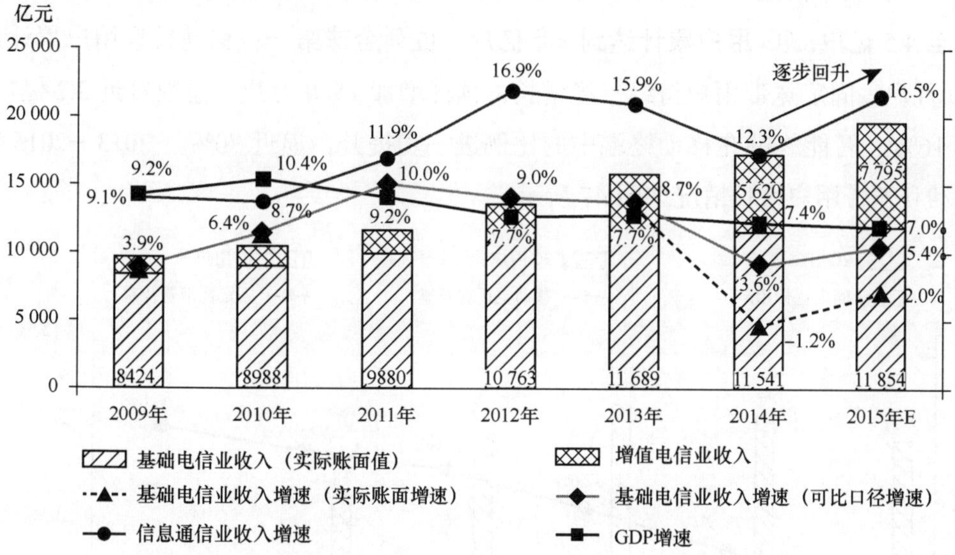

图 45　2009—2015 年我国信息通信业收入规模增长情况

（数据来源：工业和信息化部、中国信息通信研究院）

2. 移动数据业务规模首次超过移动话音

2015 年**移动数据及互联网业务收入**预计同比增长 50%（按可比口径测算），占基础电信业收入比例达到 33.3%，**超过移动话音成为基础电信业中占比最大的业务**，拉动基础电信业收入增长 11.7 个百分点。相反，**移动话音业务收入下降幅度加大**，对基础电信业收入增长负向拉动 4.8 个百分点。2013—2015 年我国基础电信业收入增长拉动因素如图 46 所示。

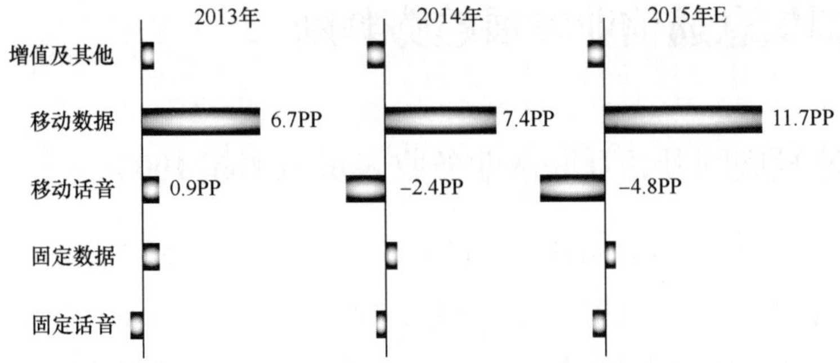

图 46　2013—2015 年我国基础电信业收入增长拉动因素（数据来源：中国信息通信研究院）

3. 4G 用户高速发展，用户结构加速优化

移动电话用户增幅减缓。2015 年我国移动电话用户预计新增 6000 万户，总数达 13.5 亿户，普及率接近 100%，增幅减缓。其中，2G 用户下降至 6.5 亿户；3G 用户小幅下降至 4.5 亿户；**4G 用户累计达到 2.5 亿户，位列全球第一**；移动转售用户累计达到 1270 万户。固定宽带用户持续平稳增长，预计增加 1500 万户，总数接近 2.2 亿户，普及率 16%；智能终端在移动终端中的比例进一步提升，逼近 70%。2013—2015 年我国移动和宽带用户增长情况如图 47 所示。

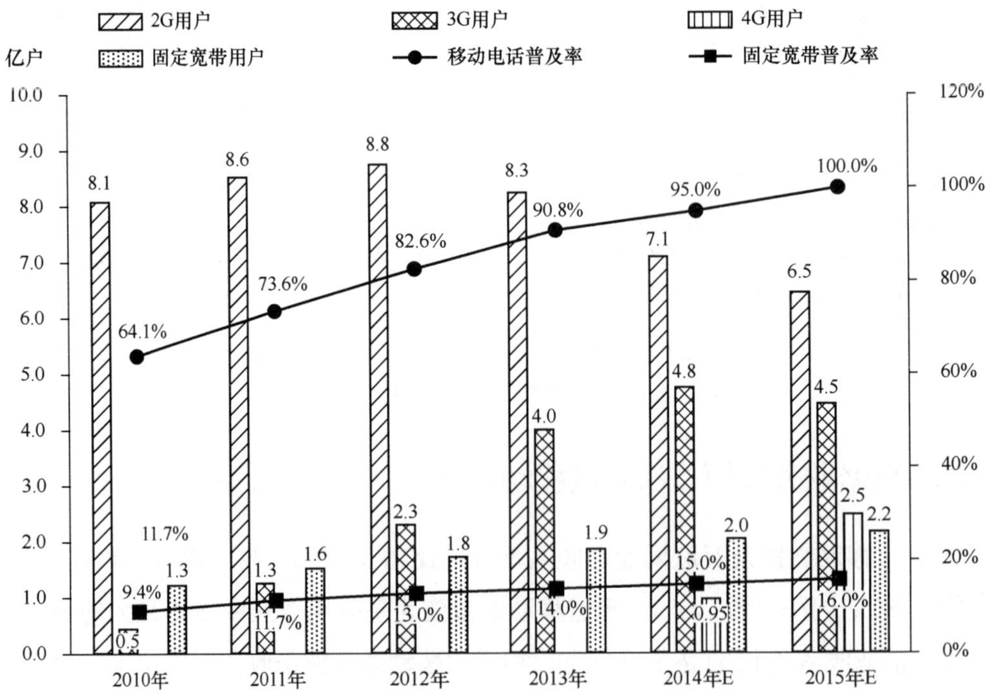

图 47　2013—2015 年我国移动和宽带用户增长情况
（数据来源：工业和信息化部、中国信息通信研究院）

4. 移动户均流量高速攀升，ARPU 值触底回升

4G 网络部署的加快进一步拉升移动数据流量。预计 2015 年，我国移动户均流量将达到 330MB/月，同比增长 57.1%，移动互联网户均接入流量自 2011 年以来持续保持加速增长态势，如图 48 所示。

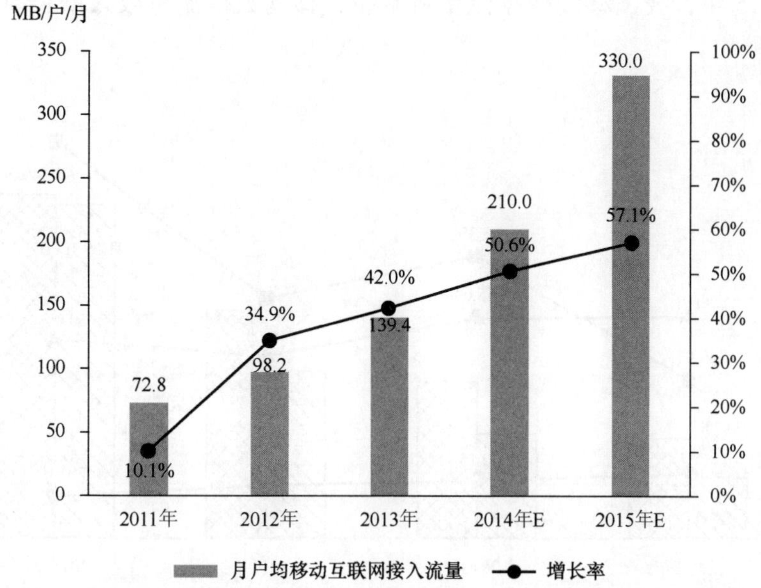

图 48　我国移动互联网接入户均流量增长情况（数据来源：工业和信息化部、中国信息通信研究院）

在移动通信 ARPU 值方面，受移动数据业务拉动的影响，**2015 年移动通信 ARPU 值触底回升**，预计约为 59.9 元，提高 1.2 元。其中，移动流量 ARPU 值 29.8 元，提高 5.3 元，如图 49 所示。

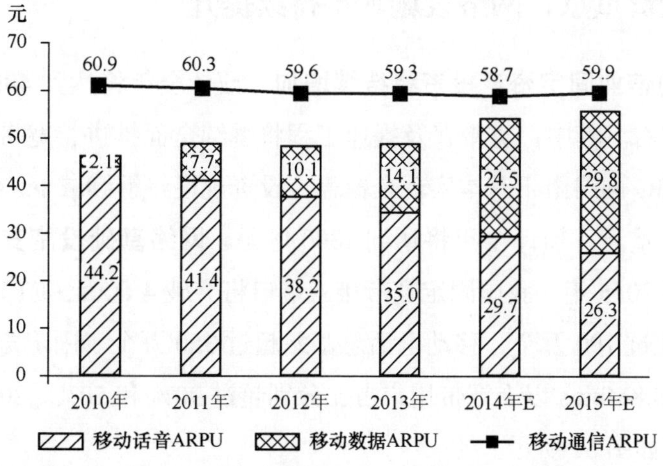

图 49　我国移动 ARPU 增长情况（数据来源：工业和信息化部、中国信息通信研究院）

5. 数据资费进一步下降，普惠民生激发消费

近年来，**我国移动数据流量资费持续下降**，2015 年，随着 4G 业务和转售业务的全面开展，预计我国移动数据流量资费将进一步下降。从移动数据流量资费对流量增长的敏感性来看，数据流量资费弹性大于 1，因此资费下降将会带来流量的高速增长，预计 2015 年，我国移动数据流量将翻番，移动数据流量收入增长 50%，如图 50 所示。

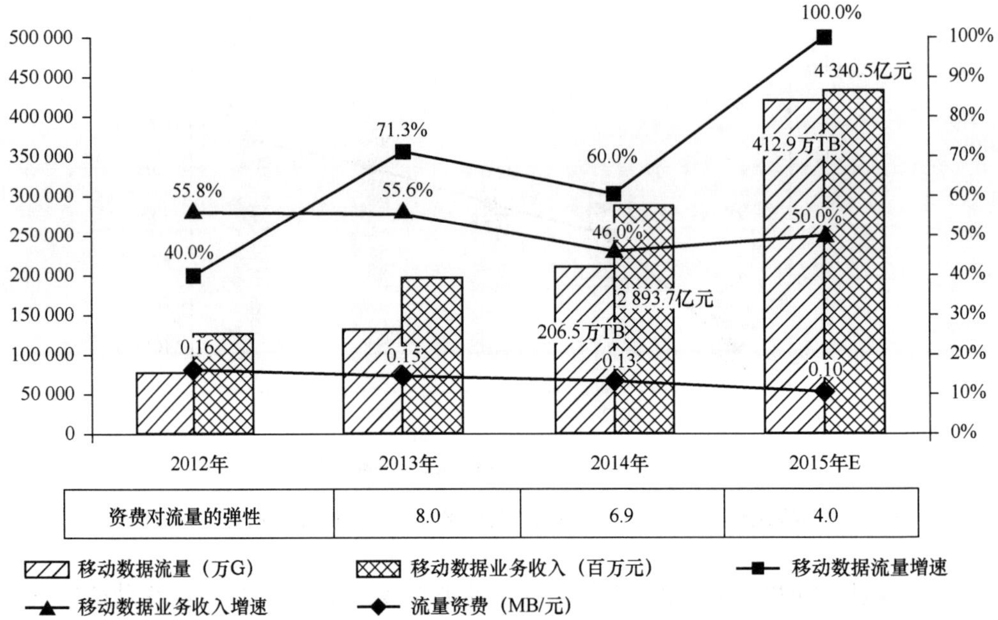

资费对流量的弹性	8.0	6.9	4.0

图 50　我国移动数据流量增长情况（数据来源：中国信息通信研究院）

6. 4G 成为投资重点，网络设施水平持续提升

2015 年，**电信业固定资产投资将持续增加**，预计全年将达到 4000 亿元，投资收入比在 31.7% 左右。其中，宽带普及提速工程将继续全面推进，宽带网络投资将维持相对稳定水平；3G 网络由于基本实现全覆盖，投资规模将继续减少；4G 网络将大规模建设，成为投资重点，预计全年将达到 1800 亿元。**网络基础设施支撑能力进一步大幅提升**。预计到 2015 年，我国固定宽带接入端口将突破 4 亿个，FTTH 端口占比超过 45%。4G 基站超过 100 万个，移动电话总基站超过 350 万个。固定宽带接入速率普遍提升，4Mbit/s 和 8Mbit/s 以上宽带用户占比分别超过 90% 和 50%。2009—2015 年我国电信业投资规模如图 51 所示。

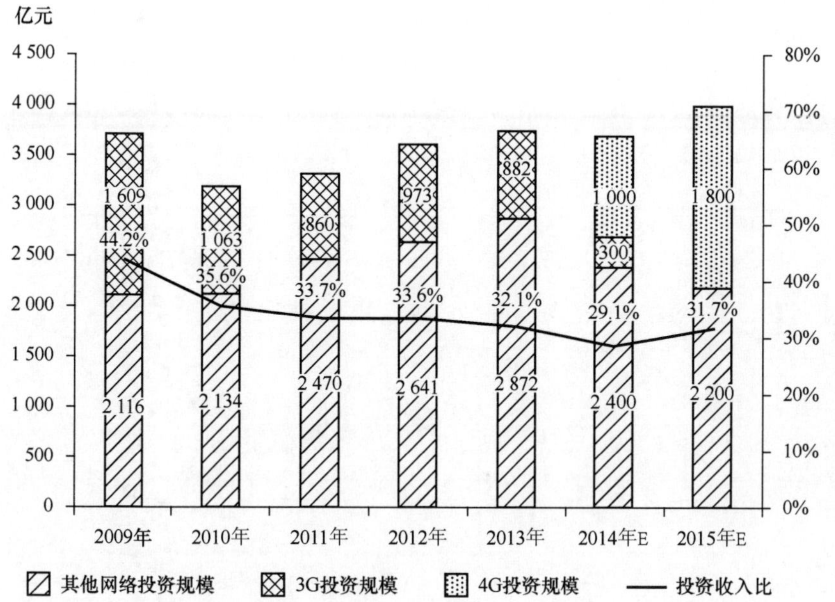

图 51　我国电信业投资规模（数据来源：工业和信息化部、中国信息通信研究院）

法律法规篇

导 读

2014年，国际、国内的互联网立法依然活跃：国际上，网络安全、个人信息保护、网络中立和大数据是立法和政策关注的焦点；在国内，适应行政审批改革要求，修改《电信条例》，出台司法解释，加强网络治理。

2014年，几个互联网竞争案件落锤，将传统立法运用于互联网领域，将行业内公认的商业道德等作为判决的依据，司法创新为互联网企业的竞争行为提供指引；电子商务的制度环境不断完善，《电子商务法》立法引起行业关注；ICT领域标准专利涉及的垄断行为日益突显，标准必要专利权利人为维持其所获竞争优势，将与反垄断执法与司法机构进行持续博弈。

十八届四中全会开启了依法治国的新篇章，未来，信息通信业的法治建设全面推进可期：制定出台《网络安全法》、《电子商务法》、《个人信息保护法》、《通信法》等基础性立法，同时关注新技术新业务发展带来的法律问题，完善网络社会管理、互联网竞争、数据开放、云计算等领域的个人信息保护规则等，修订原有的传统电信监管规则、互联网信息服务管理办法、互联网资源管理规范等。

2015年，需要关注《网络安全法》的立法进程，在关键基础设施保护、安全审查制度、数据跨境流动、运营商责任等方面建立规则；关注《电子商务法》的起草，综合考虑交易平台商的技术、资源优势以及企业的负担边界，科学界定平台责任边界；尊重及延续现有政府职责边界，明确政府部门的监管义务。选择不同路径推动《电信法》，或者赋予《电信法》新的内涵，将“电信”与“互联网”融合，修改为《通信法》，加强适应产业发展趋势的制度设计；或者统筹与其他立法（如《网络安全法》）的关系，将与其他部门存在利益冲突的部分简化，推动《电信法》尽快出台。在地方或重点领域推进个人信息保护规则落地，为制定统一的《个人信息保护法》做好制度准备，从国家层面明确个人信息保护的重大问题和基本制度。继续关注标准专利问题，跨国巨头为争夺核心专利而发起的收/并购案将继续增加，专利纠纷将成常态，围绕FRAND

费率、禁令救济等标准专利问题仍是标准组织知识产权政策讨论的热点；知识产权领域的反垄断规制、不正当竞争规制将继续完善。

本篇作者：

李海英　毕春丽　王融　杨筱敏　杨扬　石月　沈玲　李梅　姚财福　伦一
苏子汀　何波

一、2014 年信息通信法律法规发展综述

（一）国际综述

1. 应对挑战，加强网络安全立法

2014 年，伴随着全球暴力恐怖活动的持续升温、各国立法机构对关键基础设施的关注，以及棱镜事件余波未了的影响等，全球网络安全领域的立法主要围绕网络反恐、监控和关键基础设施安全保护等领域展开。

第一，加强网络反恐立法。鉴于网络恐怖活动已经成为世界范围的网络安全问题，2014 年，国际社会对网络恐怖主义危害和合作打击网络恐怖主义的共识日益广泛，各国均将目光投向恐怖分子利用互联网等信息技术从事煽动、招募、资助或策划恐怖活动。国际社会和各国进行的立法活动主要有以下几部分。

联合国层面，2014 年年中，第 68 届联合国大会进行《联合国全球反恐战略》第四次评审并通过决议，首次在全球反恐战略框架内写入打击网络恐怖主义的内容。

俄罗斯《对俄联邦 <刑法>、<反恐法> 及 <反极端主义法> 的修正案》，对网络煽动极端恐怖活动追究刑事责任，最高刑期 5 年；此外，该修正案规定，日访问量超过 3000 次的博主应遵守对新闻工作者的规定，其中包括应检查信息的真实性，不得利用网络从事泄露国家机密、传播包含宣扬实施恐怖活动或美化恐怖主义的信息及传播暴力内容。俄联邦通信、信息技术与大众传媒监督署有权对其进行监督，违者将被追究行政、刑事或其他责任。

澳大利亚参议院通过《反恐法案》，该法案赋予安全情报机构以更大的权力，即允许安全情报机构对网络实施全面监控，当监控某一目标时，可在仅获得一次授权的情况下，登录网络中不限数量的电脑，甚至包括对目标电脑实施干扰。此外，新法案还允许安全情报机构进入受监控的电脑，复制、删除或修改其中的数据。安全情报机构也有权干扰目标电脑，并通过不是监控对象的第三方电脑，潜入目标电脑。

第二，加强网络监控和电信辅助执法。受到 2013 年美国棱镜事件的影响，网络监

控和电信运营商采取技术手段辅助执法，成为2014年国际网络安全领域的另一个重点立法议题。

美国国会出台的《2014全年预算法案》中，将用于改善网络安全的预算提高到670亿美元，约合人民币4048亿元。这笔预算将会被投入到改善联邦网络安全的计划中，投资的主要对象为网络中的资金监控机制和解决最严峻的网络安全问题。

印度出台了《电信安全政策（草案）》，主要是出于国家安全的考虑，规定电信监管机构可要求电信公司向执法部门提供辅助监控，接入电话、文本信息、数据信息等。该政策草案的特殊之处在于：其一，由电信监管机构出面，在特殊情况下赋予执法机构获取公民数据的权利；其二，在安全领域，印度电信监管机构的地位有抬升之势，尤其是在印度目前各种应急反应小组（CERT）中，突出电信领域CERT的地位。总体上看，印度的这套电信安全政策基本上是参照美国联邦通信委员会（FCC）关于电子监控辅助监听相关制度。

第三，关注关键基础设施的网络安全。将关键基础设施的网络安全纳入网络空间安全的整体法律架构，是各国立法和监管机构近几年一直在考虑和实践的议题，围绕该领域所进行的立法和政策尝试，也是2014年的核心热点之一。从全球范围来看，美国在2014年年初所出台的行政令，对于全球该领域的立法、政策出台均具有先导和示范意义。

2014年2月，白宫发布了《促进关键基础设施网络安全的框架》（第一版）。该框架由NIST依据《行政令——促进关键基础设施网络安全》（EO第13636号），历时一年时间拟定。

总体上，框架是自愿适用，旨在加强电力、运输和电信等所谓“关键基础设施”部门的网络安全。“网络安全框架”根据美国总统奥巴马2013年2月签署的行政命令制定，私营部门可在自愿基础上使用该框架加强自己的网络安全能力。白宫在一份声明中说，“网络安全框架”吸纳了全球现有的安全标准以及做法，以帮助有关机构了解、交流以及处理网络安全风险。此外，该框架也就隐私与公民自由问题提出了指导方针。因此，“通过该框架，美国私营企业和政府部门可以联手加强‘关键基础设施’的安全与适应性”。

与NIST之前所发布的具有较强美国或北美地区属性的技术指南不同，该框架是在网络安全目前已有的全球公认标准的基础上拟定的，总体上是对既有国际规则或全球通用规则的吸纳，虽然这其中也包含了 NIST 之前自己拟定的技术规则。

该框架也可用于位于美国以外的公共或私营机构，借此，美国所提倡的加强关键基础设施网络安全方面的框架再次体现了美国引领全球技术标准的趋势。

除以上三个重点领域之外，其他国家 / 地区所出台的法律文件还有：欧盟出台的《网络和信息安全指令》，内容包括，统一安全技术和组织机制要求，建立成员国之间的协作机制尤其是信息共享，此外，还要求对重点行业加强防范能力建设，等等。

2. 探索和调研个人信息保护规则

大数据、云计算等新技术新业务迅速发展，推动了经济发展，同时在民生保障和社会治理等各方面都发挥了越来越大的作用。但在这个过程中，也不可避免地伴随着对个人信息的更加深度的整合、挖掘和利用。这给个人信息的保护制度带来了严峻的挑战，个人信息泄露事件层出不穷。对此，各国在政策层面，纷纷对如何在保护个人信息的前提下更好地利用大数据、云计算等新技术进行了充分而有益的探索。不过，由于各个国家的社会观念、所面临的现实需求和个人信息保护制度的完善程度存在区别，因此在实践中，各个国家或多或少地会有所侧重。

在政策探讨上，美国白宫发布的《大数据：抓住机遇，创造价值》报告中确定了政府未来采取行动的五个领域，并提出了六项政策建议，即修改电子通信隐私权法案、统一规定国家数据泄露标准、推进消费者隐私权法案、将隐私权覆盖到非美国公民、确保学生数据仅用于改善教育成果。

在具体实践中，欧盟一如既往地扮演着保护个人信息的激进卫道士的角色。自从欧盟在 2012 年决定修改其 1995 年个人数据保护指令以来，欧盟成员国、欧盟议会、欧盟各成员国公民和在欧盟境内开展业务的互联网企业之间进行了大量的正式或非正式的讨论。最终，2014 年 3 月，欧盟议会高票通过了《一般数据保护条例》的草案。值得注意的是，该草案虽然试图通过简化行政程序、减小中小企业负担等方式来推动大数据时代下的经济增长，但却将重点放在了赋予个人数据主体以更多权利和对企业施加更为严格的个人数据保护义务上。同时，欧盟法院也以基本权利的高标准来执行对个人信息的保护。欧盟法院在 2014 年 4 月裁定《欧盟数据留存指令》（要求互联网和电话公司为了打击犯罪的目的保留用户通信的元数据）因侵犯个人私生活基本权利而无效，2014 年 5 月裁定在欧盟境内提供搜索服务的搜索引擎在权利主体的请求下应当删除不精确的、不完整的、无关的个人信息链接。可以看到，欧盟在立法和司法层面都更着重于保护个人数据。类似地，韩国国内也通过了《个人信息保护法修正案》，扩大了个人信息的范围，并增加了加密、个人信息泄露通报和不得恢复已销毁信息的义务等，加大了个人信息保护的范围和力度。

不同于欧盟和韩国，日本的《个人信息保护法》在修订过程中则更注重个人隐私和企业数据利用需求之间的平衡。在其目前的修改方案中，有三个方面值得引起我们的注意：一是引进了没有本人同意也能使用数据的框架制度，包括采用“降低个人识别性”的加工等处理方法；二是灵活结合法律规定和政令省令、规则、指导方针和民间自律，充分利用多样化的治理形式；三是完善了第三方机构体制，建立对民间团体进行认证和监督等职能的第三方机构，此举主要是为了适应欧盟对跨境数据流动的他国服务提供者的要求。日本方面希望通过这次立法修改解决的主要问题是企业在利用大数据时遇到的困难和障碍，以为经济发展扫清障碍。

3. 各国提出大数据时代政策方向

随着大数据时代的来临和对经济社会产生的重大影响，2014 年，OECD、美、欧开始就如何抓住大数据时代机遇提出未来的立法和政策方向。一方面通过开放政府数据、加强技术研发和人才供给、建立公私合作、鼓励创新等释放大数据的社会经济潜力；另一方面通过加强隐私保护和数字风险管理等规避大数据风险。

2014 年 5 月，美国白宫发布报告《大数据：抓住机会、保存价值》，提出政府未来采取行动的五个领域：一是保存隐私价值，保护美国甚至全球公民隐私；二是加强对在校学生的教育，以有效利用大数据带来的机会并避免风险；三是防止利用大数据对特定人群造成新的歧视；四是确保大数据能够有效应用于法律执行、公共安全和国家安全；五是挖掘数据作为公共资源的潜力。

2014 年 7 月，为了抓住大数据机遇，增强欧盟的全球竞争力，欧委会发布大数据战略《朝着数据驱动的繁荣经济迈进》（COM（2014）442 final），并提出将采取如下措施促进欧盟向数据驱动经济转型：一是支持能够提升竞争力、公共服务和公民生活质量的“灯塔”型数据措施；二是开发使能技术、基础设施和技能，使中小企业获益；三是广泛共享、利用和开发公共数据资源和研究数据基础设施；四是将公共资源和投资（R&I）专注于技术、法律和其他瓶颈；五是确保相关法律框架和政策（如关于互操作性、数据保护、安全和知识产权）是数据友好的，能给企业提供更多的监管稳定性并建立用户对数据技术的信任；六是快速完成欧盟关于数据保护框架、网络和信息安全的立法改革进程，支持执法机构在相关领域的交流合作；七是加速公共管理和服务的数字化，提高效率；八是通过政府采购将数据技术带入市场。

2014 年 10 月，OECD 发布报告《数据驱动下的创新、增长和福利》，提出为了实现大数据的红利和应对大数据带来的挑战，应做出如下政策考虑：从数据的价值全周期考虑问题；有效保护个人隐私和自由；促进数据分析和隐私增强技术的研发；确保数据分析技巧能力的供应和发展；政府在数据供应和数据分析方面做出表率；重视数据生态系统中的风险管理；为建立高速、开放互联网提供激励；为数据接入、访问和可互操作性建立治理框架；鼓励数据驱动的创业和组织变革等。

4. 网络中立政策两种走向未明

2014 年堪称网络中立立法的大年，美欧对此均有推进，但鉴于该立法议题所牵涉矛盾、利益过于繁杂，行至年末，美欧的立法均未取得实质性成果。

美国 FCC 中立立法在 2014 年年初被法院判决败诉。之后，FCC 重调法案，至 2014 年 5 月，新版《网络开放指令》公布，FCC 一改之前立场，允许 ISPs 专门为内容提供商开辟一条更加快速的通道来传送网络内容和网络应用，在不损害竞争和不损害消费者利益的前提下，ISPs 可向其收取所谓的“优先通路费”（premium delivery）。该指令刚一公布，即在美国国内引发抗议，随后，FCC 在原稿基础上做了小范围调整，提出两种方案：一是将互联网划分为一快一慢两条通路，分别对待；二是对《34 通信法》进行解释，将“宽带互联网接入业务”划分为“电信业务”。两种方案，分别是违背和支持网络中立原则之举，但对于 FCC 而言，选择任何一种方案，都将遭到极大挑战。2014 年 11 月 10 日，奥巴马建议 FCC 坚持网络中立原则，调整《网络开放指令》内容，将“宽带互联网业务”划到“电信业务”目录之下。

2014 年 3 月，欧洲议会网络中立法案（草案）的内容主要是，禁止电信运营商向在线内容提供商等互联网服务提供商收取额外费用，以提高速率，或者封堵网络。例外情形有三种：一是执行法庭令；二是保障网络安全；三是阻止临时性网络阻塞。仅该三种情形，可允许降低网络速率，封堵互联网，但也需遵循“透明、非歧视、适当”三原则，以及不能超过必要的时间长度。

美欧的不同之处在于，欧盟的立法草案从总体原则上是承认网络中立的，即禁止将网络分为三六九等，认为网络都是平等的，在此大前提之下的任何例外原则，都属于小范围调整，而美国 FCC 的新版《网络开放指令》则有彻底抛弃网络中立之嫌。

（二）国内综述

1. 我国知识产权法律体系建设持续推进

近年来，随着国家知识产权战略的实施与技术的快速进步，知识产权问题日益引起人们的广泛关注。我国对知识产权保护越来越重视，不断完善知识产权法律体系，2014 年也取得了突破性进展，主要表现在知识产权法院的建立及知识产权法律的修改方面。

2014 年 8 月 31 日，全国人大常委会通过了在京、沪、穗设立知识产权法院的决定，落实了十八届三中全会提出的“探索建立知识产权法院”的要求。设立知识产权法院的主要原因是原来的审理模式在实践中会导致很多的问题，由于不同类别案件评判标准和法律依据的不同，“同案不同判”、“一案多判”等类似情况经常发生，“跨区域审理”也顺应了打破地方保护主义的要求。2014 年 11 月 6 日，北京知识产权法院作为我国第一家知识产权法院正式挂牌；12 月 16 日，广州知识产权法院建成；12 月 28 日，上海知识产权法院挂牌成立。三地知识产权法院的挂牌成立，正式迈出了司法改革的第一步，顺应了加大知识产权司法保护力度和提高知识产权审判水平的需要。

2014 年我国知识产权法律加紧完善。2014 年 6 月，国务院法制办公布了备受关注的《著作权法》（修订草案送审稿），并会尽快将最后版本提交给全国人大。送审稿进一步侧重于法律制度对产业创新的促进，明确了信息网络传播权与播放权的界限，明确了网络服务商的审查义务和法律责任，增加了技术保护措施和权利管理信息，加入了惩罚性赔偿，提高了侵权赔偿数额，为创新和创造者解决后顾之忧，为 ICT 产业创新发展不断增添强劲动力。2014 年 7 月，最高院《关于审理侵犯专利权纠纷案件应用法律若干问题的解释（二）》公开征求意见，对权利要求解释、禁止反悔规则、外观设计近似性、间接侵权、现有技术抗辩、赔偿数额的计算、专利法第 47 条的适用、存在明显专利无效事由时侵权诉讼的处理等进一步明确。知识产权立法与司法保护中，都有增加违法者的侵权成本、适当加大损害赔偿力度、增加惩罚性赔偿的趋势。

2.《电信条例》修改，放松管制、强化法治保障

2014 年 7 月 29 日国务院公布了《国务院关于修改部分行政法规的决定》（国务院令第 653 号），其中包括对《中华人民共和国电信条例》（以下简称《电信条例》）进行修改，自公布之日起施行。新修订的《电信条例》为进一步发挥市场作用，减少政府干预提供法治保障。

此次修订主要放开了网间互联协议和电信资费定价的限制。

在电信资费定价方面，新法规定电信资费由原来的“实行以成本为基础的定价原则”改为实行市场调节价。具体而言，修订前法律规定：“电信资费标准实行以成本为基础的定价原则，同时考虑国民经济与社会发展要求、电信业的发展和电信用户的承受能力等因素。”此次修改为：“电信资费实行市场调节价。电信业务经营者应当统筹考虑生产经营成本、电信市场供求状况等因素，合理确定电信业务资费标准。”将原来规定的“政府定价的重要的电信业务资费标准，由国务院信息产业主管部门提出方案，经征求国务院价格主管部门意见，报国务院批准后公布施行”修改为“国家依法加强对电信业务经营者资费行为的监管，建立健全监管规则，维护消费者合法权益”。同时，删除了以下规定：“电信资费分为市场调节价、政府指导价和政府定价”；“制定政府定价和政府指导价的电信业务资费标准，应当采取举行听证会等形式，听取电信业务经营者、电信用户和其他有关方面的意见”；“电信业务经营者在电信服务中，不得有下列行为：（三）违反国家规定，擅自改变或者变相改变资费标准，擅自增加或者变相增加收费项目”。

在网间互联协议规定方面，此次修订删除了“网间互联协议应当向国务院信息产业主管部门备案”的规定，并将“未经国务院信息产业主管部门批准，任何一方不得擅自中断互联互通”的规定修改为“遵守网间互联协议和国务院信息产业主管部门的相关规定，保障网间通信畅通，任何一方不得擅自中断互联互通”，放宽了网间互联的相关要求。

此次修订，对于企业，将使其行为更加自主，更加充分地参与市场竞争，市场竞争也将更加激烈；对于用户，资费的下降，将使其直接受益；对于政府监管部门，将在放松管制的背景下，更加探索事中事后监管的新手段。

3. 废止 / 修改部分规章，推进行政审批改革和依法行政

为做好与行政审批制度改革相衔接的法制保障，推进依法行政，根据《国务院关于取消和下放一批行政审批项目的决定》（国发〔2013〕44 号）等文件有关“各部门要做好取消和下放管理层级行政审批项目的落实和衔接工作，加快相关制度建设”的要求，工业和信息化部组织对国务院 2002 年至 2013 年下放和取消的九批行政审批项目涉及工业和信息化部单独制定或者牵头制定的规章进行了清理，于 2014 年 9 月 23 日发布了《工业和信息化部关于废止和修改部分规章的决定》（工业和信息化部令第 28 号）（以下简称《决定》）。

《决定》废止了《互联网电子公告服务管理规定》、《民用爆破器材生产流通管理暂行规定》两件规章，修改了《电信服务质量监督管理暂行办法》等 5 件规章的部分条款。主要内容有以下 6 个方面。

一是废止《互联网电子公告服务管理规定》（原信息产业部令第 3 号）。《互联网电子公告服务管理规定》主要围绕“互联网电子公告服务专项审批（备案）”项目制定。根据国务院取消该审批项目的要求，废止了《互联网电子公告服务管理规定》。互联网电子公告服务是互联网信息服务的一种，在废止该规定后，适用《电信条例》、《互联网信息服务管理办法》和《电信业务经营许可管理办法》等规定对其进行管理。

二是修改《电信服务质量监督管理暂行办法》（原信息产业部令第 6 号）。根据国务院取消“电信服务格式合同备案”的要求，删除了有关格式条款应当报电信管理机构备案的规定。同时，鉴于《电信服务规范》已对重大通信障碍阻断的报告问题做出规定，删除了有关电信业务经营者应立即向电信管理机构报告重大通信障碍阻断的规定。

三是修改《公用电信网间互联管理规定》（原信息产业部令第 9 号）。根据国务院取消“公用电信网之间的网间互联协议备案”的要求，将有关互联协议“向电信主管部门备案”的要求修改为“报送电信主管部门”。同时，根据国务院取消“中断通信互联互通审批”的要求，将有关电信业务经营者未经批准不得擅自中断网间通信的规定，修改为：“电信业务经营者应当保障网间通信畅通，不得擅自中断互联互通。”

四是修改《电信设备进网管理办法》（原信息产业部令第 11 号）。根据国务院取消“电信设备进网检测机构和认证机构授权审批”项目的要求，删除了“关于电信设备检

测机构、认证机构应当经我部授权”的规定。同时，根据行政审批制度改革的精神，取消了获得进网许可证的生产企业向所在省（区、市）通信管理局备案的要求，修改为：“生产企业应当接受所在省（区、市）通信管理局的监督管理。”

五是修改《电信网码号资源管理办法》（原信息产业部令第 28 号）。根据国务院取消“电信业务经营者拍卖码号审批”的要求，删除了有关未经电信主管部门批准不得擅自拍卖用户码号资源的规定。

六是修改《工业和信息化部行政许可实施办法》（工业和信息化部令第 2 号）。根据国务院取消“通信建设项目招标代理机构资质认定”等 6 项通信领域审批项目的要求和“军工电子计量技术机构建立认定”项目已划转的实际情况，删除了军工电子计量技术机构建立认定、通信建设监理企业资质认证和监理工程师资格认定、通信信息网络系统集成企业资质认定、通信用户管线建设企业资质认定、通信建设工程概预算人员资格认定、通信建设项目招标代理机构资质认定和互联网电子公告服务专项审批及备案等 7 个项目。

出台《决定》是依法推进行政审批制度改革的需要，将使法律适用更加清楚明确，为依法行政创造法律依据的前提。同时，随着行政审批制度改革的进一步推进，未来将继续对有关部门规章进行清理，为落实行政审批制度改革成果提供法治保障。

4. 互联网内容治理力度加大

针对网络色情、暴恐音视频、垃圾短信、网络造谣等违法犯罪现象的日益猖獗，国家互联网信息办公室、工信部、公安部、工商总局、扫黄打非小组等相关管理部门，2014 年共开展了八项专项行动，取得了较好的效果，净化了网络环境。

这八项专项行动分别是：旨在打击盗版和非法转载的“剑网行动”、旨在打击网上淫秽色情信息的“净网行动”、铲除网上暴恐音视频行动、即时通信工具专项整治行动、打击恶意程序专项行动、旨在打击垃圾短信的“净屏行动”、铲除低俗信息专项行动、打击网络造谣行动。

另外，在互联网内容服务的规范方面，也有两件大事值得关注。一是 2014 年 8 月 7 日出台的《即时通信工具公众信息服务发展管理暂行规定》。该规定的主要内容包括了公众信息服务的资质要求、实名注册和七条底线、公众号审核备案和对违规行为的处罚规定。该规定的出台，有助于治理当下即时通信工具公众信息服务的乱象，维护用户的隐私，并营造一个有利于言论自由的理性空间。二是互联网电视领域的一波三折。国家新闻出版广电总局依据 2011 年出台的《持有互联网电视牌照机构运营管理要求》，关闭了违规视频软件下载通道，并发文通知不得安装除 TVOS 外的操作系统，取消了节目时移和回看功能，并勒令视频网站 TV 端 App 下架。这一系列重拳的出击，将导致互联网电视产业格局重新洗牌，迫使当前的企业改变商业模式。至于最终互联网电视是就此偃旗息鼓，还是东山再起走向如何的发展路径，我们拭目以待。

5. 制定司法解释，规范网络行为

2014 年 10 月 10 日，最高人民法院公布《最高人民法院关于审理利用信息网络侵害人身权益民事纠纷案件适用法律若干问题的规定》(以下简称《规定》)，进一步完善了涉及互联网侵权法律问题的裁判规则体系，有利于规范网络行为，建立良好的网络秩序。

近年来，随着互联网的发展，产生了一系列利用互联网实施侵权行为的法律问题，如侵犯网络知识产权、盗取及贩卖电信和互联网用户个人信息、利用网络对他人进行诽谤中伤等。虽然现有法律对上述问题进行了规定，但由于互联网的无国界性、虚拟性等特点，在具体案件的处理上仍然缺乏必要的裁判规则。因此，近年来最高人民法院、最高人民检察院陆续出台了一系列涉及网络侵权案件的司法解释。针对互联网发展过程中出现的法律适用问题，最高人民法院制定了《最高人民法院关于审理侵害信息网络传播权民事纠纷案件适用法律若干问题的规定》，联合最高人民检察院制定了《关于办理利用信息网络实施诽谤等刑事案件适用法律若干问题的解释》，连同《最高人民法院关于审理利用信息网络侵害人身权益民事纠纷案件适用法律若干问题的决定》，共同形成了有关互联网侵权法律问题的裁判规则体系，有利于构建安全、可信的信息消费环境。

该司法解释主要包括四个方面的内容。第一，明确了网络服务提供者的义务。根据《规定》，在网络侵权案件中，法院可责令网络服务者提供个人信息。在诉讼程序上，允许原告仅起诉网络用户或网络服务提供者；在明确原告起诉后，法院可以根据案件情况和原告的请求责令网络服务提供者提供涉嫌侵权的网络用户的个人信息，这些信息包括能够确定涉嫌侵权的网络用户的姓名（名称）、联系方式、网络地址等，并规定，网络服务提供者无正当理由拒不提供的，人民法院可以依据民事诉讼法相关规定对网络服务提供者采取处罚等措施。第二，明确个人信息保护的范围。根据《规定》

内容，网络用户或者网络服务提供者利用网络公开自然人基因信息、病历资料、健康检查资料、犯罪记录、家庭住址、私人活动等个人隐私和其他个人信息，造成他人损害，被侵权人请求其承担侵权责任的，法院应予以支持。第三，规范自媒体、非法删帖和网络水军的担责问题。《规定》称，法院认定网络用户或网络服务提供者转载网络信息行为的过错及其程度，应当综合转载主体所承担的与其性质、影响范围相适应的注意义务；所转载信息侵害他人人身权益的明显程度；对所转载信息是否做出实质性修改，导致其与内容严重不符以及误导公众的可能性等因素。雇佣、组织、教唆或者帮助他人发布、转发网络信息侵害他人人身权益，被侵权人请求行为人承担连带责任的，法院应予以支持。第四，加大对被侵权人的司法保护力度。根据《规定》，被侵权人为制止侵权行为所支付的合理开支，可以认定为侵权责任法第二十条规定的财产损失。 被侵权人因人身权益受侵害造成的财产损失或者侵权人因此获得的利益无法确定的，人民法院可以根据具体案情在 50 万元以下的范围内确定赔偿数额。

二、2014年信息通信法律法规热点分析

（一）互联网领域竞争激烈，不正当竞争行为突出

1. 我国互联网领域的竞争态势

我国互联网市场在技术和业务的快速创新下仍处于高速发展阶段，竞争主体日益增多，竞争程度日趋激烈，逐步形成了以下竞争特点。首先，互联网市场竞争主体数量庞大，重点业务领域的市场格局高度集中。目前我国互联网网站数量已经超过400万个；其中腾讯、阿里在即时通信、电子商务的市场份额占比都超过了80%，百度在搜索领域的份额也超过了50%。其次，竞争模式已经从单一应用的竞争向聚合多类应用的平台竞争转变，传统的不正当竞争行为逐渐在互联网上延伸，各互联网企业依托优势应用不断向其他领域延伸，教育、医疗、交通等新兴领域竞争越发激烈。再次，随着互联网技术的发展，以搜索引擎、安全软件为代表的新型不正当竞争行为不断涌现。最后，我国互联网竞争司法审判先行、行政监管缺位滞后，不正当竞争行为发生后法院审判首先介入，而行政部门对新兴经济领域执法经验缺乏。

2. 司法判决为互联网竞争提供指引

2014年，我国互联网行业的竞争依旧十分激烈，几个典型案件判决也尘埃落定。这几个里程碑式的案件判决将传统立法适用于互联网领域，“判例”在未来互联网竞争领域将起到越来越重要的作用，将为互联网企业的竞争行为提供指引。

在“违反Robots协议不正当竞争案”[1]中，Robots协议被认定为行业内公认的、应当被遵守的商业道德，被告推出的搜索引擎在伊始阶段没有遵守原告网站的Robots协议，其行为明显不当。根据《反不正当竞争法》第二条“经营者在市场交易中，应当遵循自愿、平等、公平、诚实信用的原则，遵守公认的商业道德”，被告违反公认的商业道德，应当承担相应的不利后果。

[1] 参见北京市第一中级人民法院：百度诉奇虎360违反Robots协议案一审宣判360赔偿百度70万元，http://bj1zy.chinacourt.org/article/detail/2014/09/id/1446252.shtml。

在“安全软件不正当竞争案”[2]中，被告的行为破坏了原告产品和服务的完整性及现有商业模式，违背了诚实信用和平等竞争原则而构成不正当竞争。被告无事实依据地宣称原告软件存在严重的健康问题，这种评论已超出正当商业评价、评论的范畴，构成商业诋毁。被告在市场竞争中通过不正当地利用他人市场成果为自己谋取商业机会，从而非法牟取竞争优势，属于食人而肥的不正当竞争行为。竞争自由和创新自由必须以不侵犯他人合法权益为边界，被告以技术创新为名，专门开发软件对原告软件进行深度干预，不符合互联网自由和创新之精神。

在国内首例互联网反垄断案——“滥用市场支配地位案”[3]中，最高人民法院从相关市场的界定、市场支配地位、是否滥用市场支配地位等方面对案件做了详细的论述，为互联网领域的发展提供了行业准则。首先，界定相关市场是评估被诉垄断行为对竞争影响的工具，其本身并非目的；相关市场的界定主要从需求者进行替代分析，辅之以经营者角度的供给替代分析；界定相关市场需要考虑相关市场状况和技术趋势。其次，市场支配地位的认定需要考虑多方面的因素综合评估，高额的市场份额并不理所当然地意味着存在市场支配地位。最后，在滥用行为的认定方面，“二选一”的行为并未显著限制或排除市场竞争，且动机亦不明显；“绑定软件”的行为具有一定的合理性且并非强制行为，所以被上诉人的行为不构成滥用市场支配地位。

3. 完善政策措施，引导互联网行业健康发展

典型案件的判决从司法角度划清了互联网行业的正当竞争与垄断行为的界限，但到目前为止，我国互联网领域的相关法律法规尚不健全，需要完善相关政策措施引导互联网企业健康发展。

第一，**建章立制**，明确竞争行为规范。竞争政策适用于互联网行业时应当考虑到这个行业的特点，可参考司法判决经验，修订完善相关法律法规的实施细则，以便厘清合法与非法的界限。

第二，**加强执法**，发挥行政监管职能，处理好行政执法与司法判决的关系。提高行政执法效率，充分发挥行政处理程序在处理互联网竞争纠纷中的作用；建立健全互联网市场不正当竞争行为的争议解决机制。

[2] 参见最高人民法院（2013）民三终字第 5 号判决书。
[3] 参见最高人民法院（2013）民三终字第 4 号判决书。

第三，**完善监管**，从行业发展前景角度谨慎处理互联网领域的垄断和竞争问题，以完善监管的手段，促进行业有序发展。

第四，**统筹兼顾**，处理好互联网发展、竞争和创新之间的关系。通过保持适当宽松的竞争管制，推动互联网企业做大做强；采取适度干预，防止互联网市场主导者滥用其支配地位；把握技术创新和自由竞争。

（二）部门与国家立法共同推进，加速构建电子商务法治营商环境

在电子商务领域，相关法律法规的制定工作呈现加快势头。部门与国家立法共同推进，加速构建电子商务法治营商环境。

1.《电子商务法》正式列入国家立法规划，明确立法时间表

根据十二届全国人大常委会立法规划，《电子商务法》被列入第二类立法项目，即需要抓紧工作，条件成熟时提请常委会审议的法律草案。《电子商务法》纳入立法规划，充分体现了全国人大常委会对电子商务立法的高度重视，反映了有关部门和社会各界的共同期望。2013 年 12 月 27 日，全国人大财经委在人民大会堂召开《电子商务法》起草组成立暨第一次全体会议，正式启动《电子商务法》立法工作。根据会议关于立法工作安排，从起草组成立至 2014 年 12 月，首先进行专题调研和课题研究并完成有关研究报告，形成立法大纲。2015 年 1 月至 2016 年 6 月，将开展并完成法律草案起草，争取在本届任期内，将法律草案提请全国人大常委会审议。

2. 正在修订中的《食品安全法》、《广告法》关注电商平台责任

第三方交易平台责任是电子商务法律中的核心问题。较之于政府部门，电商平台在监督管理中有着技术、资源的优势和便利，但如果缺乏具体的违法行为认定标准，平台监管也存在缺乏权威性、监督成本过重的问题。近期修订的几部国家法律不约而同地对电商平台的监督管理责任给予了关注。

在《食品安全法》（修订草案）中增加了网络食品交易第三方平台的食品安全管理责任，具体包括准入管理责任、经营监督管理责任以及事后的连带责任。

《广告法》(修订草案)中也对交易平台的监督管理责任进行了规范。明确网络广告是广告监管的重要对象，明确网络服务提供者的广告监督管理责任。草案第 44 条规定：公共场所的管理者或者电信业务经营者、互联网信息服务提供者对其明知或者应知的利用其场所或者信息传输平台发布违法广告的，应当予以制止。

3. 在部门规章层面，工商总局、海关总署积极探索电商制度规范

国家工商总局部门规章《网络交易管理办法》(以下简称《办法》) 于 2014 年 3 月 15 日起施行。该部规章是为配合新《消费者权益保护法》颁布的 3 个配套行政规章之一。规章颁布的同时废止了《网络商品交易及有关服务行为管理暂行办法》。规章主要建立了四个方面的制度规范。第一，明确了电子商务的市场准入制度。个人开展网络经营的，必须通过第三方交易平台，并由后者进行实名登记。第二，明确了第三方交易平台的监督义务。《办法》第二章第二节"第三方交易平台经营者的特别规定"中对第三方交易平台经营者应当履行的责任义务新增了 5 项内容。第三，《办法》细化了对网络消费者合法权益的各项保护措施，主要体现在网购售后服务、商业广告信息推送、个人信息保护、格式合同管理等方面。第四，明确了跨区域违法交易管辖权。明确以违法经营地为主的管辖原则，同时辅之以指定管辖 。

2014 年 7 月下旬，海关总署一周内连发两个文件，即 2014 年第 56 号文件《关于跨境贸易电子商务进出境货物、物品有关监管事宜的公告》和第 57 号文件《关于增列海关监管方式代码的公告》，明确规定企业或个人通过跨境电子商务方式进行的贸易必须接受海关的监管。其中第 56 号文件明确规定了通过与海关联网的电子商务平台进行跨境交易的进出境货物、物品范围，以及数据传输、企业备案、申报方式、监管要求等事项。

公告中"电子商务企业或个人通过经海关认可并且与海关联网的电子商务交易平台实现跨境交易进出境货物、物品的，按照本公告接受海关监管"的规定，明确了公告的适用范围，即同时满足以下三个条件的纳入公告调整范围：一是主体上，主要包括境内通过互联网进行跨境交易的消费者、开展跨境贸易电子商务业务的境内企业、为交易提供服务的跨境贸易电子商务第三方平台；二是渠道上，仅指通过已与海关联网的电子商务平台进行的交易；三是性质上，应为跨境交易。对于未在上述条件范围内的进出境货物、物品，海关仍按照原有方式(比如一般贸易、邮件、快件等)办理通关手续。

近年来，我国跨境贸易电子商务发展迅速，同时也遇到了一些问题。比如，按照以往的规定，电商通过快件、邮件方式销往国外的出口商品，不能办理结汇手续，也不能享受出口退税的鼓励政策。通过与海关联网的电子商务平台进行跨境交易，能够有效解决结汇、退税等问题，维护广大消费者权益。此次公告正是为了明确有关监管措施而出台的。

对于企业出口退税和结汇问题，公告明确：海关对电子商务出口商品采取"清单核放、汇总申报"的方式办理通关手续。电子商务企业可以向海关提交电子版的《中华人民共和国海关跨境贸易电子商务进出境货物申报清单》，逐票办理商品通关手续。在此基础上，电子商务企业每月定期将上月结关清单所涉货物的数量、金额、件数等相加，汇总形成《进出口货物报关单》向海关申报，海关据此签发报关单证明联，从而有效解决跨境贸易电子商务出境商品出口退税和结汇问题。

（三）ICT 领域标准专利滥用行为逐渐突显，中国反垄断规制日趋常态化

1. ICT 领域标准专利垄断行为日益受到关注

近期，ICT 领域标准专利垄断行为日益受到中国反垄断执法机构和法院的关注。商务部和发改委等机构纷纷出手，对相关产业主体展开反垄断调查。同时，广东高院对华为公司诉 IDC 滥用市场支配地位上诉案的二审判决，为今后关于标准专利滥用案件的处理提供了参考。

（1）商务部附条件批准微软收购诺基亚设备和服务业务案

2013 年 9 月 13 日，商务部收到微软收购诺基亚设备和服务业务案的经营者集中反垄断申报。2014 年 4 月，商务部根据申报方提交的承诺方案附条件批准了该案。要求微软持续遵守其向标准制定组织做出的承诺，在 FRAND 条件下许可其标准专利，不以标准专利寻求针对中国境内智能手机制造企业所制造智能手机的禁令或排除令等。同时要求诺基亚就标准专利许可继续遵循FRAND原则[4]，不得寻求不符合FRAND原则的许可条件等。同时，还要求双方每年在规定时间段内向商务部提交报告，通报对限

[4] FRAND（Fair, Reasonable And Non-Discriminatory）原则，即公平、合理及无歧视原则，是国际上通行的标准组织知识产权政策的核心内容。

制条款的遵守情况。

在该案中，针对拥有大量标准专利的微软与诺基亚，商务部重点考量了微软与诺基亚如果违反了其针对标准专利做出的 FRAND 承诺，将会对中国智能终端市场竞争造成的影响。可以看出，与标准专利相关的垄断案例，焦点主要集中在权利人对 FRAND 原则的违反上。因此并购审查案件中，监管机关强调权利人应遵守其做出的 FRAND 承诺，在 FRAND 原则下许可其标准专利。

（2）发改委调查 IDC 和高通涉嫌垄断案

2013 年 5 月，发改委接到举报称 IDC 涉嫌滥用市场支配地位，对我国通信设备制造企业收取歧视性的高额专利许可费，排除、限制竞争，发改委于 2013 年 6 月正式对 IDC 进行立案调查。2014 年 3 月，IDC 向发改委提交了中止调查申请，并做出一系列承诺，主要包括：不对我国企业收取歧视性的高价许可费、不将非标准专利与标准专利进行捆绑许可、不要求我国企业将专利向其进行免费反许可、不直接寻求通过诉讼方式迫使我国企业接受其不合理的许可条件等。发改委表示，考虑到 IDC 提出的承诺措施能够消除涉嫌垄断行为的后果，保证我国企业公平地参与市场竞争，恢复市场竞争秩序，依据《反垄断法》规定对 IDC 做出了中止调查的决定，同时将严格监督 IDC 切实履行承诺。如果 IDC 未履行承诺或者有其他法定情形，将恢复调查。

2013 年 7 月，发改委收到针对高通的举报，称高通在中国涉嫌滥用其在无线标准专利市场、手机芯片市场的支配地位，实施价格垄断行为，主要包括不公平的高额定价、歧视性定价、附加不合理交易条件等。发改委在 2013 年 11 月同一时间对高通中国公司的北京和上海两个办公地点进行了突袭调查，调取了相关文件资料，之后又对国内外多家企业，包括手机制造企业、芯片制造企业等进行了调查。目前，对于高通的调查还在持续进行中，发改委表示下一步将继续依法推进该案的调查工作，在调查清楚事实的基础上，对涉嫌价格垄断行为进行分析论证，依法对案件进行研究处理。

在发改委调查的这两起垄断案件中，案件集中的焦点仍然是标准专利权利人做出的 FRAND 承诺在具体实践中的应用与判定。FRAND 承诺要求权利人对待处于同等条件的专利使用人应施以相同的、无歧视的许可条件；给予专利使用人的专利费率应当合理等。如果权利人违反其 FRAND 承诺，对标准专利使用人进行歧视性定价、垄断高价、拒绝许可等行为，将落入反垄断法规制的滥用知识产权相关行为的范畴。

（3）广东高院对华为诉 IDC 案终审判决

2011 年 12 月 6 日，华为向深圳市中级人民法院提出两起诉讼，以标准专利使用费纠纷为由，请求法院就许可费率按 FRAND 原则进行判决；以滥用市场支配地位纠纷为由，请求法院判决 IDC 停止侵权，并赔偿其损失人民币 2000 万元。2013 年 2 月 4 日，深圳中院按照中国《反垄断法》相关规定和国际上通用的裁判规则，最终做出裁决：IDC 负有按照 FRAND 原则许可实施其标准专利的义务，并参考 IDC 与苹果、三星等厂商就通信领域标准专利的许可使用费，对本案的使用费率给予了判定；IDC 实行差别、歧视性报价，并意图通过诉讼手段威胁强迫华为接受过高的专利许可条件，其行为构成滥用市场支配地位，法院判令 IDC 立即停止针对华为公司的垄断民事侵权行为，并赔偿其经济损失人民币 2000 万元。IDC 不服一审判决，随后向广东省高级人民法院提起了上诉。2013 年 10 月，广东省高院维持了深圳中院的一审判决。

华为诉 IDC 的两案自立案之日起，即引发了全球信息通信产业及知识产权界的高度关注。案件中存在着大量理论界、司法界有争议的知识产权前沿与疑难的法律问题。比如在这两案中反映出的如何处理商业谈判与司法裁判的关系；如何准确理解与把握 FRAND 原则并运用于案件审判；在具体案件中如何平衡专利权人与标准实施者利益等问题仍成为困扰各国执法、司法实践的难点。

（4）小结

通过以上案例可以看出，标准专利涉及的垄断行为正逐步被我国企业和监管机构所重视；我国反垄断执法和司法机构对处理标准专利滥用案件的能力也正在逐步提高。

2. ICT 领域标准专利垄断行为的分析路径

（1）遵循垄断行为的一般分析框架

监管机构和法院主要是遵循垄断行为判定的基本框架，即首先界定相关市场、确定经营者的市场地位，再判定经营者的滥用行为是否存在以及对相关市场竞争的影响，最后运用合理分析原则最终判定行为是否构成垄断。市场地位的判定主要考量经营者是否拥有市场支配力；对竞争的影响需考虑对现有和潜在竞争的影响；合理分析原则需要在行为促进与阻碍竞争之间综合进行分析，并在不同法益之间进行协调与衡量。

（2）以华为诉 IDC 案为例，展现对标准专利涉及垄断行为的分析路径

在华为诉 IDC 案件中，法院首先界定了相关市场。法院采用替代分析方法进行分析，认为被告在中、美的 3G 无线通信技术标准（WCDMA、CDMA2000、TD-SCDMA）中的每一个必要专利许可市场均构成一个独立的相关市场，本案的相关商品市场是这一个个独立相关市场的集合束；相关地域市场为中国市场和美国市场。

然后再确定了 IDC 是否具有市场支配地位。法院认为被告方在相关市场内具有阻碍或影响其他经营者进入相关市场的能力，在就 3G 标准必要专利许可谈判时，被告具有控制原告使用其 3G 标准必要专利的价格、数量及其他交易条件，在相关市场具有市场支配地位。

最后，判定被告是否滥用了其市场支配地位构成垄断。法院认为 IDC 违反了其 FRAND 承诺，收取不合理专利费、将标准与非标准专利搭售等行为对相关市场施加了不合理的影响、不当的限制，阻碍了市场的竞争，构成了垄断。

3. ICT 领域标准专利垄断行为频发的原因分析

（1）产业竞争格局快速变化，标准专利成为攻防武器

第一，技术标准的实施已不能绕开专利。ICT 产业作为知识密集型产业，企业为了对自身的创新成果进行有效的保护，产业内几乎所有新近研发的技术都被及时地申请了专利，再加上标准必要专利的锁定效应，对于专利使用人来说不能也无法绕开。

第二，ICT 产业市场竞争格局快速变化。移动互联网作为一个新的技术产业周期，深刻影响了整个 ICT 产业的发展方向和竞争格局。拥有较多标准专利的通信巨头需在新形势下重新整合自己的发展优势，并逐渐在新的发展趋势下找到自己的定位；市场新秀们也在市场快速更迭变化中适应形势的发展，市场竞争格局更为激烈。

第三，标准专利的战略制衡作用显著。拥有标准专利的权利人为了维护自身的市场优势，或者为了对专利使用人施以不合理的授权条件，能轻易通过标准专利的制衡作用达到这样的目的。因此在产业格局快速变动、优胜劣汰频率更为快速的时期，权利人标准专利的滥用行为也更为频发，而被许可人为了在一定程度上避开标准专利的掣肘，也在法律框架内积极维权，标准专利引发的争议也更为频繁。

（2）中国反垄断执法和司法逐渐成熟，规制力度不断加大

标准专利的反垄断法制环境逐渐成熟。《国家标准涉及专利的管理规定（暂行）》（2014.1）、《标准制定的特殊程序 第1部分：涉及专利的标准》（2014.5）：对国家标准涉及专利问题进行规定，包括专利信息披露、专利实施许可和强制性国家标准涉及专利的特殊规定等。国家工商总局公布《工商行政管理机关禁止滥用知识产权排除、限制竞争行为的规定（征求意见稿）》（2014.6）第13条对利用标准的制定和实施从事排除、限制竞争的行为进行了规制。《最高人民法院关于审理侵犯专利权纠纷案件应用法律若干问题的解释（二）》（2014.7）公开征求意见第27条对标准专利权利人主张条件和实施许可条件进行了规定。

执法和司法实践逐渐趋于常态，对ICT产业标准专利滥用行为的规制力度逐渐加强。在规制垄断行为方面，三大执法机构积极执法，对ICT产业主体关心的问题进行积极处理。规制的力度不断加大，规制的重点主要集中在限制不合理专利费的收取、规制标准专利权利人搭售、滥用禁令、附加不合理交易等行为。司法方面，中国法院参考国际上规制标准必要专利滥用行为的一些基本原则和实践，首次使用FRAND原则作为裁判论述的依据，并提出计算的具体参照因素，为产业界和标准化组织在明晰FRAND原则及其适用上提供了重要的参考依据。

4. 对标准专利垄断行为进行规制带来的影响及发展趋势分析

（1）对标准专利垄断行为进行规制带来的影响

对标准专利权利人和使用人。随着中国反垄断执法力度的加大以及个案判定的逐渐增多，对权利人就标准专利相关许可行为的规范作用逐渐显性化。而合理使用反垄断工具成为标准专利使用人应对标准专利权利人不合理行为，尤其是FRAND费率确定的一种有效手段。

对监管机构和司法机构。通过频发的案件处理，促使我国的反垄断执法能力和司法能力不断增强。行业监管机构对标准专利许可相关问题也更为重视，如何通过事前引导机制有效保护被许可人的利益、促进中国ICT产业健康发展成为新的研究课题。

（2）未来发展趋势分析

标准必要专利权利人与各国反垄断执法与司法之间的博弈仍将继续，反垄断法逐渐成为被许可人维护自身利益的一种有利武器。基于各国法律及实施细则的不同，最大程度维护自己已获得的优势与各国反垄断执法、司法之间的博弈仍将继续。对于被许可人来说，如何更熟练地运用反垄断法，提高自己的协商能力成为被许可企业一个新的方向。

中国反垄断执法将逐渐趋于常态化，规制理念与技术更为成熟。FRAND问题引发的争议将持续，尤其是FRAND专利费率的计算与判定、禁令是否需要反垄断法的规制以及规制的具体适用条件等。随着中国反垄断执法的常态化，规制理念与技术将更为成熟。

三、2015 年信息通信法律法规发展展望

（一）全面推进信息通信业法治建设

十八届四中全会开启了依法治国的新篇章，为贯彻落实《中共中央关于全面推进依法治国若干重大问题的决定》提出的依法治国目标，应全面推进信息通信业的法治建设，包括加强立法、依法行政、提升行业法治意识等，立法是其中的重点。制定出台《网络安全法》、《电子商务法》、《个人信息保护法》、《电信法》等基础性立法，同时关注新技术新业务发展带来的法律问题，完善网络社会管理、互联网竞争、数据开放、云计算等领域的个人信息保护规则等，修订原有的传统电信监管规则、互联网信息服务管理办法、互联网资源管理规范等。

（二）重点需要关注的法律问题

1. 网络安全法

网络安全立法需要重点关注的法律问题主要有以下几个方面。

一是关键基础设施保护，应当在立法中明确关键基础设施的定义和范围，事故应对、应急响应、预案、信息共享制度以及关键基础设施保护主管部门等内容。

二是跨境数据流动制度，建议在立法中建立数据分级分类管理制度、数据跨境合同监管、跨境数据安全保护责任以及安全评估制度。

三是运营商的责任，建议在立法中要求运营商要具备监听能力，配合协助执法，留存除通信内容以外的数据。

四是网络协助执法制度，建议在立法中要求用户要共同维护网络安全，建立网络安全培训制度。

五是个人信息保护制度，建议在立法中对个人信息保护基本原则和基本制度进行

规定。

六是安全审查机制，建议在立法中授权相关机构对外资准入、网络、设备进行安全审查。

未来对于上述制度的立法路径主要是两个方面：一是通过制定《网络安全法》，建立网络安全管理的制度框架和管理体制；二是通过制定和完善《电信法》、《个人信息保护法》、国家安全审查机制相关立法，建立网络安全管理的配套制度。

2. 电子商务法

《电子商务法》已列入我国人大立法规划，然而关于该法的立法定位问题却引发了热烈的讨论。考虑立法定位问题，应当统筹立法背景与诉求、现有立法基础、国际立法经验等多方面因素，以科学立法为指导原则，构建协调统一的立法整体。我国《电子商务法》宜定位于调整基于信息网络开展的商事活动的综合性立法，主要制度应包括政府监管体制、市场进入规则、平台商规范、消费者保护等内容。

3. 电信法

作为信息通信业的核心法律制度，《电信法》将成为产业发展的重要驱动力。目前虽然有《电信条例》确立的八大监管职能，但是由于其行政法规的地位，在与其他法律冲突时要适用高层级的法律，而且存在处罚力度低、威慑力不足等弊端。

在互联网快速发展的今天，未来《电信法》在路径选择上，一是赋予《电信法》新的内涵，将“电信”与“互联网”融合，修改为《通信法》，加强适应产业发展趋势的制度设计；二是统筹与其他立法如《网络安全法》的关系，将与其他部门存在利益冲突的部分简化，推进《电信法》尽快出台。

4. 个人信息保护法

近期，鼓励各行业、地方探索个人信息保护立法。当前，除了国家层面的立法行动外，很多地方以及行业领域在个人信息保护立法领域也进行了有益的探索。在国家尚未出台个人信息保护立法的背景下，地方及行业立法的先行先试，能够结合具体行业、领域的特殊需求，制定更为具体的保护制度，有利于推动抽象的法律规则落地，不仅有利于解决地方、行业当前突出的个人信息保护问题，还将为国家立法积累经验。

而从远期来看，制定国家专门统一的《个人信息保护法》，则更为紧迫。制定《个人信息保护法》不仅是保护公民个人权利的需要，更是提高信息资源利用率、保证本国信息自由流动、促进信息化发展、参与全球化竞争的战略需要。这不仅符合国际一般立法的趋势，也能够回应社会各界关于制定个人信息保护法的呼声，有利于从国家层面明确重大问题和基本制度，保护公民对其个人信息享有的基本权利，规范企业收集和使用用户个人信息行为。

5. 标准专利问题

（1）标准专利引发的纠纷成为常态

一方面，移动互联网软硬结合的发展趋势使得知识产权问题更加复杂。另一方面，跨国巨头为争夺核心专利而发起的收 / 并购案将继续增加。市场新旧势力变革之际，拥有较多标准专利的权利人将会更加利用标准专利来加强市场控制力，标准专利使用人为抓住发展机遇，也积极利用相关法律制度为自身发展松绑，并希望重塑规则。因此，标准专利引发的纠纷将会继续成为常态。

（2）国内外企业开始角逐 5G 相关的标准专利

标准专利借助于技术标准的特殊地位成为左右市场游戏规则的重要力量，并赋予权利人极强的市场控制力。5G 成为全球移动通信产业的研发重点，国际标准组织、研究 / 推进组织、企业和研究机构已纷纷启动 5G 技术研发。ITU 初步确定 2015 年年中启动 5G 标准化流程，可以预见，围绕 5G 标准及其相关专利的角逐将更为激烈。

（3）围绕 FRAND 费率、禁令救济等标准专利问题仍是标准组织知识产权政策讨论的热点

ICT 产业的垄断纠纷大部分都集中在标准专利的使用上。FRAND 原则作为标准组织的核心知识产权政策，得到了业界的广泛认可。在反垄断执法与司法案件中，FRAND 原则成为分析的立足点。然而，在 FRAND 原则的适用上，还存在很多的模糊之处，其中争议最为频发，也是实践中最为困难的一点即是判定何为 FRAND 专利费率以及权利人能否针对标准专利提起禁令申请。未来一段时间内，这些关键问题仍将是标准组织知识产权政策讨论的热点。

（4）涉及知识产权领域竞争的法规将继续完善

从近期 ICT 产业出现的垄断案件来看，标准、专利与竞争之间的关系越来越紧密，呈现的争议越来越多，面临的问题也越来越多样化和复杂化。伴随着产业格局发生的变化、专利大战的影响，以及各国反垄断执法机构的执法理念和技术的不断成熟，标准专利涉及的竞争问题也越来越成为产业界、执法与司法机构关注的重点之一，涉及知识产权领域竞争的相关法规将会继续细化与完善。

产业与政策篇

导 读

2014 年全球 ICT 产业整体复苏，产业规模持续增长，总规模达到 5.1 万亿美元，同比增长 4.5%，高于全球 GDP 的增长速度（3.3%）。ICT 制造业、电信及互联网服务业、软件及 IT 服务业等三个主要细分产业均衡发展，均实现正增长。智能手机、车载终端的发展带动全球集成电路和显示产业的稳步增长；云计算、大数据等新技术的发展以及制造业与服务业的信息化建设驱动软件产业持续增长；LTE 网络建设与业务发展带动全球通信设备市场持续复苏；国际产业政策越来越关注智能制造等 ICT 融合应用领域的发展，以及产业对社会经济整体发展的作用与贡献。中国 ICT 产业稳步增长，增速达到 11.4%；产业结构持续优化，ICT 服务业产值连续 4 年保持 1 ～ 2 个百分点的增长，电子信息制造业内销产值占比首次达到 50%；集成电路产业的国际合作持续深化，中国成为主流生态竞争的重要争取力量，芯片制造环节的核心地位进一步凸显；国产办公软件实现全新突破，国产操作系统总体实力依然偏弱；4G 的快速发展推动中国手机产业结构性变化，4G 手机的出货量和新产品量全面超过 3G 手机，小米、联想、华为、中兴等国内企业群在国际市场表现突出；国内产业政策更加关注市场力量的利用和地方力量的调动，不断强化中央督导与社会评估，地方政府的积极性得到进一步发挥。

展望 2015 年，全球 ICT 产业发展将进一步提速，增速预计达到 5%，产业规模将达到 5.3 万亿美元；中国 ICT 产业增速约为 11%，产业规模突破 17 万亿元，超额完成“十二五”产业发展目标（16 万亿），互联网服务业和软件业将成为 ICT 产业重要的增长力量。物联网和无线网成为集成电路产业增长最快的应用领域，存储器芯片是集成电路产业增长最快的产品；云计算、大数据的持续高速增长成为全球软件产业的重要增长点，企业办公的移动化转型以及自带设备移动办公（BYOD）模式的发展带动移动终端软件的快速增长；LTE 设备市场继续保持强劲增长势头，依然是引领通信设备市场快速增长的重要领域；创新、改革、融合成为未来产业政策的主旋律，面向网络强国、制造强国及两化融合等国家重大战略的深入实施，围绕深化改革、自主创新、融合发展的多项 ICT 产业政策值得期待。

本篇作者：

辛勇飞　曹蓟光　史德年　郝也　韦柳融　陶泽荣　王伟华　张春飞

屠晓杰　张琳　杨思维

一、2014 年 ICT 产业与政策综述

（一）全球 ICT 产业[1]整体持续复苏，细分领域呈正增长

全球 ICT 产业持续增长，增幅有所提升。2014 年全球 ICT 产业规模达到 5.1 万亿美元，同比增长 4.5%，相比 2013 年，提高了 3 个百分点，高于全球 GDP 增长速度（3.3%）。2011—2014 年全球 ICT 产业与 GDP 增长率如图 1 所示。

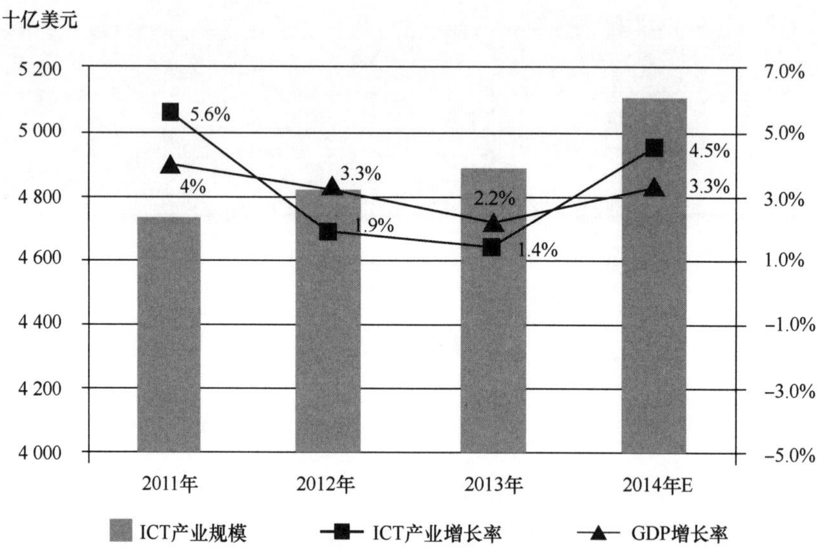

图 1　2011—2014 年全球 ICT 产业与 GDP 增长率

（数据来源：IMF，The Yearbook of World Electronics Data，GARTNER）

产业整体复苏，各细分产业均呈现正增长。2014 年，全球 ICT 制造业增长率为 3.68%，比 2013 年提高 3.6 个百分点；电信及互联网服务业增长率为 4.03%，比 2013 年提高 2.7 个百分点；软件及 IT 服务业增长率为 5.33%，比 2013 年提高 3 个百分点，如图 2 所示。

[1] ICT 产业包括：ICT 制造业（电子数据处理设备、电子元器件、消费电子产品、通信产品等）、电信及互联网服务业、软件及 IT 服务业。

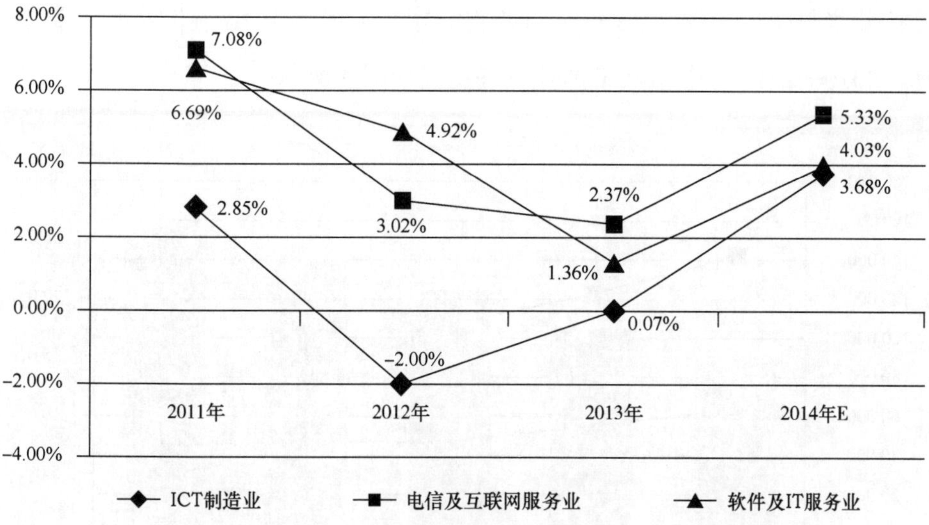

图 2　全球 ICT 制造业、电信及互联网服务业、软件及 IT 服务业增长率
（数据来源：The Yearbook of World Electronics Data，GARTNER）

细分产业规模发展较为均衡。2014 年，全球 ICT 产业的细分产业规模较为均衡。ICT 制造业占比 31%，电信及互联网服务业占比 42%，软件及 IT 服务占比 27%，如图 3 所示。由于互联网服务的快速增长，相比 2013 年，电信及互联网服务业占比略有提升。

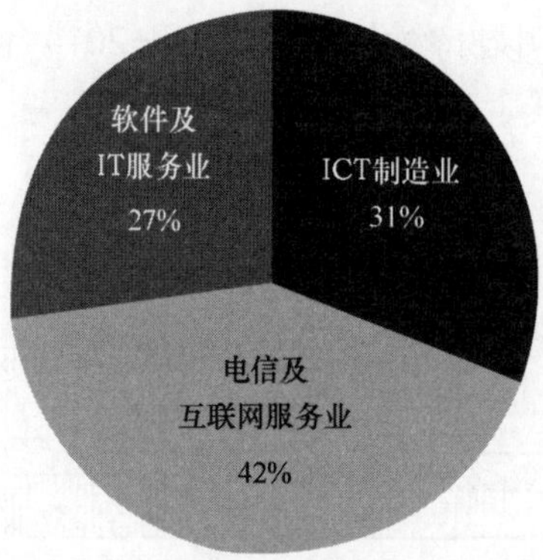

图 3　全球 ICT 制造业、电信及互联网服务业、软件及 IT 服务业占比
（数据来源：The Yearbook of World Electronics Data，GARTNER）

（二）中国 ICT 产业稳步增长、产业结构持续优化

产业规模持续快速扩大。预计 2014 年全行业总产值将突破 15.5 万亿元，同比增长 11.4%。尽管增幅较 2013 年略有下降，但仍两倍于全球平均水平，并超过同期 GDP

增速。按此增长幅度，到 2015 年全行业将能顺利完成达到 16 万亿元的“十二五”规划目标。2010—2014 年中国 ICT 产业发展情况如图 4 所示。

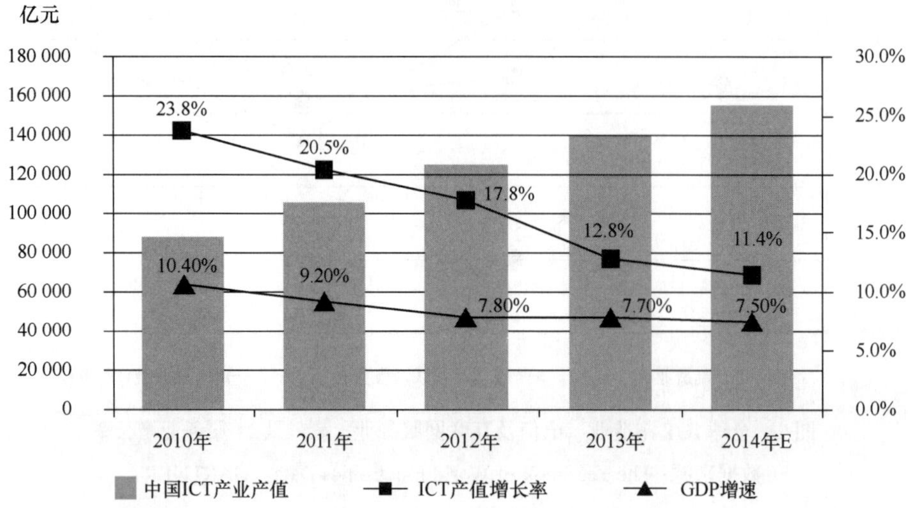

图 4　2010—2014 年中国 ICT 产业发展情况

（数据来源：工业和信息化部、国家统计局统计数据，中国信息通信研究院调研、估测数据）

产业结构持续优化。预计 2014 年，ICT 服务收入占 ICT 总收入的比重将上升到 34.4%，比 2013 年提升 1.2 个百分点。从 2010 年以来，这一占比基本保持每年 1 ～ 2 个百分点的增幅，产业结构明显持续优化。2009—2014 年中国 ICT 产业各子产业产值占比变化情况如图 5 所示。

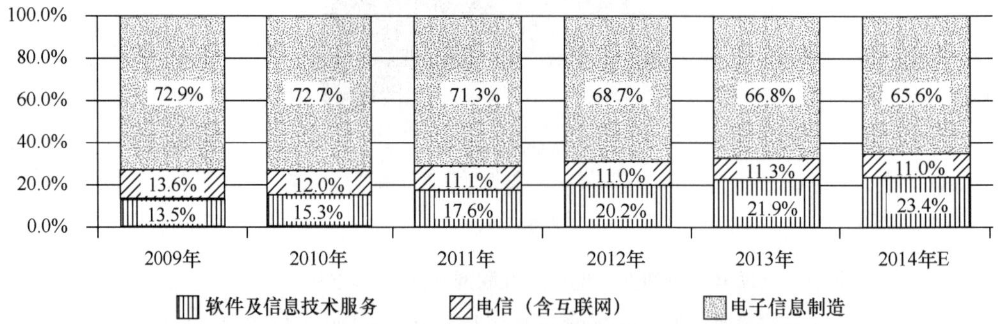

图 5　2009—2014 年中国 ICT 产业各子产业产值占比变化

（数据来源：工业和信息化部统计数据，中国信息通信研究院调研、估测数据）

产业对外依存度明显下降。根据工业和信息化部的统计数据，2014 年 1 ～ 11 月我国规模以上电子信息制造业内销产值占行业销售产值的比重已提升到 49.7%，自 2008 年以来电子信息制造业内销产值占比首次有望达到 50%。显然，在促进信息消费等一系列政策措施的激励下，内需成为带动我国 ICT 产业增长的重要动力。2009 年至 2014 年 1 ～ 11 月中国规模以上电子信息制造业内销产值变动情况如图 6 所示。

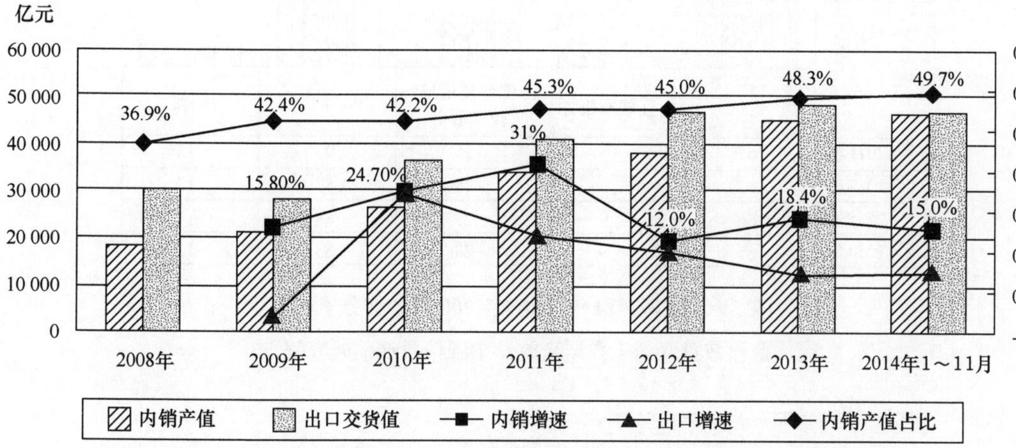

图 6　2009 年至 2014 年 1 ～ 11 月中国规模以上电子信息制造业内销产值变动

（数据来源：工业和信息化部统计数据）

（三）企业巨头分布格局向新兴领域和地区倾斜

行业格局呈现软升硬降的趋势。从 2011 年至 2014 年全球 ICT200 强企业[2]的行业分布来看，互联网服务、软件及信息技术服务的企业数量和营收占比均显著增加，而 ICT 制造的企业数量和营收占比则显著下降。其中，进入全球 ICT200 强的互联网服务企业数量从 2011 年的 5 家增加到 2014 年的 9 家，其营收占全球 ICT200 强的比例也从 2011 年的 2% 上升到 4.1%；进入全球 ICT200 强的软件及信息技术服务企业数量从 2011 年的 26 家增加到 2014 年的 28 家，其营收占全球 ICT200 强的比例也从 2011 年的 10.5% 上升到 11%；而进入全球 ICT200 强的 ICT 制造企业数量则从 2011 年的 90 家下降到 2014 年的 85 家，其营收占全球 ICT200 强的比例也从 2011 年的 46.2% 下降到 43.7%，具体情况如图 7 和图 8 所示。

2　全球 ICT200 强企业名单由中国信息通信研究院根据上一自然年全球 ICT 企业营业收入从大到小取排名前 200 名编制而成，ICT 企业包括电信、互联网、软件及信息技术服务、电子设备、仪器和元器件、消费电子企业、IT、网络设备和终端等企业。ICT 企业自然年的营业收入根据 ICT 企业公司年报和季报营业收入数据统计和计算。依据企业总部所在地确定企业归属的国家和区域。

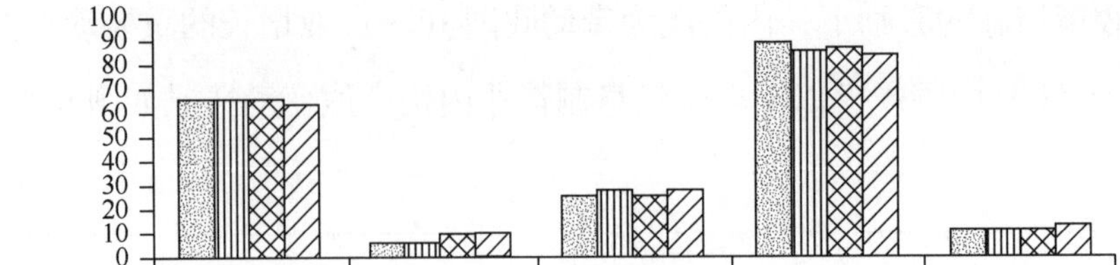

	电信	互联网服务	软件及信息技术服务	ICT制造	其他
2011年	67	5	26	90	12
2012年	67	6	28	87	12
2013年	66	9	25	88	12
2014年	65	9	28	85	13

图 7 2011—2014 年全球 ICT200 强各细分子行业企业数量变动（数据来源：中国信息通信研究院）

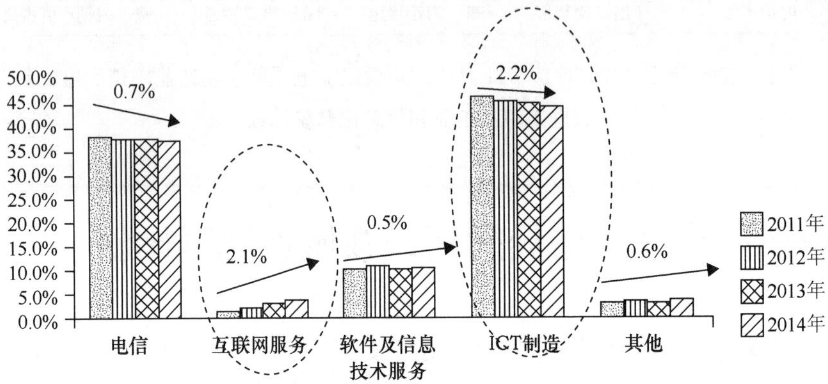

图 8 2011—2014 年全球 ICT200 强各细分子行业企业营收占比变动（数据来源：中国信息通信研究院）

产业区域布局出现向新兴经济体倾斜。中国 ICT 企业在全球的地位显著上升。2014 年中国进入全球 ICT200 强的企业数量从 2011 年的 12 家增加到 17 家，而营收占比从 2011 年的 5.7% 上升到 8.3%。但传统上 ICT 实力较强的发达国家则出现了明显的分化，美、韩两国 ICT 企业实力继续增强，但欧盟和日本 ICT 企业实力则明显下降。2014 年美、韩两国进入全球 ICT200 强的企业数量（分别为 60 家和 9 家）虽然与 2011 年（分别为 59 家和 9 家）相比没有显著增加，但其营收占比却分别上升 4.9 和 1.7 个百分点；其中，美国进入全球 ICT200 强的企业营收占比从 2011 年的 29.8% 上升到 2014 年的 34.7%，占比超过 1/3 强，其在全球 ICT 产业中的领头和优势地位得到进一步巩固。反观欧盟，其 2014 年进入全球 ICT200 强的企业数量虽然与 2011 年持平（均为 33 家），但其企业营收占全球 ICT200 强的比例却下降了 2.2 个百分点（从 2011 年的 17.7% 下降到 2014 年的 15.5%）；日本下降趋势更为明显，2014 年进入全球 ICT200

强的企业数量比2011年少了4家，营收占比则下降了6.3个百分点（从2011年的23.6%下降到2014年的17.2%）。2011—2014年全球ICT200强各国家和地区分布数量及入围企业营收占比变化情况分别如图9和图10所示。

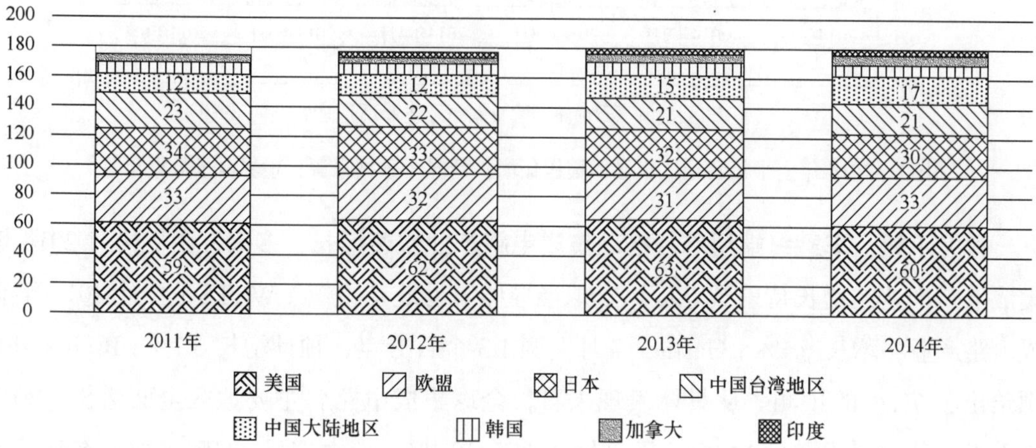

图9　2011—2014年全球ICT200强各国家和地区分布数量变化（数据来源：中国信息通信研究院）

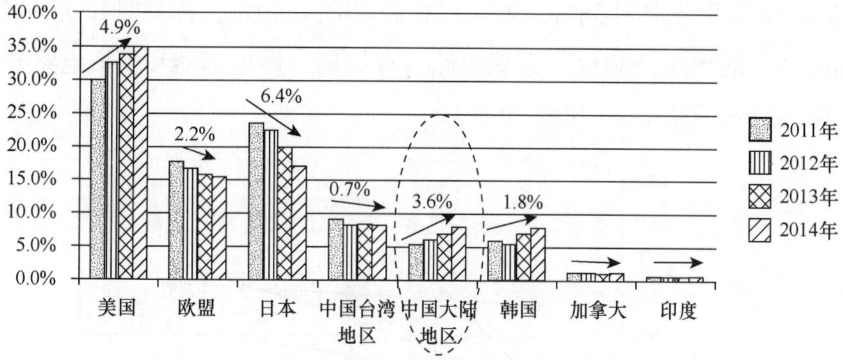

图10　2011—2014年全球ICT200强各国家和地区入围企业营收占比变化
（数据来源：中国信息通信研究院）

（四）全球终端发展带动集成电路及显示产业稳步增长

全球终端继续保持稳定增长。《世界电子数据年鉴》预计，2014年全球ICT终端和设备销售额将同比增长3%，其中无线终端及设备增长5.9%，而计算机及周边产品增长2.7%；根据IDC预测数据，2014年全球智能手机出货量同比增长26.3%。在终端稳定增长的带动下，集成电路和显示产业均呈现稳步增长。2014年上半年各地区半导体销售额增长情况如图11所示。

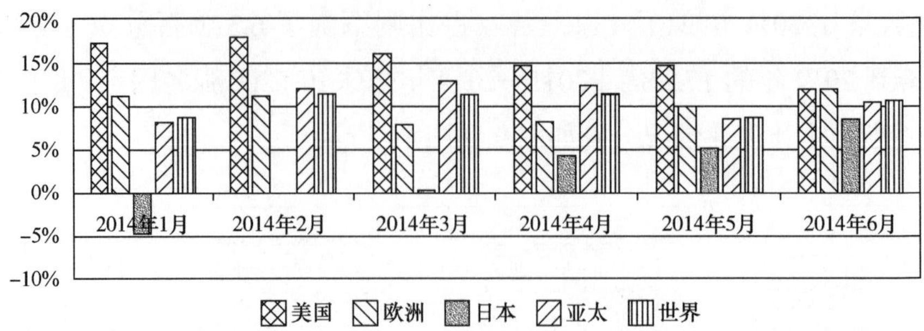

图 11　2014 年上半年各地区半导体销售额增长情况（数据来源：世界电子数据年鉴）

智能手机、车载终端用芯片推动集成电路产业快速增长。多家咨询机构对 2014 年集成电路产业的增长持乐观态度。全球半导体贸易统计组织（WSTS）预计 2014 年集成电路产业将增长 6.1%；Gartner 7 月上调 1.3 个百分点，预计增长 6.7%；IC Insights 则给出了 7.1% 的预测。从具体表现来看，全球集成电路各主要地区全面增长，2014 年上半年美国同比增长 14.8%，欧洲同比增长 10.1%，亚太增长 10.9%，而日本则结束负增长，同比增长 2%；巨头快速增长：联发科、AMD、Marvell、海力士、美光 2014 年上半年同比增长率分别为 38%、26%、26%、20%、19%；各类型 IC 产品普遍上扬，根据 IC Insights 的预测，2014 年逻辑电路、存储器、微处理器和模拟电路分别将增长 7.1%、7.5%、0.9% 和 9.1%，如图 12 所示。

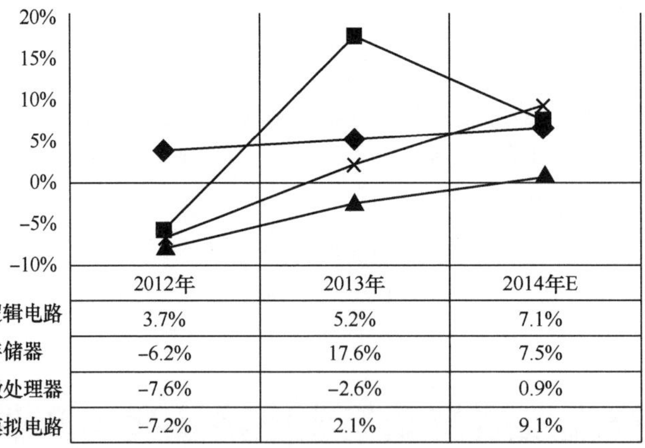

	2012年	2013年	2014年E
逻辑电路	3.7%	5.2%	7.1%
存储器	−6.2%	17.6%	7.5%
微处理器	−7.6%	−2.6%	0.9%
模拟电路	−7.2%	2.1%	9.1%

图 12　2012—2014 年各类型产品增长情况（数据来源：WSTS，World Semiconductor Trade Statistics）

显示产业稳步增长，新技术和新工艺推动结构发生变化。2014 年，显示产业规模预计将增长 14.5%。从产业结构来看，传统非晶硅液晶市场份额发生逆转开始下滑，由 2011 年 82.5% 的份额下降到 2014 年的 71.4%；同时，新技术、新工艺市场份额大幅提升，低温多晶硅和氧化物液晶总体份额 2014 年同比提升了 4.3 个百分点，而

AMOLED 与液晶显示市场份额差由 9.2 倍降至 7.8 倍。2011—2014 年各显示技术产值规模变化情况如图 13 所示。

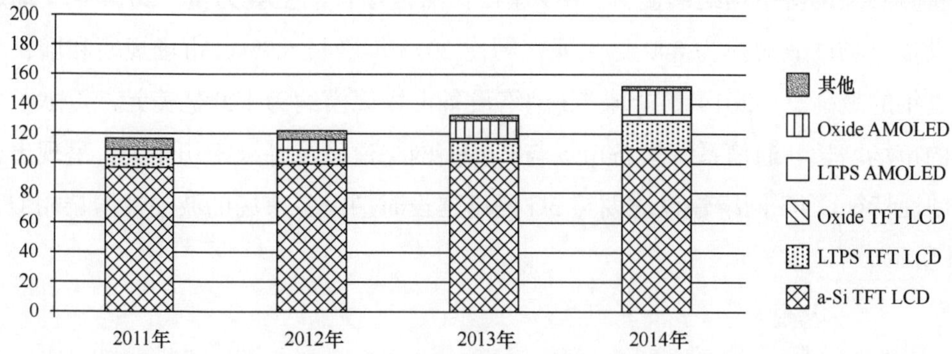

图 13　2011—2014 年各显示技术产值规模变化（数据来源：Display Search 及 WitsView）

（五）新技术与新需求驱动全球软件产业持续增长

2014 年全球软件产业持续增长，动力主要源自于新技术对软件产品效率、软件服务方式的改进和新需求带动相关企业的软件投资增长。

在新技术方面，**云计算、大数据等新技术深度应用带动企业在软件营收上的持续增长，进而影响全球企业软件市场格局。**根据 Gartner 发布的最新全球企业软件前十榜单，以云计算方式按需提供 CRM（客户管理系统）解决方案的企业 Salesforce 首次进入，而且它的营收增长率高达 33.3%，在前十榜单中排名第一。同时，Oracle 公司也是首次超过 IBM 跃居榜单第二，主要得益于大数据分析技术提升其软件的适用性和可靠性，促进了其软件营收的增长。

在新需求方面，**传统行业的转型升级和终端智能化发展刺激了软件支出和带动了相关研发投入。**一方面，零售、酒店等服务业和制造业的转型升级，公共部门的效率提升，加大了对商业智能分析等商务应用软件的需求和投资。另一方面，智能汽车、智能家居等智能硬件的快速兴起，传统制造企业纷纷加快软件开发投资。如宝马、大众等企业发力智能汽车，施耐德、西门子、海尔等企业进军智能家居领域。而且，传统 IT 硬件厂商的软件收入也在持续增长，根据普华永道最新发布的《Global 100 software leaders 2014》，日立、英特尔、戴尔、高通等传统硬件企业的软件营收排名不断提升。

（六）LTE 建设带动全球通信系统设备市场持续复苏

通信系统设备市场继续复苏，4G 建设仍然是增长的主要力量。2014 年全球通信系统设备市场产业规模为 842 亿美元，同比 2013 年增长 5.9%，市场规模和增长率均达到近年的最高点。2014 年全球 4G 网络设备市场规模约为 120 亿美元，贡献了大约 80% 的市场增长。通信系统设备市场与运营商网络建设及升级密切相关，呈现出行业的波动性特征。4G 网络建设时期与 3G 网络建设时期设备市场的波动性增长相似，如图 14 所示。

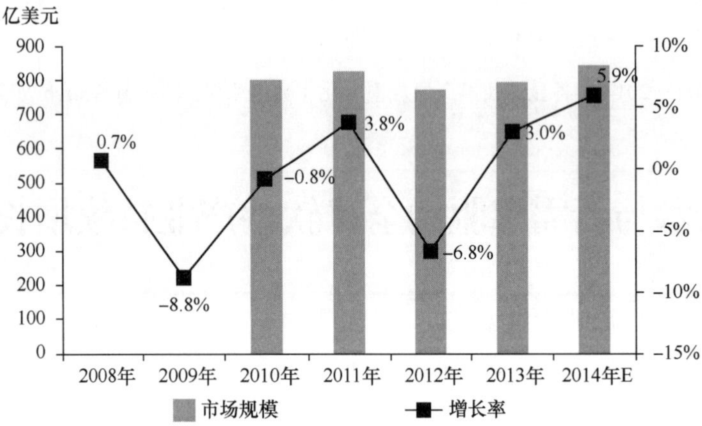

图 14　全球电信设备市场规模及增长率（数据来源：根据 GARTNER 数据整理）

国内企业在国内市场已经成为主要的网络系统建设者，在 4G 国际市场上表现不俗。在国内的 4G 网络建设市场中，国内企业占比普遍在七成左右，已经成为国内电信网络系统的主要建设者。在全球市场上，爱立信在 LTE 市场上保持着市场份额第一的位置，在 2014 年第三季度以及连续的四个季度中，爱立信、华为、阿尔卡特朗讯为 LTE RAN 收入方面的前三甲。国内 4G 网络建设市场国内外企业占比情况如图 15 所示。

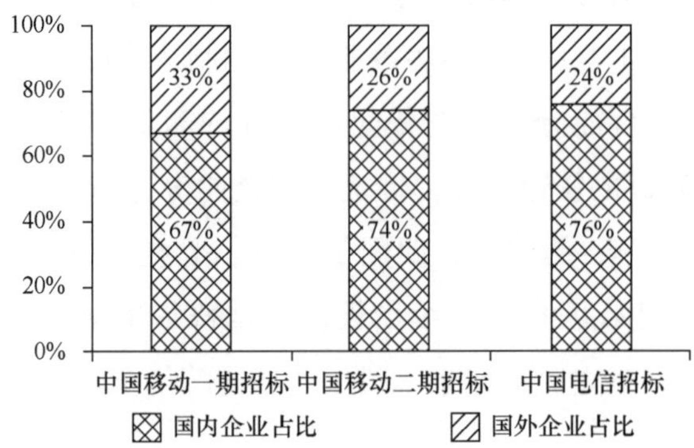

图 15　国内 4G 网络建设市场国内外企业占比（数据来源：运营商招标公告）

（七）国际产业政策着重推动 ICT 融合发展与应用

2014 年，全球主要发达经济体越来越关注 ICT 融合应用的推动，以提高产业竞争力，促进社会经济新发展。

美国：建设工业互联网支撑“先进制造业”。工业互联网是美国“先进制造”的一部分，2013 年上升到国家战略层面。2014 年 3 月成立工业互联网联盟，已有 95 家成员，其国家标准研究院牵头制定标准架构并取得进展。2014 年财政预算投入 10 亿美元创建地区“国家制造业创新中心”。

德国：推进“工业 4.0”迈向智能制造。2014 年 4 月，电气电子和信息技术协会发布“工业 4.0”标准化路线图，推动统一标准建立；2014 年 8 月，联邦政府内阁通过“2014—2017 年数字化议程”加强数字网络基础设施，为工业 4.0 体系建设提供支撑。

欧日韩多地：布局“机器人”应对未来挑战。2014 年 6 月，欧委会与欧洲机器人协会启动机器人研发计划“SPARC”，到 2020 年欧委会将投资 7 亿欧元，协会将投资 21 亿欧元；2014 年 7 月，英国政府发布机器人战略 RAS2020 并提供财政支持；2014 年 8 月，日本 NEDO[3] 公布《机器人白皮书》，提议运用机器人解决社会课题；2014 年 8 月，韩国贸易工业和能源部宣布第二个机器人五年开发计划。

（八）国内产业政策注重调动市场和地方积极性

2014 年国内产业政策的制定与发布呈现出两大突出的特色：一是更加关注市场力量的发挥；二是注重调动地方的积极性。

在关注市场力量的发挥方面，以集成电路投资基金为例。集成电路投资基金作为国家集成电路产业发展推进纲要的重要手段之一，从资金构成到运营管理都强调市场化定位。资金构成方面，集成电路投资基金采取的是中央财政资金引导为主的投资方式，目的在于更多地吸引社会资本参与。基金运营方面，集成电路投资基金设立了退出机制，以便基金能够滚动运作。基金管理方面，集成电路投资基金采取委托基金公司管理的方式，从而实现基金所有权、管理权和托管权的分立。通过股权多元化、管

[3] NEDO：日本独立行政法人，是新能源及产业技术综合开发机构。

理方式市场化、人事管理社会化等机制充分体现市场化原则。

在调动地方积极性方面，一是中央和地方建立起更加紧密的反馈机制。2014年中央高度重视政策的执行并主抓政策落实。国务院通过督察督办、定期上报等方式加强地方政策落实情况的反馈。同时，还引入了社会评估了解民众对政策措施落实情况的反映。2014年下半年，国务院和光明网联合推出了“督查在行动，网民看落实”调查活动，充分听取网民对政策落实情况的意见和建议。二是地方政府积极响应，出台相应政策。一方面体现在地方积极给予相应资金支持。如上海、北京等地响应集成电路投资基金的政策，纷纷建立了集成电路基金；多省市设立了宽带中国、信息消费等专项资金。另一方面体现在地方出台配套措施，落实中央政策文件。安徽、山东等发布了集成电路产业发展意见；多省市出台了基础设施建设、新一代信息技术供给、完善信息产业环境等政策。

二、2014 年 ICT 产业与政策热点分析

（一）演进中悄然转变——合作成为集成电路产业的主旋律

1. 我国集成电路产业国际合作程度不断加深

我国集成电路产业的国际合作道路曲折漫长。在发展初期，由于我国技术积累不足，市场规模偏小，我国的 X86 芯片、嵌入式芯片及存储器芯片等基础产品长期依赖进口；即使时至今日，诸如云计算、大数据、两化融合等新理念的推广仍无法缺少进口芯片的支持。由于核心技术受制于人，整机系统无法达到世界先进水平，利润率也受到很大的挤压。

随着我国发展成为世界制造工厂，为降低成本，国际龙头企业纷纷在国内建设集成电路制造、封测产线。2005 年海力士在无锡建立存储器芯片生产线，并于 2013 年增资 25 亿美元进行工艺技术升级；2007 年集成电路巨头英特尔斥资 25 亿美元在大连建立全球最先进的 300 毫米晶圆工厂；封测企业也迅速跟进在国内建立产线，封测龙头日月光先后在上海、深圳、苏州、威海、昆山等地设厂。这些合作推动我国成为了全球集成电路产业的最大市场，然而大量的国际产线不利于我国企业的发展和自主创新。

近两年来，我国集成电路产业迅速成长，涌现出了海思、展讯、中芯国际、江苏长电等一批具有潜力的企业。趋于成熟的技术水平以及逐渐提升的市场占有率促使国际巨头不断加深与国内企业的合作。2013 年上海兆芯成立，吸收了威盛的 CPU 和 GPU 核心团队；2013 年 9 月，海思获得 ARM 的架构授权，将能够对架构进行深度开发；2014 年 3 月，中芯国际确定为高通提供 28nm 产能；2014 年 8 月，IBM 携手浪潮构建 POWER 开源生态，使得大数据分析、事务处理解决方案可为中国客户和独立软件供应商所用；2014 年 9 月，英特尔 15 亿美元入股清华紫光，这背后或许意味着 X86 架构的入主。技术和资本层面的合作最为深入，一方面能够缩短我国产品的研发周期，另一方面也增强了我国集成电路企业的核心竞争力。

从产品到产线，再到技术和资本，我国集成电路产业的国际合作程度不断加深。究其原因主要包含三点。首先，国际集成电路生态之间的竞争日益激烈，中国成为重要的争取力量。目前 ARM、X86 和 Power 等技术体系和产业生态均面临挑战。其次，我国移动市场快速增长，国内企业技术水平的加速提升，对全球半导体产业影响巨大。展讯 2014 年手机基带芯片市场份额预计占 5%，位居第三，海思新推出的麒麟 925 和 620 紧跟高通。最后，我国强调自主可控，建立集成电路产业基金，促使国外企业深化技术合作，加快技术输出，试图引导和影响国内自主技术的发展路径。

2. 以制造业为核心，集成电路产业各环节加快联动

集成电路的 IDM 模式在发展过程中，设计、制造、封测的三大产业环节进一步明晰，其中制造环节的占比超过 50%，居主导地位。随着产业迈入后摩尔时代，工艺复杂度骤然提升，投入成本大幅增加，各环节的界线逐渐变得模糊，制造环节的核心地位进一步凸显。

首先，集成电路制造与设计结合日益紧密。进入 20nm 以后，工艺复杂度迅速增加，独立进行设计与制造环节生产可能出现通过仿真验证的设计无法进行流片，或者所生产的芯片与设计初衷不符等情况。因此，将制造与设计紧密结合显得尤为重要。IP 核能够充当设计与制造环节的桥梁，容纳工艺、仿真模型、处理设计工具、单元库等诸多要素，如图 16 所示。

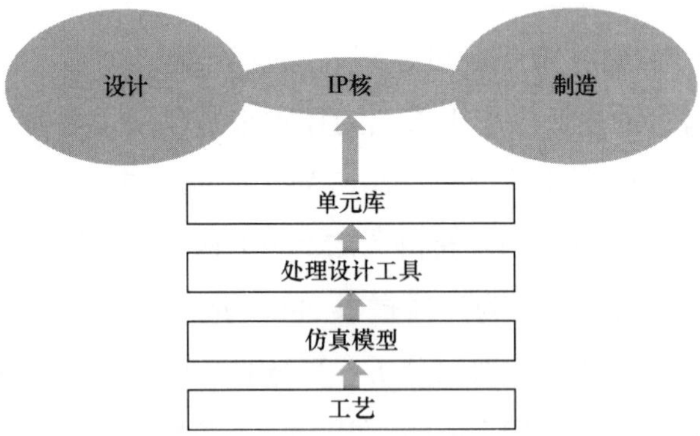

图 16　IP 核：设计与制造的桥梁

对设计企业而言，所拥有 IP 核的丰富程度，是降低研发成本、实现产品差异性、保证个性化、赢得市场竞争的关键。高通通过 ARM 指令集授权自行设计的内

核，具有比同指令集下的 ARM 参考设计更高的性能、更优的功耗；移动芯片在设计过程中，30% ～ 50% 的研发成本来自 CPU、GPU、DSP 等的 IP 核以及大量的功能型 IP 核。

对制造企业而言，缺少 IP 核则意味着产线不可用；IP 核技术能力不高则直接影响流片产品的性能。工艺 IP 核成为衡量代工企业能力的重要指标。同样的设计，在 TSMC 和 SMIC 流片出的产品性能差距巨大，IP 核不优是关键。TSMC 已形成围绕自身的 IP 核生态圈，吸纳大量第三方为其提供丰富的工艺 IP 核。IP 核连接设计与制造的具体方式如图 17 所示。

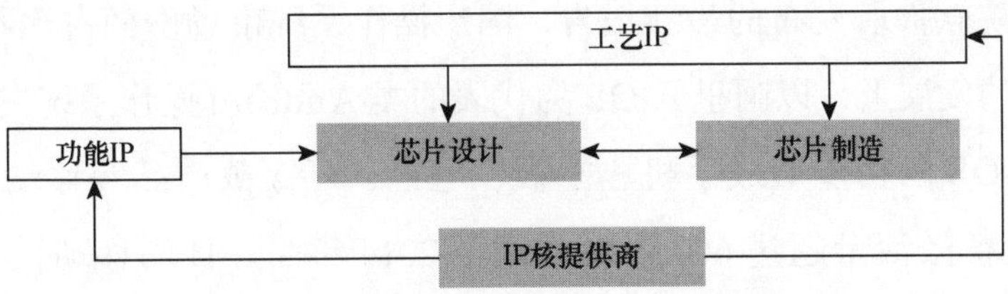

图 17　IP 核连接设计与制造的具体方式

其次，集成电路制造向封测延伸。由于性能和尺寸限制，传统封装的产业规模已经达到瓶颈，先进封装生产特性接近制造环节。随着集成电路生产过程的融合，许多制造步骤既可以在制造环节完成，也可以在封装环节完成。生产环节的选择通常取决于成本：一般说来，封测环节成本较低，因为其毛利率仅为 20% ～ 25%，而制造环节的毛利率为 40% ～ 45%。

制造企业与封测企业未来的竞争将进一步扩展到 WLP，晶圆 bumping 和 TSV 的增值服务，这将影响到未来制造企业的设备投资以及封测企业的成本问题。随着可穿戴市场和物联网的发展，微机电系统的 WLP 和其他设备使制造企业在竞争中处于优势，因为由一家供应商提供生产将面临较少的法律问题。

（二）风雨中寻求突破——国产基础软件后发追赶任重道远

1. 国产基础软件发展成败并现

在国产办公软件领域，以金山软件为代表的企业取得了全新突破。金山 WPS 通过兼容模仿方式，采用个人版免费推广策略，不断拓展用户群体，持续提升产品质量。

截至2014年年底，金山WPS的PC版安装用户已达4亿，最新的WPS 2013版本不仅可以实现文档、功能、操作上兼容微软Office，而且实现了二次开发兼容，具备全面替代微软Office的能力。更值得关注的是，金山抓住了移动互联网的发展机遇，率先推出移动端办公软件，2014年年底，WPS移动端用户数超过2亿，月活跃数4500万，位居全球第一，实现了对微软Office的弯道超车。

在国产操作系统领域，PC和服务器端的国产操作系统厂商总体实力偏弱。我国先后有中科红旗、中标软件、中科方德等近10家企业推出基于Linux内核二次开发的PC/服务器操作系统。但这些国产厂商规模较小、力量分散，市场竞争能力偏弱，根据中科院软件所发布的最新报告，国产操作系统市场份额占比不到1%。在移动端操作系统的发展上，以阿里云OS为代表的类Android操作系统发展取得了一定成绩。阿里云OS已初步形成手机、平板、电视、可穿戴产品等移动生态体系，其2013年移动设备激活量超过600万台，截至2014年8月日均移动设备激活量超过3万台。

2. 扶持国产基础软件发展要注重市场培育

扶持国产基础软件特别是国产操作系统的发展壮大，不仅要支持研发投入，更要注重市场培育。

发展操作系统需要培养、构建生态体系，后发者面临严峻的生态壁垒，需依靠国家力量统筹推进。操作系统的生态体系包括硬件设备和系统集成厂商、应用软件开发商、海量的用户群体，操作系统之间的竞争不仅仅是产品竞争，更是生态体系的对抗。更重要的是，硬件设备、应用软件厂商主动适配Windows、Android等领先的操作系统。而作为后发追赶的国产操作系统则要适配相关硬件、应用软件，面临更大的研发难度和更高的生态壁垒。政府需要从研发投入、产业链上下游适配、应用部署等方面进行统筹部署，推动国产基础软件的壮大发展。

用户群体规模较小进一步制约了国产操作系统的发展，需要培育政策性市场进行扶持。从金山WPS的发展经验来看，金山利用互联网思维，采用个人版免费推广的策略，不断拓展用户群体，进而根据用户意见持续完善更新WPS，使WPS从模仿兼容发展到能够全面替代微软Office。反观国产操作系统，由于操作系统事关企业生产相关计算服务正常运行，企业更愿意使用成熟可靠的国外操作系统。国产操作系统由于缺乏一定规模的用户群体，软件产品演进更新速度较慢，未能取得突破性进展。因此，发展国产操作系统不能单纯依靠市场，需要政府积极扶持，并着重培育国产操作系统用户，促进国产操作系统的应用推广。

（三）换代中加快调整——4G 推动手机产业结构性变化

自 2013 年 12 月 4 日工业和信息化部向三家运营企业颁发“LTE/ 第四代数字蜂窝移动通信业务（TD-LTE）”经营许可以来，我国 TD-LTE 的产业发展进入快速发展阶段。手机是终端领域的主要产品形态，乘 4G 技术发展的东风，TD-LTE 手机驶入了发展快车道，同时推动了国内手机产业结构性的变化。

1. 国内手机产品结构加快 3G 到 4G 的转换

国内手机市场经过几年的快速发展，逐渐走向了普及。工业和信息化部统计数据显示，截至 2014 年 10 月底，国内手机的普及率达到了 93.5%，新增用户的空间在逐渐缩小，换机成为最主要的需求方式，国内手机市场上的出货量增长也随之出现了回落，2014 年 1 ～ 10 月，国内手机出货量 3.63 亿部，同比下降 24.4%。

（1）4G 手机超过 3G 渐成市场主体

在国内整体市场总体回落的情况下，4G手机是发展的一个亮点。2014年1～10月，国内市场已推出 TD-LTE 手机 644 款，占同期国内手机新产品的 35.2%，出货量 1.08 亿部，占同期国内手机出货量的 29.9%，如图 18 所示。

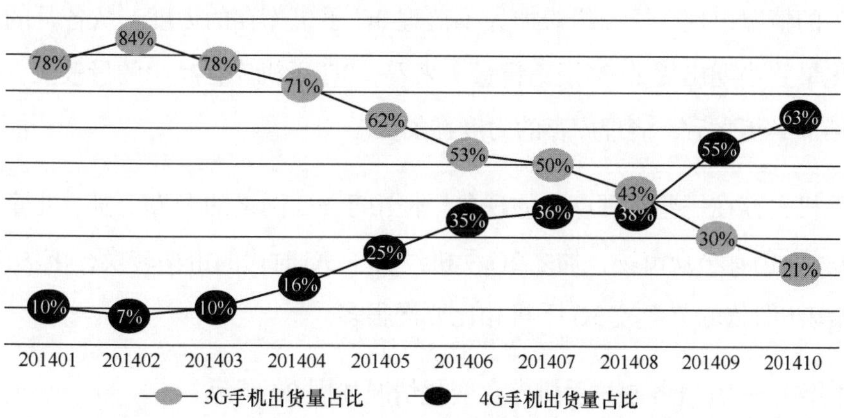

图 18　2014 年 1 ～ 10 月 3G/4G 手机出货量占比（数据来源：中国信息通信研究院）

从 3G 和 4G 手机各月的分布比例来看，4G 手机上市新产品数量在 2014 年 5 月就超过了 3G 手机上市新产品数，出货量在 9 月也超过了同期 3G 手机的出货量，并且 4G 手机占比持续增大的趋势还在继续，如图 19 所示。

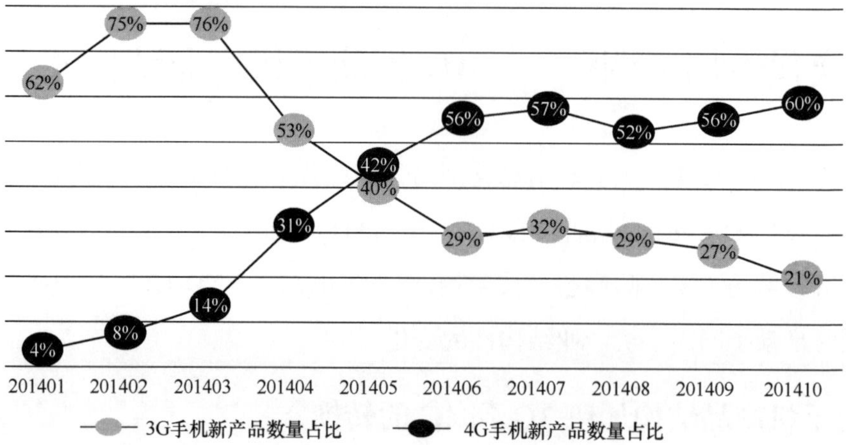

图 19　2014 年 1 ～ 10 月 3G/4G 手机上市新产品数量占比

（数据来源：中国信息通信研究院）

（2）2G 和 3G 手机低价清库存现象明显

4G 推动手机的更新换代进入了一个新的阶段。厂家为了减少 2G、3G 手机库存，降价销售成为一个重要的手段，2G 和 3G 手机的平均价格均出现了不同幅度的下降，尤其是 3G 手机，由 2013 年的 1400 元降至 2014 年 1 ～ 10 月的 1224 元，下降幅度超过了 10%。

在 3G 到 4G 的过渡期，3G 库存成为手机厂商的一大压力，为了防止“4G 倒逼 3G 积压”的情况出现，厂商纷纷加大了清理 3G 手机库存的力度。从各月的库存变化（库存变化量 = 当期出货量-当期销售量）来看，3G 手机库存减少的量较大，尤其是进入 2014 年下半年之后，清理库存的力度在加大。

2G 手机也存在一些清理存在的现象，但由于 2G 网络的老人手机、儿童手机、简单功能机等，仍有小众市场，加之 2G 手机经历了 3G 时代的市场转换，市场份额较小，因此市场淘汰旧款的节奏较 3G 手机相比要慢很多。

2014 年 1 ～ 10 月各制式手机库存变化情况如图 20 所示。

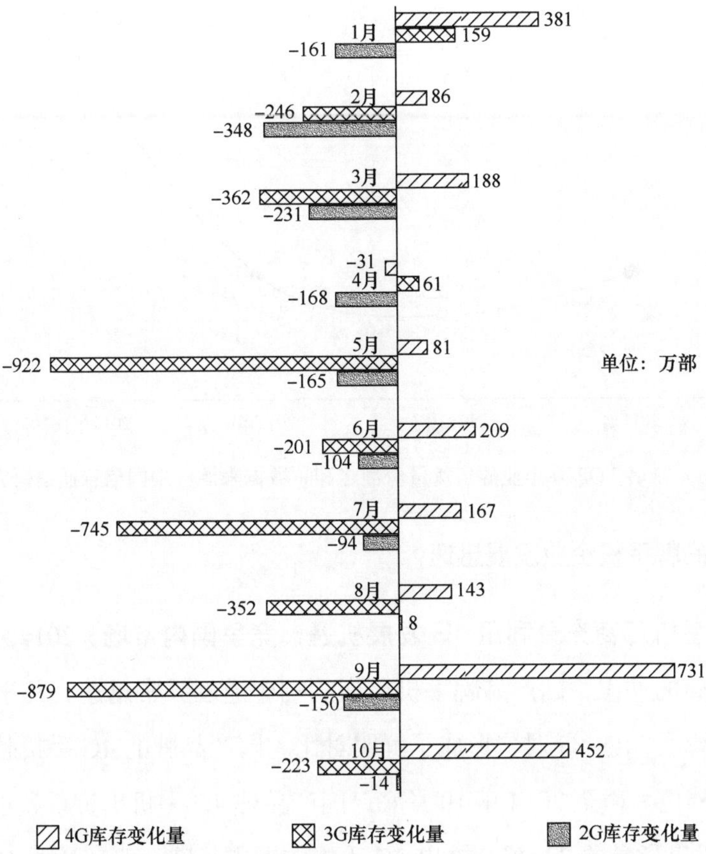

图 20　2014 年 1 ～ 10 月各制式手机库存变化（数据来源：中国信息通信研究院）

2. 4G 手机带来市场格局和销售渠道的变化

伴随着 4G 手机的发展，市场竞争格局正悄然发生变化，技术的更新换代既带来了挑战，也提供了机遇，在 3G 时代依靠千元智能机获得快速发展的国内品牌手机厂商，更是迎来了一次难得的发展时机。

（1）产业集中度提升

技术的更新换代带来市场的优胜劣汰，一些企业快速发展，一些企业黯然退出，产业的集中度在提升，出货量有向大企业集中的趋势。2014 年 1 ～ 10 月，按出货量统计，排名前十的企业份额之和为 70.7%，较 2013 年提高了 20 个百分点，如图 21 所示。出货量向大企业集中，一方面显示大企业的竞争力在增强，也意味着留给中小企业的空间越来越小，他们面临的竞争压力越来越大。

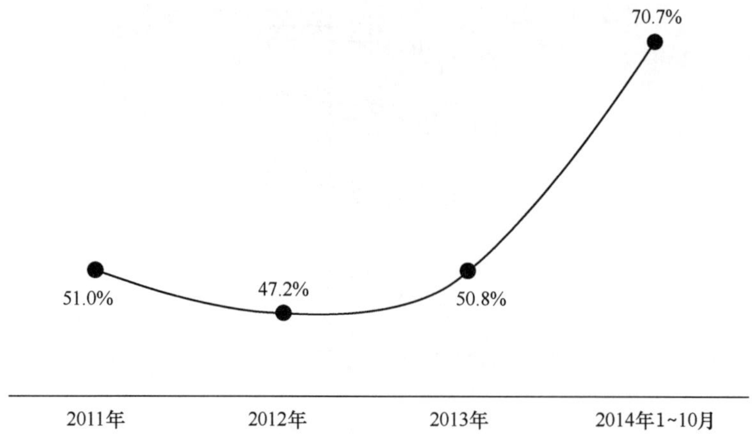

图 21　排名 TOP10 企业的出货量份额之和（数据来源：中国信息通信研究院）

（2）国产品牌手机企业发展迅速

国产品牌手机厂商充分利用 4G 发展机遇，竞争国内市场。2014 年，发展 4G 成为国内手机厂商的共识，国产品牌手机厂商的响应速度异常迅速，几乎与国外品牌站在了同一起跑线上，与 3G 时代形成了鲜明对比。国产品牌的 4G 手机款数众多，覆盖高中低端多个档位。截至 2014 年 10 月底，国产品牌 4G 手机出货量超过了 8000 万部，占同期 4G 手机出货量的 78.4%，推出 4G 手机的国内品牌企业超过了 100 家。

国产品牌手机企业在国际市场表现突出。国产品牌手机企业在竞争国内市场的同时，也加大了开拓国际市场的力度。据 IDC 数据显示，2014 年第三季度，出货量排名前 5 的智能手机生产企业中，小米和联想分别以 5.3% 和 5.2% 的份额位居第三和第四位。在新兴市场，正在经历着从功能手机向智能手机转变的过程，国产品牌大企业具备一定的价格优势，凭着低价智能手机在市场中成绩显著。

（3）4G 手机引起销售格局的变化

目前，大多数的 4G 手机同时兼容 2G、3G 和 4G 三种网络，更有产品同时支持 7 个通信模块。2014 年 1 ～ 10 月国内市场上出货的 4G 手机中，同时支持 4 个及以上通信模块的手机占比超过了 20%。这种多模手机可以在两个或三个运营商的网络上使用，降低了对运营商渠道的依赖，促进了公开渠道的发展。 4 G 手机模块数量分布情况如图 22 所示。

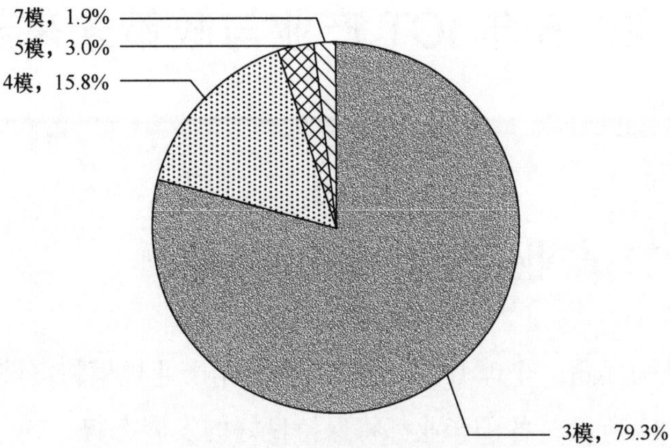

图 22　4G 手机模块数量分布情况（以出货量统计）
（数据来源：中国信息通信研究院）

三、2015 年 ICT 产业与政策未来趋势

（一）全球 ICT 产业有望持续良好发展

综合各权威机构预测，全球 ICT 产业在 2015 年产业规模将突破 5.3 万亿美元，同比增长 5%，如图 23 所示，各子产业都将保持良好的发展态势。

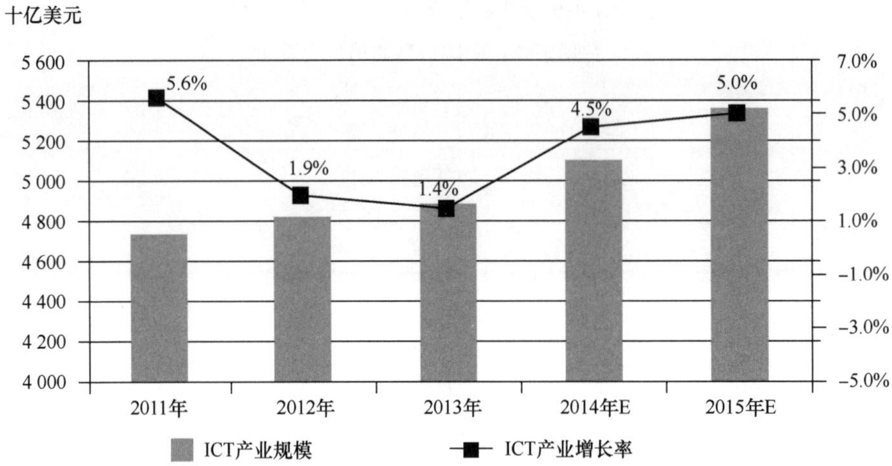

图 23 2011—2015 年全球 ICT 产业规模与增长率

（数据来源：The Yearbook of World Electronics Data，GARTNER）

ICT 制造业与互联网服务业贡献最为突出。预计 2015 年全球 ICT 产业规模增长可达 2550 亿美元，其中，ICT 制造业规模增长 560 亿美元，互联网服务业规模增长 1080 亿美元，两者对整体 ICT 产业增长贡献约 64%。

互联网服务业引领增长。得益于互联网服务的快速增长，带动电信及互联网服务业发展，预计 2015 年规模将达到近 2.3 万亿美元，同比增长 6.6%；软件及 IT 服务业同比增长预计为 4%，ICT 制造业同比增长率预计为 3.5%。

（二）中国 ICT 产业增速可能略有回调

2015 年我国宏观经济形势总体基调仍将是促改革、调结构和稳增长，预计全年经

济增速比 2014 年有所回落。受此影响，预计 2015 年 ICT 产业整体增速将微降至 11% 左右，产业规模突破 17 万亿元，完成并超过“十二五”目标，如图 24 所示。其中，受外需增长缓慢、内需结构调整及基数增大等影响，电子信息制造业增幅将降至 8% 左右。在智慧城市、产业转型升级等新需求和云计算、移动互联网、大数据等新兴服务的带动发展下，软件业仍有望保持两位数的增长。

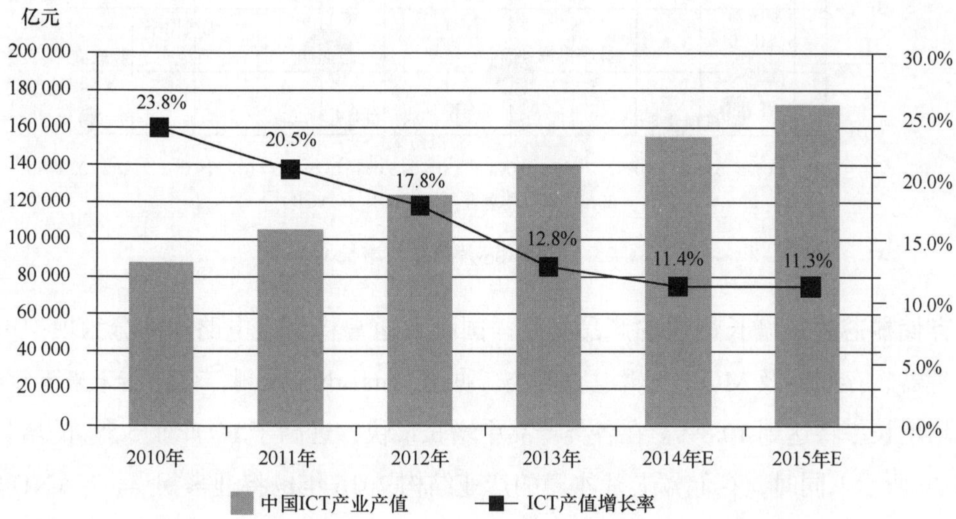

图 24　2010—2015 年中国 ICT 产业规模预测（数据来源：中国信息通信研究院）

（三）集成电路产业仍将保持快速增长

根据 IC Insights 预测，集成电路产业在未来两到三年将继续保持增长，预计 2014 年将增长 7.1%，2015 年增长 7.5%，而 2016 年增长将进一步扩大到 10.2%。

物联网、无线网络是未来增长最快的应用领域。 IC Insights 预测，在工业互联网、智能制造等热点的带动下，物联网芯片和无线网络芯片 2013 年至 2018 年的复合年均增长率将分别达到 22.3% 和 19.7%。而智能手机及通用 PC 尽管增速放缓，但其产值占比仍将居于高位。终端用芯片市场与增长率如图 25 所示。

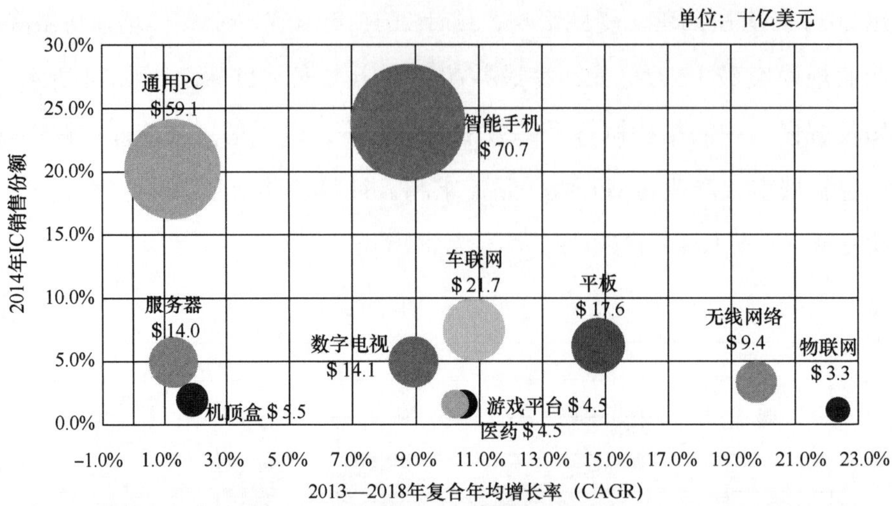

图 25　终端用芯片市场与增长率

存储器芯片是增长最快的产品类别。国际上通常将集成电路产品分为模拟电路、微处理器、存储器及 MOS 逻辑电路四类。据 IC Insights 预测，存储器未来五年的复合年均增长率将达到 10.8%，在各类产品中增长最快，远高于 IC 产业 5.5% 的增长率，如图 26 所示。同时，存储器芯片本身的产业结构 2016 年也将迎来拐点，NAND 的销售额占比将达 47.3%，超越 DRAM 的 47%。

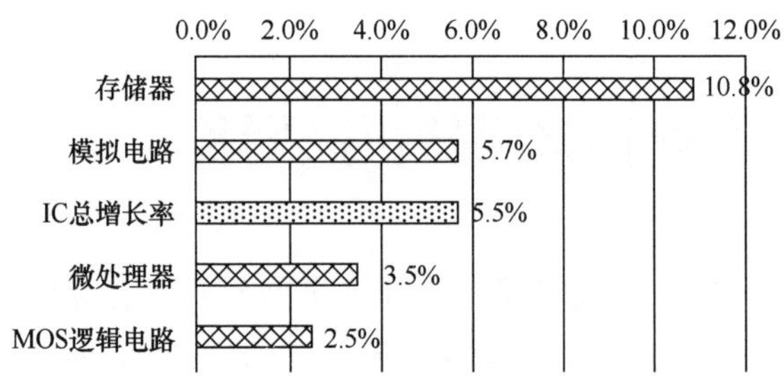

图 26　2014—2019 年 IC 主要产品类的市场 CAGR 预测（数据来源：根据 GARTNER 数据整理）

（四）全球软件产业转型持续深入

云计算、大数据、移动互联网等新技术、新业态的蓬勃发展，加快推动软件产业的服务化、移动化转型发展。

在软件产业服务化方面，基于云计算的企业软件将持续快速增长。预计 2018 年全球 SaaS（软件即服务）的市场规模将超过 1000 亿美元，年复合增长率高达 21.3%，而同期传统套装企业软件的增长率仅为 4%，SaaS 将成为全球软件产业增长的重要驱动力。而且大数据技术在零售、医疗、教育、交通、制造业等多个领域的深度应用，也将进一步推动软件产业服务化发展。2014 年全球大数据产值约为 285 亿美元，预计到 2017 年将增长到 500 亿元左右，年复合增长率高达 20.7%。

在软件产业移动化方面，自带设备移动办公（BYOD）的快速兴起带动了企业软件的移动化发展。据 IDC 预测，到 2015 年将有 13 亿人使用移动设备工作。领先企业意图抢占发展先机，纷纷布局移动端企业软件。IBM 在过去的四年中收购了移动设备管理、移动应用开发等 10 多个移动相关的企业，而且 IBM 在 2014 年与苹果开展合作，联手打造"IBM MobileFirst for iOS"的定制企业移动解决方案。SAP 公司也在 2013 年年底发布支持移动办公的全新应用 SAP Anywhere，可以帮助小型企业通过智能手机、平板电脑和网页浏览器实时管理业务流程。

（五）LTE 带动通信设备产业强劲发展

LTE 设备将呈现强劲增长势头，引领通信系统设备产业快速增长。预计 2015 年全球电信设备市场规模将达到 890 亿美元，同比 2014 年增长 5.7%，增速与 2014 年相比略有放缓，如图 27 所示。

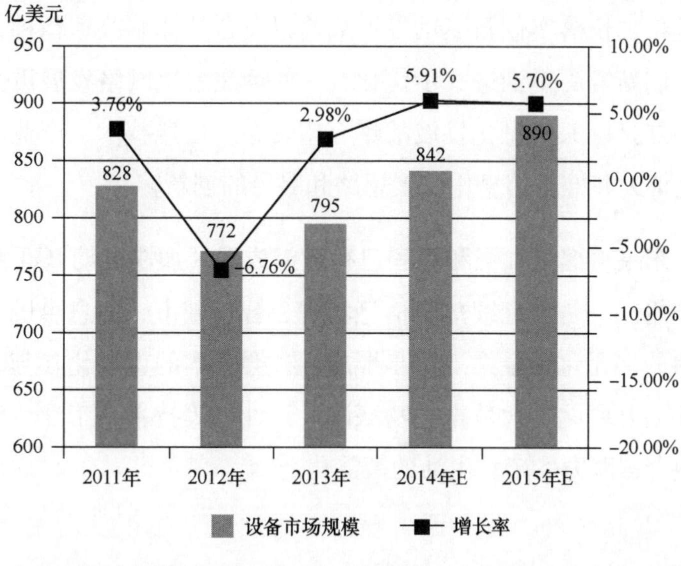

图 27　全球电信设备市场规模及增长率（数据来源：根据 GARTNER 数据整理）

全球 LTE 设备市场（同时包括宏蜂窝和小蜂窝）在未来五年将继续呈现惊人的

增长。LTE RAN 收入水平预计将超过 2007 年 GSM 技术和 2011 年 WCDMA 技术的 RAN 收入峰值水平。预计 2015 年全球 LTE 设备市场规模约为 150 亿美元，增长率为 25%。

（六）创新、改革、融合成为产业政策的主旋律

2015 年，中国 ICT 产业政策将紧扣未来产业发展需要，以自主创新为驱动，提升产业竞争能力；以改革为契机，突破制约瓶颈；以融合为手段，带动经济社会全面发展。

创新层面，未来将更加注重 ICT 关键技术和产业的统筹与协调发展，完善创新体系建设。一是强化网络技术设备的自主创新，有望出台全面的信息技术、网络技术研究发展的路线图、时间表，我国通信技术设备自主可控发展的思路和举措将进一步明晰。二是信息技术的体系化发展将成为我国应对国际技术生态竞争的重要思路，网络、云、端等领域的自主技术体系加速构建，并推动器件、芯片、软件、整机、网络、应用等产业链的协同创新。三是支持企业发展的具体政策体系有望出台，企业的创新主体地位得到进一步强化。

改革层面，未来将加强战略规划和顶层设计，信息化和关键技术设备的发展战略有望出台。一是将加快落实创新驱动发展战略以及科技体制改革精神，信息科技资源将进一步整合，创新资源得到进一步优化，一些聚焦解决网络发展重大技术问题的大项目有望出台。二是国家信息化发展战略有望发布，信息技术、产业、应用等领域的顶层架构不断完善，并推动信息化发展思路和路径的创新转变。

融合层面，未来将继续加强和巩固已有政策成果，加快推动 ICT 技术对社会与经济的全面带动作用。一是将继续落实信息消费、智慧城市、信息惠民工程等政策，包括中央财政在内的多元化资金渠道逐步形成，社会资本的市场化参与将发挥越来越大的作用。二是移动互联网、大数据、物联网、云计算等技术与工业、经济、民生领域将进一步深度融合，助力生产、生活的智能化。

通信监管篇

导　读

2014 年是贯穿改革思维的一年，国内外通信监管在加强传统监管的同时，抓紧布局新兴领域监管。从国际上看，宽带方面，欧盟委员会新一届政府上台提出要加大宽带网络投资，松绑之前严厉的监管政策，为行业注入活力；美国将重点放在破除高速率宽带市场垄断方面，提出要强化市场竞争。普遍服务上，宽带已被近半数的国家纳入普遍服务范畴，发达国家则向纵深领域推进。频率上，欧美超前规划频谱资源，不断扩大频谱供给。在推动宽带发展的同时，宽带网络提供商与互联网企业之间的难解，欧盟关于网络中立的政策博弈同时陷入争议漩涡，短期内难见分晓。在新兴业务领域，云计算成为热点，发达国家加强认证，发展中国家则加强准入监管，其重点均指向数据保护和政府应用的安全审查。此外，政府数据开放正成为一个新热点。从国内来看，2014 年中央网络安全和信息化领导小组成立，互联网管理领导体制进一步完善；落实“宽带中国”战略，创建宽带示范城市与实施“宽带乡村”试点工程并行；扩大号码携带试点，强化垃圾短信整治，多层次保障用户权益；针对用户个人信息泄露等新热点，强化电信设备预置软件管理和证后监督抽查。

2014 年是我国电信行业新一轮改革的起点年，也是工业和信息化部加快构建以互联网为核心的监管体系的元年，总体上呈现三大监管热点。第一个热点是持续深化电信改革，简政放权释放市场活力。体现在三条主线是，一是改革规制体系，拓宽市场准入，将电信资费交给市场，同时加强事中竞争行为监管；二是改革竞争模式，组建铁塔公司，深化共建共享，推动市场竞争由基于网络的竞争模式向基于业务创新的竞争模式转型。三是改革产权制度，鼓励企业在子公司或特定资产方面探索混合所有制经济发展，弥补业务创新。**第二个热点是改进互联网行业管理，巩固提升基础管理能力。**2014 年工业和信息化提出要加快向以互联网为核心的监管体系转型，首先是简政放权，取消基础电信和跨地区增值电信业务经营许可证备案核准，下放域名审批权限；其次是固本强基，加强网站备案、接入管理和信用体系建设，提升基础管理能力；再次是重点切入，强化以移动即时通信为代表的新兴业务管理；最后是协同监管，配合多部委切实做好网站管理工作。**第三个热点是加强用户个人信息保护，打造可信上网**

环境。近年来，用户信息泄露事件频发，社会关注度持续提升，2014年重点是出台个人信息保护分级分类和保护要求，落实各主体、各环节责任；综合利用曝光约谈、监督抽查等行政监管手段，探索形成新型管理模式；扩大信息发布力度，畅通投诉举报通道，引导用户科学使用、合理维权，全方位保护用户权益。

展望2015年，预期我国通信行业将继续深化改革，健全互联网行业管理，促进市场公平竞争，保障用户合法权益。第一，市场开放力度进一步深入，接入网业务正式开始试点，电子商务开放力度可能进一步加大，国有电信企业混合所有制改革、铁塔公司均将正式进入实质阶段。**第二，普遍服务方面**，在村通工程实施十年的基础上，预期国家将进一步完善宽带普遍服务机制，加大资金支持力度，创新实施模式，推进公共服务均等化，缩小区域和城乡数字鸿沟。**第三，市场监管方面**，将在统筹考虑4G发展的基础上，继续推动市场竞争格局优化，包括酝酿发布LTE FDD牌照、评估移动网间非对称结算政策、进一步下调互联网骨干网结算政策等。**第四，云计算管理方面**，预期2015年或将成为国内政府云计算应用安全管理元年，有关的管理体系和制度机制将逐步建立完善，重点是解决政府云计算应用的安全问题，从标准、政策、管理机制等角度构建云计算安全管理体系。**第五，政府数据开放方面**，预期2015年有望发布全国性数据开放政策文件，并组织若干地区开始数据开放试点工作，探索数据开放推进机制和配套政策。**第六，用户个人信息保护将深入推进**，预期2015年在持续APP治理之外，将加强对用户个人信息保护的产业链条各环节、各主体的管理，多措并举，从法规、标准等方面保护用户信息安全。

本篇作者：

马源　李冬　胡善冰　高巍　贺宁　刘光浩　贺佳　马慧　刘丽文　姜涵　肖云　石立娜　杨光

一、2014 年国内外通信监管综述

（一）全球通信监管综述

1. 持续支持高速网络建设，强化宽带市场竞争

宽带网络是新时期经济社会发展的战略性基础设施，也是近年来国外信息通信监管政策关注的核心点。欧盟在 2014 年提出要继续加大高速宽带网络支持。2014 年 7 月，欧盟委员会选举出新一届政府，新任主席容克在欧盟议会发表了“欧洲的新起点：关于就业、增长、公平和民主的设想”的演讲，并提出十大政策主张。其中，“建立数字单一市场”列第 2 位，并提出要利用公共财政和私人资金，大规模投资高速网络建设，未来五年直接投资 2500 亿欧元，间接带动 13 倍投资，创造可观的就业岗位。11 月 1 日，欧盟委员会主席容克任命京特 • 奥廷格为新一任数字经济委员，后者提议在普及偏远地区宽带网络方面给予电信运营商更大的稳定性，具体措施包括允许电信运营商与用户签订长期合同，以刺激电信运营商在偏远地区投资宽带。欧洲电信网络协会（ETNO）对此表示赞赏，称欧洲电信行业长期以来一直希望破除管制方面的枷锁，而且市场发展也已经显示了若要重新驱动增长，加大宽带领域投资是首要任务。

与欧盟不同，美国在宽带监管方面把工作重点放在了如何进一步促进市场竞争方面。2014 年 9 月，美国联邦通信委员会（FCC）主席汤姆 • 惠勒称，据调研数据，在选择 10Mbit/s 宽带接入业务时，30.3% 的美国消费者仅有一家服务商可选；在选择 25Mbit/s 接入业务时，有 55.3% 的美国消费者仅有一家服务商可选；到 50Mbit/s 接入业务时，更是有 61% 的用户只能选择一家服务商，遭受垄断之苦，还有 21% 的用户无法享受 50Mbit/s 的高速率宽带接入服务。美国不同家庭接入速率业务的运营商数量占比情况如图 1 所示。相比之下，用户对带宽的需求则持续高涨，在高峰时段，60% 的网络流量是由音频和视频产生的。随着更多远程医疗业务的启用，用户对大带宽的需求将更加强烈。因此，FCC 认为美国高速率宽带市场竞争严重不足，提出要制定一份全国宽带竞争议程，确定美国宽带业的基本原则，并将其作为未来发展的路线图。

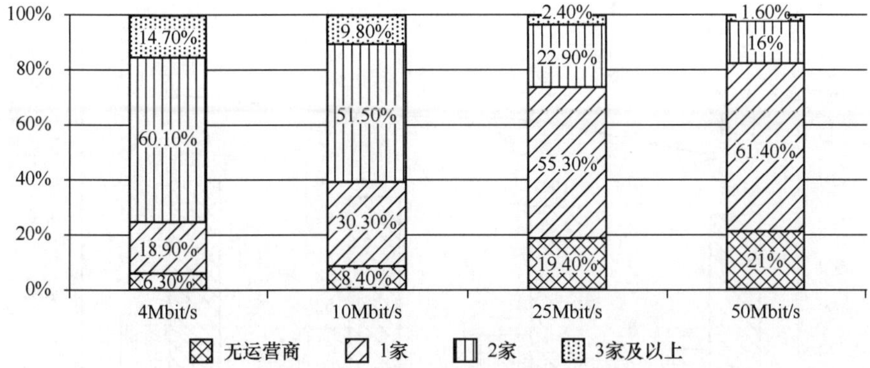

图 1　美国不同家庭接入速率业务的运营商数量占比

（数据来源：美国联邦通信委员会（FCC））

亚太区域的澳大利亚同样为促进宽带市场竞争而煞费苦心。为提升网络速率，降低宽带资费，提升澳大利亚在宽带方面的竞争能力，澳大利亚政府早在 2009 年 4 月便宣布投资 430 亿澳元（约合 306 亿美元），在全国范围内建设新的宽带网络——国家宽带网（NBN，National Broadband Network Coporation），NBN 只负责提供宽带批发服务，不直接面向消费者提供宽带。同时，为保障宽带零售服务商能够公平接入 NBN，澳大利亚还发布了《2011 年国家宽带网络公司法案》和《2011 年电信法修订法案》（NBN 接入措施协议，简称 NBN 接入法案）这两项重要法案，法案中要求 NBN 应当基于透明、仅经营批发、公开和非歧视接入的原则提供批发服务。

2014 年 10 月，竞争监管机构澳大利亚竞争和消费者委员会（ACCC）制定了“NBN 服务记录保存规则”（RKR）草案，以监控网络竞争的发展态势以及 NBN 公司是否有效利用和投资网络。RKR 于 2014 年 10 月至 2017 年 9 月 30 日首次生效。其中规定，NBN 公司需存储 NBN 接入服务的细节内容，包括和零售服务供应商的市场份额，以及 NBN 操作服务、网络容量和利用率等信息。NBN 公司需要将所有信息存储 12 个月，且每季度向 ACCC 提供一次。

2. 宽带普遍服务稳步提升，发达国家向纵深推进

随着宽带在经济社会发展的地位日益重要，将宽带纳入国家普遍服务政策支持范围已成为全球性趋势。据国际电信联盟（ITU）最新调查数据，截至 2013 年年底，全球已经制定普遍服务政策的 121 个国家中，至少有 59 个明确支持宽带普遍服务，占比达到 49%，这一比例比三年前的 2010 年提高了 9 个百分点，年均提升 3 个百分点。全球普遍服务总体进展情况如图 2 所示。

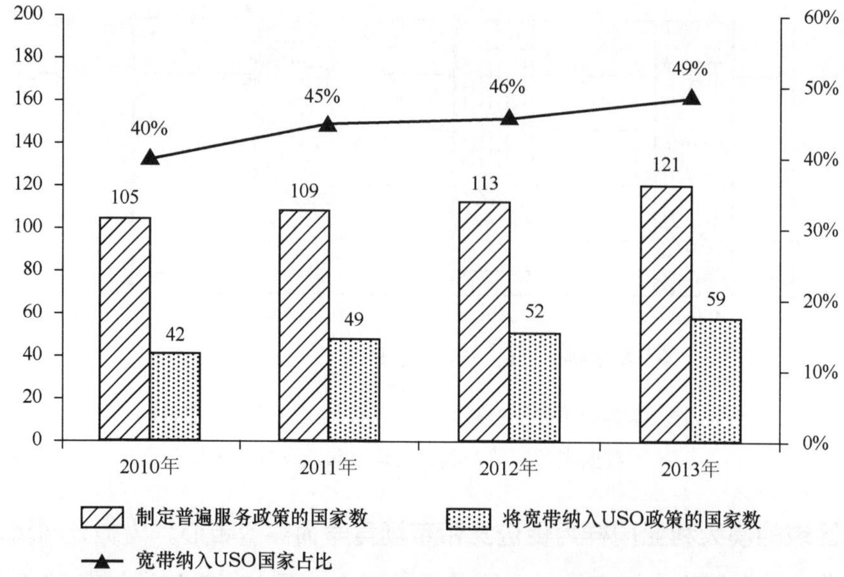

图 2　全球普遍服务总体进展（数据来源：国际电信联盟 ICTeye）

与此同时，美国、英国等发达国家通过多种途径支持普遍服务，将普遍服务向纵深推进，包括推动中小学网络升级、提升国民数字素养、使数字红利惠及大众等。美国 FCC 于 2011 年 10 月创立了年度预算高达 45 亿美元的新的“连接美国基金”（CAF），用于补贴企业提供农村地区宽带接入的成本支出。2014 年，美国宣布利用“E-Rate”计划，计划两年内提供 20 亿美元，用于边远地区中小学校和图书馆的 Wi-Fi 覆盖。英国于 2014 年 4 月发布了《数字包容战略》，其中，英国文化、媒体与体育部实施“BDUK”（宽带传播英国）项目，投资 10 亿英镑用于提升宽带基础设施，确保高速宽带 2017 年覆盖 95% 人口，并通过网络连接资助补贴中小企业接入高速宽带；英国商业、创新与技能部计划在未来 5 年为 120 万中小企业培训技能，其中，2013—2014 年成人培训预算高达 25 亿英镑。

3. 超前规划频谱资源，不断扩大频谱供给

移动网络流量的不断攀升，使频率资源短缺情况日益凸显。欧盟委员会提出 700MHz 频段将在 2020 年用于移动宽带网络。为了避免欧洲在移动宽带方面落后于其他地区，9 月 3 日，欧盟委员会提出了将 700MHz（694 ～ 790MHz）广播电视频段于 2020 年前用于移动网络的计划。

美国 FCC 于 2014 年 3 月 31 日投票通过一致同意，在 5GHz 频段范围内，进一步开放 100MHz 的频谱供 Wi-Fi 使用，这是继 2013 年年初开放 5GHz 频段内的 195MHz

频段后的又一次频谱扩展，并将简化现有的频谱分配规则和频谱授权使用程序。此外，FCC一直鼓励新的Wi-Fi接入技术，以提供1Gbit/s或以上的速度，为解决Wi-Fi热点地区的拥堵问题提供帮助。新的规则将使100MHz的频谱更多地在家庭或是拥堵的地方使用，如会展中心、公园及机场等，而不仅仅局限于室内使用。

英国电信监管机构Ofcom于2014年4月30日公布了频谱蓝图，旨在确保频谱能够满足未来十年英国移动数据业务需求和对无线网络基础设施不断增长的需求。频谱管理战略规定了Ofcom的战略方针和管理无线电频谱的优先事项。Ofcom列出了频谱管理的六个优先内容，其中包括未来移动数据需求、700MHz频谱的未来、公共部门频谱的释放等。Ofcom首席执行官表示，基础设施日益数字化，无线频谱资源为经济增长和创新发展提供了更多的机会，此次的频谱管理战略可以帮助英国抓住这些变革的机会。

4. 网络中立持续博弈，基础与互联网企业关系难解

多年来，网络中立一直是全球电信业争论的焦点。2014年，美国、欧盟围绕网络中立原则再次掀起新一轮博弈。争论的焦点主要集中在两点：一是如何看待宽带网络设施的定位；二是如何既保护上游互联网企业的创新活力，又激励宽带提供商对网络持续投资升级。

在2010年FCC《开放互联网指令》正式生效仅一周后，美国电信运营商Verizon随即将该指令和FCC告上法庭，要求判决指令无效。自此，《开放互联网指令》进入涉诉状态，暂缓实施。2014年1月15日，联邦上诉法院哥伦比亚特区巡回法庭否决了FCC的《开放互联网指令》。该法庭裁定称，尽管FCC有权对宽带业务进行监管，但网络服务提供商不是《电信法》规定的“公共运营商”，FCC没有足够的证据表明其有权力强制要求网络服务提供商接受网络中立原则。同时，法庭还推翻了FCC关于禁止网络服务提供商阻塞互联网流量的规定。

5月15日，FCC正式推出修订后的、“商业上合理”的网络中立原则，允许网络服务提供商提供“快车道”服务，并向互联网企业收取一定的费用，并宣布展开为期4个月的公众征询。新版网络中立建议遵循三大原则：一是所有的网络服务提供商必须对流量管理做到透明，二是合法的内容不能受到屏蔽，三是网络服务提供商不得在

违背商业原则的情况下损害互联网（包括利用旗下附属机构区别对待流量）。此次修订引发了业界的巨大争议。9 月 10 日，美国互联网企业发起“网络减速日”大型抗议活动，他们认为，该计划还可能会影响中小企业的发展，因为他们无法支付“快车道”费用。9 月 15 日，FCC 经过两次延期，关闭网上对新提案的意见征求系统。

11 月 10 日，美国总统奥巴马发表声明，建议 FCC 禁止网络服务提供商设立“快车道”，并将宽带服务重新定位为“公用事业”，同时提出了四项原则，即禁止屏蔽、禁止减速、禁止快车道、增强网络管理透明度。此声明立即招致网络服务提供商的强烈反对，AT&T 宣传将大规模缩减其光纤网络计划。迫于多方面的舆论压力，FCC 宣布将网络中立政策出台事宜延迟至 2015 年。

欧盟在推进网络中立立法方面取得了初步进展。2014 年 4 月 3 日，欧盟议会投票支持“网络中立性”原则，明确网络中立原则是指网络运营商要平等对待各类流量，不得因发送者、接收者、类型、内容、设备、服务或应用的不同，而对网络流量实施歧视、限制和干扰。草案不允许网络服务提供商以向互联网企业提供更快的网络接入速率为由收取费用。该草案遭到了电信业的一致反对。全球GSM运营商协会（GSMA）认为，网络服务提供商有权为差异化的网络产品收取不同的费用。欧洲电信网络运营商协会（ETNO）也表示，欧洲议会在错误的方向上迈出了一步。但该草案尚待欧洲理事会的批准。2014 年 7 月欧盟委员会选举产生新一届政府，未来几年的施政纲领目前正在酝酿之中，其中关于网络中立部分的政策内容也在调整框架之内。

5. 强化云计算认证，突出数据保护和政府应用审查

从近年来各国政府对云计算业务的管理方式上来看，发达国家倾向于鼓励对公共云计算服务进行安全认证，并严格审查为政府提供的云计算服务，另外通过法律手段保证数据安全和加强个人隐私保护。

首先，加强安全认证和审查。美国联邦政府注重对云计算安全管理的顶层设计，形成了云计算安全基线要求，并以第三方机构认定、云计算服务审查、云计算服务持续监管三大关键环节为抓手，提供了十余部标准化的模板、程序与指南材料，建立了联邦政府云计算服务安全审查体系。截至 2014 年 10 月，联邦政府共认定了 27 家从事云计算服务安全评估的第三方机构，仅有 18 项云计算服务通过了安全审查。英国政府在 2012 年开通了“云市场”（CloudStore）网站，启动“政府云计算战略”（G-Cloud）

认证工作，供政府部门选择、采购各类云计算服务。截至2014年年初，“云市场”上已有1200家提供商的13 000多项云服务通过了认证，可供英国的政府部门选择使用。

其次，加强数据安全保护。美国采取了一些法律保障措施来保护用户数据，相关的法律有：美国宪法第四修正案、联邦《隐私法》、《电子通信隐私法》（ECPA）和《外国情报监视法》（FISA）等。2014年6月，欧盟各国部长达成一致，欧盟以外的企业必须要遵守欧盟《数据保护指令》、《隐私与电子通讯指令》等已有法律。除此之外，各国部长还针对企业向欧盟以外国家转移数据的相关规定达成了一致。澳大利亚通信部正在审查现有法律法规与云计算的匹配度。

最后，发展中国家则侧重于加强市场准入管理，同时强调要遵守数据保护法规制度。发展中国家对云计算的监管大部分延续电信行业严格的管理模式，且数据安全管理严格。例如，马来西亚将内容服务作为一种电信服务进行许可管理。南非将云服务纳入“信息系统服务”进行管理，当其他人通过该服务获取了非法信息时，限定云服务提供者需要承担的责任范畴。墨西哥对云计算进行了特别规定，要求云服务提供者的隐私政策应当符合法律规定，云服务的外包应当透明，云服务提供者要确保个人数据的安全，云服务合同中应当包含隐私政策披露和数据保护安全措施等内容。印尼在《公共服务法》中提出数据中心本地化要求，该法要求提供公共服务的电子系统运营商必须在印尼国内建立数据中心。除此之外，印尼政府管制规则还要求电子系统运营商必须把交易数据存储在印尼境内。

6. 推动政府数据开放，助力大数据开发再利用

推动政府数据开放，充分释放信息资源的潜在社会经济价值，是国际社会的又一热点。

全球数据开放经过四个阶段。第一阶段：美国领衔开放数据。2009年1月，美国总统奥巴马签署《开放透明政府备忘录》，要求建立更加开放透明、参与、合作的政府。同年，数据门户网站Data.gov上线。自此，全球掀起了开放政府数据运动。**第二阶段：多国开放数据声明。**2011年9月，巴西、印度尼西亚、墨西哥、挪威、菲律宾、南非、英国、美国八个国家联合签署《开放数据声明》，成立开放政府合作伙伴组织，提升政府透明度，赋予公民权利，打击腐败，利用新技术手段加强治理。**第三阶段：**

八国集团开放宪章。2013 年 6 月，八国集团首脑签署《开放数据宪章》，法国、美国、英国、德国、日本、意大利、加拿大和俄罗斯承诺在 2013 年年底前，制定开放数据行动方案，逐步向公众开放可机读、标准的政府数据。**第四阶段：世界各国广泛参与。**截至 2014 年年底，由美国主导建立的开放政府合作伙伴组织（OGP）已发展了 65 个国家（地区），总共提交了 1000 余项关于开放政府的承诺。此外，还有一些非成员国国家也积极推动了数据开放。

2014 年数据开放监管呈现三大特点。经过多年的发展，全球数据开放呈现出“持续稳推进，评估可量化，态势不均衡”的监管新特点，全球数据开放进入新阶段。**一是持续稳推进。**目前已有 65 个国家和地区推行了政府数据开放，并有望继续增加。在推行数据开放的国家，数据开放范围不断拓展，截至 2014 年上半年，英国、法国、日本开放数据集已经突破 1 万个，美国突破 10 万个（见图 3）。**二是评估可量化。**2014 年 5 月“开放数据晴雨表项目组”发布了《开放数据通用评估方法研讨会报告和草案框架》，全球数据开放进入可量化评估阶段。**三是态势不均衡。**从参与国家和发展情况来看，美洲、欧洲地区处于数据开放第一梯队，亚太地区处于第二梯队，中东亚、非洲地区处于第三梯队，数据开放呈现发展不均衡态势。

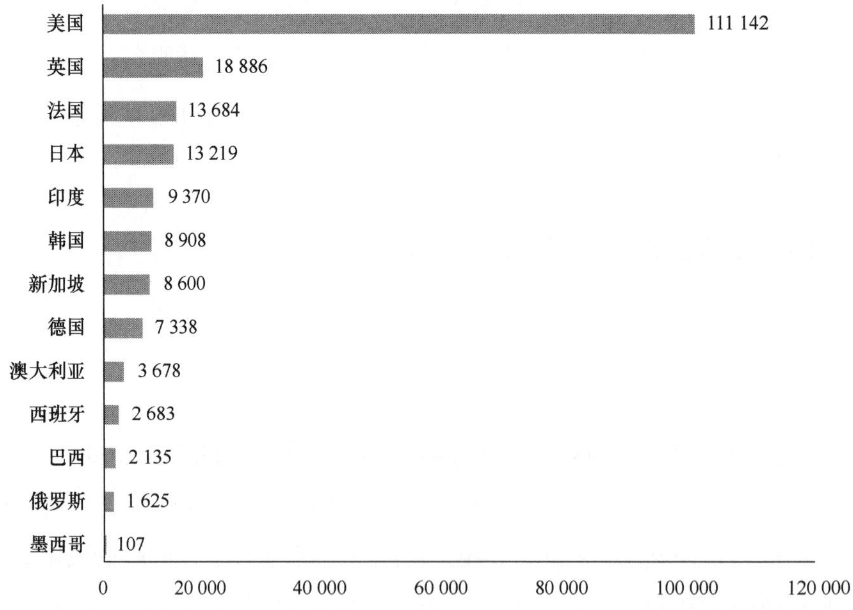

图 3　各国政府数据开放网站开放数据集个数（截至 2014 年上半年）

（二）国内通信监管综述

1. 完善互联网管理领导体制，加大依法管理网络力度

十八届三中全会提出，要加大依法管理网络力度，完善互联网管理领导体制；整合相关机构职能，形成从技术到内容、从日常安全到打击犯罪的互联网管理合力，确保网络正确运用和安全。2014 年 2 月，中央网络安全和信息化领导小组第一次会议召开，成立了中央网络安全和信息化领导小组。目标是建设网络强国，即技术强、内容强、基础强、人才强、国际话语权强。

2014 年 8 月，国务院发布《关于授权国家互联网信息办公室负责互联网信息内容管理工作的通知》（国发〔2014〕33 号），从促进互联网信息服务健康有序发展，保护公民、法人和其他组织的合法权益，维护国家安全和公共利益出发，授权重新组建的国家互联网信息办公室负责全国互联网信息内容管理工作，并负责监督管理执法。由此，进一步明确了工业和信息化部负责互联网行业管理、公安部负责打击网络犯罪、国家互联网信息办公室负责内容管理的基本格局。

2. 落实“宽带中国”战略，推动网络优化与城乡均衡发展

随着“宽带中国”战略的进一步落地实施，我国固定宽带用户普及率逐年提升。截至 2014 年 10 月底，我国固定宽带用户已突破 2 亿户，人口普及率达到 14.7%，超过全球 11.7% 的平均水平，与 OECD 国家宽带普及差距连续第 6 年缩小。2014 年，重点是推进城乡宽带协调发展，营造“比拼赶超”的市场氛围。

首先，在推进城乡宽带协调发展方面，2014 年 6 月，国家发展改革委、财政部、工业和信息化部联合组织实施“宽带乡村”试点工程（一期），首批在云南、四川两地选择集中连片农村地区，加大政策支持。目标是到 2015 年，“宽带乡村”试点地区 95% 以上行政村通光缆，农村接入能力达 4Mbit/s，家庭宽带普及率达到 30%。2014 年 10 月，工业和信息化部、国家发展和改革委员会共同公布宽带示范城市首批名单，共 39 个城市入选，创建示范城市工作充分发挥了入选城市的示范作用，带动我国宽带水平整体提升。

其次，充分发挥第三方宽带网络测速作用，营造“比拼赶超”的市场氛围。据宽

带发展联盟《中国宽带速率状况报告》，截至 2014 年第 3 季度，中国固定宽带互联网网络平均可用下载速率达到 4.09Mbit/s，全国基础电信企业签约用户的平均固定宽带接入速率符合度为 110.6%。从各省情况来看，排名前 5 的省市是上海、北京、四川、江苏和福建，下载速率超过 4Mbit/s 的省份新增安徽和河北两省，合计达到 11 个省市。2013—2014 年全国固定宽带用户忙闲时平均下载速率如图 4 所示。

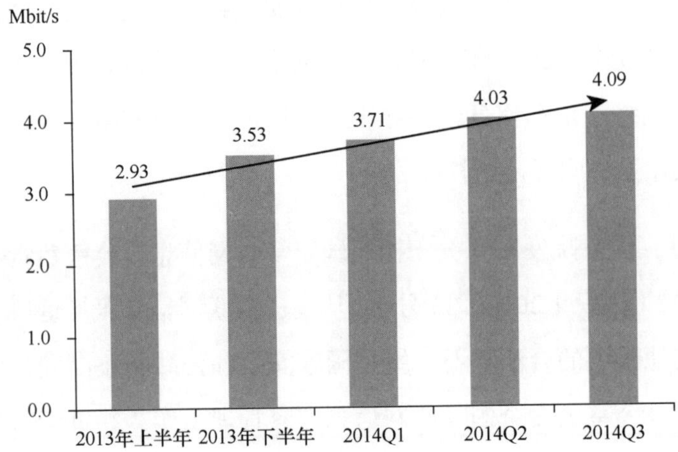

图 4　2013—2014 年全国固定宽带用户忙闲时平均下载速率（数据来源：宽带发展联盟）

3. 扩大号码携带和整治垃圾短信，多层次保障用户权益

在保障用户选择权方面，2014 年移动用户号码携带试验范围进一步扩大，湖北、云南、江西三地进入试点。5 月 16 日，在“2014 电信和信息社会日”大会上，工业和信息化部宣布将进一步扩大携号转网业务的试点范围，由之前的天津、海南两省扩大到五个省市。从 5 月 17 日起，海南实行的携号转网试点政策由原来的单向携号转网（移动用户可转入联通、电信，反之不可）调整为双向转网（移动、联通、电信用户可互相转网），同时将江西、湖北、云南三省纳入携号转网试点范围，并于三季度向当地用户开放相关业务。

在保障用户知情权和隐私权方面，通过深入治理垃圾短信，构建可信通信环境。2014 年，垃圾短信治理工作取得较大进展，主要表现为：一是完善政策法规。完成起草《通信短信息服务管理规定》，对商业短信息采取严格管理措施，大大加快国内垃圾短信治理立法进程。二是技术手段建设取得新突破。工业和信息化部垃圾短信息网间联动平台已经成为国内最权威的、数据来源渠道最广泛、数据量最大的垃圾短信投诉数据平台，有力地支撑部垃圾短信治理工作。三是强化机制，继续实施月度通报工作。每月发布《工业和信息化部垃圾短信治理情况通报》，督促各省通管局、三家基础电信运营企业加强垃圾短信治理工作。四是超前部署。加强对骚扰电话治理的研究工作，包括法律法规、技术手段等；三家电信运营企业开始探索骚扰电话治理手段建设。

通过开展整治垃圾短信专项行动，斩断垃圾短信利益链条，健全垃圾短信治理长效机制。截至 9 月底，网间联动平台受理举报较 1 月大幅下降 85%。其中，在伪基站垃圾短信方面，工业和信息化部等九部委开展伪基站治理专项行动，共查处案件 1996 起，查获设备 2537 套，与年初比，2014 年 6 月用户伪基站信息投诉下降 87%，涉及伪基站违法信息数量下降了 90%。

4. 强化终端设备管理，严格保护用户个人信息

2014 年终端设备管理立足于保护用户隐私和合法权益，在电信设备进网环节对智能终端安全能力和预置应用软件进行严格检测，证后监督也将重点放在智能终端安全方面，同时持续对提供移动应用商店的手机应用软件技术开展检测。

一是在设备进网环节，对智能终端安全能力和预置应用软件进行检测。进网环节严格贯彻执行工业和信息化部《关于加强移动智能终端进网管理的通知》及相关行业标准，对智能终端安全能力及预置应用软件开展检测。2014 年共有 1659 款移动智能终端获得进网许可证，全部达到标准中的一级安全能力要求；共对 66 个设备商的 706 款手机进行新增预置应用软件备案。

二是在证后监督环节，将智能终端安全能力和预置应用软件作为检查重点。工业和信息化部于 2014 年 8 月组织开展了年度证后监督检查工作，重点对获证终端安全能力和预置软件符合通信行业标准情况，及与进网 / 备案一致性进行检测、核查，共抽查了 49 家企业的 49 款移动智能终端，涵盖了国内外大、中、小型企业。检测结果显示，大部分移动智能终端生产企业能够在获证后持续保障自身产品安全能力，但仍有部分产品在进网后出现终端安全能力下降、新增预置应用软件未备案等违反行业管理规定的情况，对于此类问题，工业和信息化部已对相关企业按照《电信设备进网管理办法》进行处理。

三是持续组织对手机应用软件商店的测试。2014 年一、二、三季度工业和信息化部持续组织了对手机应用软件商店的测试。仅第三季度就对 40 家手机应用商店的 5 万

多款手机应用软件进行技术检测，发现不良软件 67 款，涉及违规收集用户个人信息、恶意“吸费”、软件自动向外发送短信、强行捆绑推广其他无关应用软件等问题。工业和信息化部对违规软件涉及的应用商店经营者进行集中诫勉谈话，责令自查整改，下架不良应用软件。

智能终端安全涉及国家信息安全，也与消费者权益密切相关，在技术和市场迅速发展的今天，不仅要在各环节、各阶段严格执行监管要求，还要不断加强对新情况、新问题的研究和应对。

二、2014 年通信监管热点分析

（一）持续深化电信改革，简政放权释放市场活力

1. 背景：十八届三中全会对行业改革做出部署

2014 年恰逢电信改革 20 周年，也是新一轮全面深化改革启动年。十八届三中全会审议通过的《中共中央关于全面深化改革若干重大问题的决定》中明确指出要实施统一市场准入和统一市场监管；建立统一开放、竞争有序的市场体系，根据不同行业特点实行网运分离、放开竞争性业务；准确界定不同国有企业的功能，积极发展混合所有制经济。2014 年《政府工作报告》要求进一步简政放权，推广一站式审批，探索统一市场监管；在更多领域放开竞争性业务；在金融、铁路、电信等领域，向非国有资本推出一批投资项目。按照国家整体要求，电信行业重点从改革规制体系、改革市场竞争体系、改革企业产权体系三条主线，再度拉开改革大幕。

2. 改革规制体系：放开市场准入和资费，加强行为监管

按照简政放权，加快政府职能转变的要求，2014 年行业规制体系着力“放开两头，管住中间”，加大改革力度。

一是在市场准入环节，增发更多的移动通信转售试点许可批文，截至 2014 年 12 月底，共有 42 家民营企业（含浙江、广东省内各 1 家）获得移动通信转售业务试点批文；并针对具有竞争性的宽带接入网业务，2014 年 12 月 25 日，工业和信息化部在公开征求社会意见的基础上，发布了《关于向民间资本开放宽带接入市场的通告》（工信部通〔2014〕577 号），鼓励民间资本以多种模式进入宽带接入市场，促进宽带网络基础设施发展和业务服务水平提升。

二是在资费管理环节，全面放开电信资费，着力增强市场活力。为贯彻落实党的十八届三中全会关于全面深化改革、完善主要由市场决定价格的机制精神，按照国务院《关于取消和下放一批行政审批项目的决定》要求，2014 年 5 月，工业和信息化部联合发展改革委共同发布《关于电信业务资费实行市场调节价的通告》，决定放开各

类电信业务资费，电信行业也成为网络型行业中率先全面实现资费市场化的标杆。电信企业可以根据市场情况和用户需求制定电信业务资费方案，自主确定具体资费结构、资费标准及计费方式；建立健全电信资费内部管理制度，自觉规范经营行为，努力降低经营成本，为用户提供更优质、更低廉、更透明的电信服务。

三是在放开资费和加大开放力度的基础上，着力强化电信市场竞争行为监管。包括在移动通信转售方面，推动通信企业协会组织基础电信企业和移动通信转售企业商谈，形成零售价格与批发价格动态调整机制，协调解决相关问题。在宽带接入网方面，探索完善事中事后的监管政策，加强对宽带接入市场不正当竞争行为的监管，保障用户的自由选择权和企业公平接入，推动资源共享，培育和维护公平、公正的市场环境。

3. 改革竞争模式：组建铁塔公司，推动竞争模式转型

回顾过去 20 年的电信体制改革历程，前四轮电信改革主要体现为以企业整体为对象、以重组为方式的横向结构性改革思维，最终形成当前“基于设施”的竞争模式，这一模式要求各家企业分别建设各自的基础网络，投资成本高昂，各家企业资产负担较重，为了回收网络成本，各家企业又不得不展开激烈的价格竞争。

2014 年正值我国 4G 建设的关键时期，为满足三家基础电信企业对站址和铁塔建设的需求，7 月 18 日由三家共同出资的中国铁塔股份有限公司成立。这一改革意义重大，它改变了之前四次以企业间横向合并、重组为主导的改革路径，转而采取上下游分拆重组，这有助于降低网络资产比重，减少电信基础设施重复建设，更有利于三家基础电信企业将精力专注于促进业务创新，推动行业竞争由“基于设施”的竞争逐步转向“基于业务”的竞争。

4. 改革产权制度：探索混合所有制经济，弥补创新不足

发展混合所有制经济是十八届三中全会提出的改革方向，它有利于实现电信业投资主体多元化和竞争主体多元化，优化国有资产布局，保障国有资产投资效率；扩充民间资本投资渠道，促进民间资本和国有资本的优势互补。

2014 年我国电信行业主要采取两种模式探索混合所有制改革。一是子公司模式，以中国电信为代表，将其旗下几家专业子公司引入混合所有制，这样既可以弥

补创新能力的不足、机制不灵活等问题，又能够探索ICT、云计算、大数据等新兴领域。二是特定资产模式，新成立的铁塔公司成为发展混合所有制经济的试验田，该公司未来将按照市场化方式引入49%的非公有资本，探索发展混合所有制经济的有效路径。

（二）改进互联网行业管理，巩固提升基础管理能力

1. 背景：构建以互联网为核心的行业管理体系

当前，全球信息通信业正在迎来新一轮的变革浪潮，技术融合创新的步伐明显加快。以宽带网络、物联网等为代表的新一代信息网络基础设施日益泛在化、宽带化、智能化，推动着移动互联网、云计算、大数据等新应用、新业态不断丰富繁荣，并加速向经济社会各个领域全面渗透，深刻影响和改变着传统生产方式和发展模式，成为推动经济社会改革发展的重要引擎和提升综合国力的关键要素。这一轮的变革浪潮，从终端、资源、网络、业务应用等各个层面，都冲击着传统上以电信业为管理对象的行业管理体系。2014年，工业和信息化部首次提出要统筹行业发展、管理和安全，加强和改进互联网行业管理，加快构建以互联网为核心的行业管理体系。

2. 简政放权：加快政府职能转变

2014年，落实国务院关于进一步取消、下放行政审批项目的要求，以放权推进政府职能转变，切实减轻企业负担，优化职能配置模式。1月，《国务院关于取消和下放一批行政审批项目的决定》中，明确取消基础电信和跨地区增值电信业务经营许可证备案核准，按照测算，取消后受益面广。目前中国有2557家跨地区增值电信业务经营者，其中2305家跨地区移动网信息服务业务经营者，按照取消前备案核准管理要求，至少会设立11 525家分公司或子公司，办理71 455个备案申请，取消该项审批，企业将减少分支机构设置、人员配备等，降低办事成本。7月，《国务院关于取消和调整一批行政审批项目等事项的决定》中，将互联网域名注册服务机构审批权，由原来的工业和信息化部下放至省级通信管理局。

3. 固本强基：提升行业基础管理能力

2014年，以基础资源、网站备案和接入管理等为核心，扎实推进基础管理，网络

实名准确率逐步提高，基础资源精细化管理能力显著增强。

一是加强网站备案与接入管理。重点整治“未备案接入”和“黑名单网站再接入”；加强网站备案信息准确率抽查评估及审核工作；健全IDC管理制度，强化IDC安全评估；建立备案专项行动月报制度，强化通报和处罚。2014年5月开展备案专项行动，切实提升备案率和信息准确率。2014年年底全国网站备案率和备案信息准确率将有望达到99.8%和80%。

二是加强基础资源管理。域名管理办法修订工作深入推进；域名实名注册工作取得较大突破；大力推动新通用顶级域申请工作；IP地址精细化管理制度逐步完善。2014年，加大域名注册管理和IP地址规划与分配规范力度，推动新通用顶级域申请，全年新通用顶级域名申请量突破500个。

三是强化信用体系建设。对互联网企业经营行为进行信用评估，记录信用等级。实施接入服务企业分级管理。天津、山东等地方管局发挥自主创新能力，针对网站备案信息准确率，开展接入商星级管理试点工作。

4. 重点切入：强化互联网业务监管

一是加强移动互联网应用管理，规范市场秩序，保障内容和用户信息安全。从移动互联网应用涉及的三个环节分别加强管理，包括：针对应用程序开发者，开展应用程序开发者第三方签名认证试点；针对应用商店，加强第三方应用商店的监督检查；针对智能终端预装App，加强入网检测和管理。

二是围绕移动即时通信工具，开展专项行动，并取得阶段性成果。2014年5月，工业和信息化部与公安部联合开展移动即时通信工具专项治理行动，微信、易信等全国七个主要企业积极响应。截至2014年6月底，累计关闭各类有害账号2000余万个。其中，违法违规公众账号3.3万个；删除违法违规信息40余万条。

5. 协同监管：切实做好网站管理工作

工业和信息化部发挥基础管理和技术手段优势，联合多个部门协调配合做好互联网站管理工作。与公安部、工商总局、药监、商务部等多个部门不断建立健全长效工作机制，依法对违法、违规、侵权网站，依法采取整顿、关闭、吊销行政许可等举措，治理好网络环境。

一是工业和信息化部联合扫黄打非办开展打击网上淫秽色情信息专项行动；依法责令停业整顿或予以关闭，吊销相关行政许可。二是联合国家互联网信息办，共同打击利用互联网造谣、传谣行为，关闭未备案、传谣网站。三是联合版权局开展“剑网”行动，打击网络侵权盗版专项治理，净化网络传播环境，维护权利人权益。对版权执法部门和公安机关移送的“三无”网站坚决予以关闭。四是联合工商总局整治互联网重点领域广告专项行动，对书面认定违规行为，停止接入。同时，工商总局不断加强境内网络交易网站监管工作协作，积极促进电子商务发展的意见，加强工商登记注册信息和网站备案信息等数据共享，处置违法网站。五是与央行共同促进互联网金融健康发展的指导意见。同时，密切配合，不断加强在互联网金融方面的联合审查和协同管理，保障广大用户的切身利益。

（三）加强用户个人信息保护，打造可信上网环境

1. 背景：用户信息保护持续受到关注

近年来，用户信息泄露事件频发，国内外社会关注度持续提升。国外已将用户个人信息作为权益保护的重要部分，强调商业利益必须让位于基本人权。

2014 年 5 月，美国白宫发布《大数据：抓住机会，维护价值》白皮书，提出由市场主导的隐私政策并不奏效，需要政府主动介入。2014 年 9 月，美国联邦通信委员会（FCC）要求 Verizon 支付 740 万美金以终结对其侵犯个人隐私的调查。Verizon 没有事先告知其大约 200 万用户，却直接获取用户信息并用于营销，也没有提供给用户“选择退出”的机会。欧盟通过修订法律约束企业，保护特定权利。

2014 年 3 月，欧盟修订数据保护指令，针对用户数据的使用和转移做了新规定，防止数据在未通知用户和授权之前传送到欧洲以外的地区。欧洲的最高法院 2014 年 5 月裁定，普通公民的个人隐私拥有“被遗忘权”。谷歌公司于 2014 年 5 月 29 日开通“被遗忘”服务的申请网页，允许欧洲地区网民在线填表，提交申请。申请者需提供希望移除的链接、移除理由以及个人身份证件。提供此服务后，谷歌一天内收到了来自欧洲居民的 12 000 多份要求行使“被遗忘权”的请求。

在我国，用户信息泄露已成为灰色产业链的重要一环，其中，App 成为信息保护的重灾区，管理上困难重重。具体表现在：第一，2014 年“3.15”晚会连续曝光手机

应用软件窃取用户个人信息；第二，通信信息诈骗案件频发，作案手段不断翻新；第三，智能手机收集用户的位置信息，App 软件的过度收集行为，涉嫌侵犯用户隐私，具体见图 5。

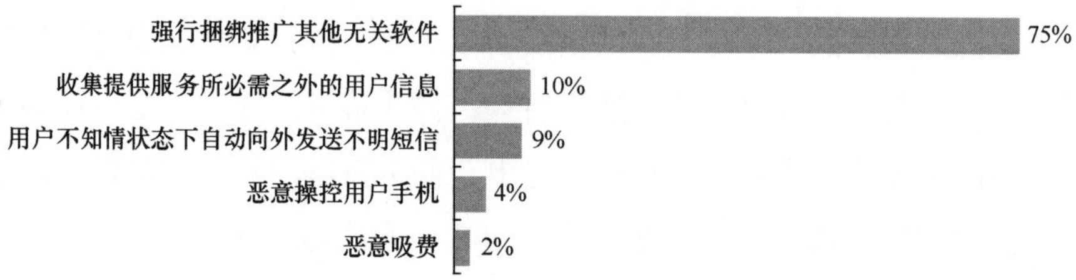

图 5　抽查发现各类 App 违规行为占比（数据来源：工业和信息化部《电信服务质量通告》）

2. 出台个人信息保护标准，强化分级分类管理

落实用户个人信息保护必须要有相关法规和标准作为依据。2012 年 12 月，我国出台了《全国人大常委会关于加强网络信息保护的决定》，奠定了个人信息保护的基本法律框架，但缺乏具体要求。2013 年 7 月工业和信息化部出台了《电信和互联网用户个人信息保护规定》，初步规范了企业的行为，未明确管理对象责任。2013 年 1 月，工业和信息化部发布《信息安全技术公共及商用服务信息系统个人信息保护指南》，这是我国首个个人信息保护国家标准，要求首先获得个人信息主体明确授权，但缺乏细化的技术指导。

2014 年，行业管理部门陆续出台了一系列标准，为用户信息技术安全防护以及分级分类管理奠定基础。6 月，发布《移动互联网应用商店网络安全责任指南》，针对“不良应用软件治理认定难，App 个人开发者海量，应用商店只是平台提供者而非直接责任者”的问题，规范性文件明确应用商店的责任主体地位，需对本商店上架软件负管理责任。7 月发布了《电信和互联网用户个人电子信息保护通用技术要求和管理要求》以及《电信和互联网用户个人电子信息保护检测要求》，针对“信息保护缺乏具体技术标准”的问题，提出信息分类技术和管理方面的安全防护及检测要求。11 月发布了《电信和互联网服务 用户个人信息保护 定义和分类》和《电信和互联网服务 用户个人信息保护 分级指南》，针对“用户对个人信息敏感度差异较大、缺乏分类管理标准”的问题，提出用户个人信息分级分类及差异化管理标准。

3. 强化监管主动作为，探索新型管理模式

用户个人信息保护涉及众多方面，行业主管部门与公安、工商建立协同管理工作机制，从网络、资源、业务等层面主动监管，综合利用曝光约谈、监督抽查等行政监管手段，探索形成新型管理模式。

首先，综合利用多种监管手段开展主动监管。一是公开曝光、企业约谈。对违规企业、不良软件公开曝光，利用舆论媒体的力量产生约束力；约谈违规企业负责人，强化互联网企业责任意识。二是日常监管持续推进。2014 年电信行业行风建设暨纠风工作将保护用户个人信息作为重点内容，并将企业整改效果纳入考核。三是部省协同、政企联动。鼓励部分地方管局先行先试，结合许可管理，形成对互联网企业管理的工作闭环；通过研究应用商店经营模式，与企业共同探索建立良性互动的信息保护有效途径。

其次，立足本职，强化行业管理作用。工业和信息化部联合公安部、工商总局对不良软件进行整治：对违规企业、不良软件严厉打击，责令应用商店立即下架；对涉嫌诈骗犯罪的软件及开发者信息等转交公安部门；对不良软件较多的个别应用商店，联合工商部门督办。秉承依法监管理念，依照国家对信息安全的相关规定，立足行业监管角度，从网络、资源、业务层面开展工作，从维护用户权益角度进行信息保护。

4. 提升用户自我保护能力，进一步优化行业环境

用户个人信息保护离不开广大用户的社会监督和自律行为。2014 年，着力扩大信息发布力度，增加信息透明度；畅通投诉举报通道，提升用户感知；引导用户科学使用、合理维权，全方位保护用户权益。

首先，畅通渠道，增加信息透明度。一是通过多种媒介进行消费提示。利用工业和信息化部网站、“工信微报”微博、微信等公众平台为用户进行用户信息保护提示，关注用户需求、提升用户感知，最大限度地减少用户的信息弱势地位，增加信息透明度。二是确保申诉举报渠道畅通。12300 受理电信用户信息安全的申诉，并协调相关企业处理；12321“一键举报”功能覆盖 32 家（国内 80%）应用商店。人民网、腾讯

网等100多家网站签署《积极开展举报工作承诺书》，统一向社会公布24小时举报电话。

其次，引导用户、主动维权形成监督氛围。一是参与社会监督，形成监督氛围。加强对政策法规、违法案例的宣传分析，提升用户自我保护能力，借助多种渠道表达利益诉求，更多参与、推动社会监督。引导用户科学合理地使用各类维权渠道，主动参与社会监督，共同形成监督氛围。二是定期权威发布，树立正确导向。定期进行权威发布，形成客观科学的舆论导向，宣传优秀软件或应用商店，对不良软件及时曝光，确保用户能够安全放心地使用。

三、2015 年通信监管展望

（一）预期电信改革继续深化，开放力度进一步加大

2015 年，电信行业将需要按照国家设定的总体路径和方向，统筹策划、分步实施，深化电信体制改革，破除束缚市场发展的制度性瓶颈和障碍，激发市场活力。

一是在统一市场准入的基础上，探索加强事中事后体系建设。改革市场准入体系，按照国务院的统一部署，进一步取消和下放行政审批，探索将负面清单模式引入市场准入制度，在全面下放电信资费定价权的基础上，加强资费公示和资费竞争监管。探索完善包括信用体系、标准监管等手段在内的事中事后监管体系，实施统一的市场监管。

二是鼓励国有电信企业探索混合所有制改革，进一步在下属子公司、资产等层面引入民营资本，挖掘市场潜力。推进铁塔公司建设运营，建立健全监管制度，打造治理结构更趋完善、竞争更具活力的经营主体。

三是扩大基础市场开放范围，在做好移动转售、自贸区试点的基础上，2015 年全面启动宽带接入网试点工作，吸引民资进入宽带接入领域。加强电子商务对外资开放的推进工作。在福建、天津、广东等自贸区开放相关电信业务。推进自贸区谈判进程，开创高水平对外开放的新局面。

（二）普遍服务机制有望完善，缩小城乡数字鸿沟

加快农村通信和信息化发展，对于落实工业化、信息化、城镇化、农业现代化四化同步推进的战略部署，缩小城乡“数字鸿沟”，推动农村社会经济持续健康发展，具有十分重要的意义。2004 年以来，农村通信发展主要采取“村村通工程”机制，依靠行业自身力量，通过行政手段实行分片包干、分量包干、企业自筹模式，落实通信普遍服务。十年来，行业投入 500 多亿元实现 100% 行政村通电话；投入 300 多亿元为 14 万个村通宽带。2013 年“宽带中国”战略发布，提出到 2020 年实现 98% 的行

政村通宽带的宏伟目标，但随着宽带接入网业务于 2014 年正式开始试点，宽带市场竞争必将进一步加剧，继续依靠三家基础电信企业通过内部交叉补贴来实施“村村通工程”将难以为继，预期 2015 年工业和信息化部、财政部和国家发改委将加大资金支持力度，就如何完善普遍服务机制提出新的方案，包括调动社会资本、创新补贴模式等。

（三）格局优化存在不确定性，预期评估调整监管政策

优化电信市场竞争格局是电信体制改革的重要目标之一。2009 年以来，在多方政策的努力下，基础电信市场竞争格局保持持续优化态势，以企业收入指标来看，中国移动一家的收入份额从 2009 年的 57.3% 一路下降到 2014 年 8 月的 52.7%，累计下降 4.6 个百分点，格局优化效果明显。但 2013 年年底 TD-LTE 牌照发放一年时间来，中国移动以资金优势加快 4G 网络部署，加大营销，加快用户发展，吸引了用户高度关注；但从 4G 市场来看，中国移动一家占据近 90% 的市场份额，格局优化进程逆转的风险越来越大。为此，预期 2015 年国家将抓紧评估 FDD 牌照的发放时机和发放方案，同时评估研究配套监管政策，包括评估 2013 年年底工业和信息化部发布的移动网间非对称结算政策，根据市场发展和结算情况决定后续是否调整等。

（四）云计算行业自律和安全管理制度进一步加强

2015 年，通过行业组织开展行业自律的方式将得到更多的重视，并与政府监管政策一起，成为国内开展云计算行业管理的重要方式。一方面，基于电信业务分类目录开展行业监管，即对利用数据中心、公众网络等基础设施提供云计算服务的相关资质要求等进行严格规范；另一方面，基于行业组织推动标准、服务规范、最佳实践，进一步规范公共云服务市场，提升服务质量和行业自律水平。

此外，面向政府云计算应用的安全管理机制预期将在 2015 年初步建立。政府云计算应用的安全问题已经引起了有关部门的重视，已经开始从标准、政策、管理机制等角度构建云计算安全管理体系。可以预见，2015 年或将成为国内政府云计算应用安全管理元年，有关的管理体系和制度机制将逐步建立完善。

（五）发布数据开放政策文件，启动数据开放试点

信息资源日益成为重要的生产要素和社会财富。推动公共信息资源开放共享和开发利用逐渐成为我国在大数据时代背景下的必然选择和现实紧迫需要。预期 2015 年，我国将发布全国性数据开放政策文件，统筹发展与安全，形成全国数据开放的政策法规依据，引领和推动全国数据开放发展，促进开展实施开放工作，并有望在有条件的地区和部门率先开展试点，有可能在有条件的地区和部门优先开展。充分借鉴国外和北京、上海两地经验，优先开放交通、医疗、旅游、人口、住建、农业等领域再利用价值较高、有利于社会民生的数据集。

（六）依法监管，持续维护互联网用户权益

用户信息安全日益成为行业管理的关键环节。预期 2015 年在持续 APP 治理之外，将加强对用户个人信息保护的产业链条各环节、各主体的管理，多措并举，从法规标准等方面保护用户信息安全。一是在用户信息分级分类系列标准的基础上，推进即时通信等重点应用的信息保护技术标准。二是针对应用商店及互联网企业的经营服务规范性文件，细化落实各主体、各环节的责任。三是增加信息透明度，畅通投诉举报通道，鼓励用户利用各类维权途径进行自我保护及社会监督，引导用户科学使用、合理维权，全方位保护用户权益。

互联网篇

导　读

数据掘金的时代，从互联网普及、网络基础设施和网络资源建设以及互联网对社会经济的贡献三个维度，以数字例证2014年互联网领域的急遽革新。2014年我国互联网服务业收入年增35%，接近9000亿元；互联网应用横向跨界融合和纵向硬件整合交相辉映，体现在：产业互联网成为发展主题，深度融合初见端倪；软硬件服务一体化步伐加快，垂直整合成为应用发展的主流模式。我国互联网企业在多个领域的国际市场上有上佳表现，国际化思维正走向成熟，国际影响力与日俱增。

2014年“宽带中国”战略扎实推进。新增七个骨干直联点，网间带宽创历年带宽扩容幅度之最，大幅提升了用户感知；中西部流量绕转现象改善明显，区域均衡格局形成；网间访问整体性能显著提升；网间架构带动网内架构优化调整。

互联网企业“鲶鱼效应”引发的负激励在2014年全面爆发，传统金融机构从质疑到主动参与、积极竞争。P2P平台增速和规模扩张惊人，以此为媒介，互联网金融正在进入传统产业链。移动支付作为互联网金融中的先锋应用，正在为更多、更广的领域提供支付服务，交易规模快速攀升，用户接受程度快速提升，逐渐成为信息经济的基础支撑。

云计算正在快速从互联网市场向企业/行业市场拓展，已形成以服务商为核心和以开源社区为核心两类产业生态建设路径。中国企业在新型数据中心等原创性的技术、运营成果方面已经居于世界领先地位，实现了从中国制造到中国设计的转变。

美国移交IANA职能管理权以及NetMundial峰会引发国际互联网治理变革关键期，中国重拳出击、积极应对。

展望2015年，我国互联网服务业总产值预期将超过12 000亿元的规模，但境内上市融资风头强劲、急剧膨胀，有潜在泡沫化风险。互联网金融方面，银行、股权众筹，征信业务即将大热。网络基础设施正在全方面地实现互联互通，配合国家的“一带一路”的大战略，正在一体化地发展；新增与原有互联网点统筹优化，使网络流量与性能进一步改善和提高。CDN 的重要地位持续上升，产业间合作进一步深化。从规模扩张和技术演进角度预测，云计算和大数据正在步入 2.0 时代。

本篇作者：

何宝宏　覃庆玲　刘越　朱乾龙　魏凯　栗蔚　张倩　张丽　汤子健　李原　高巍　郭丰　贺佳（政经所）　刘悦　孙鑫　孙颖　贺佳（信息所）　宋恺　吴韶鸿　刘飞　王亦澎　陈慧慧

一、2014 年互联网领域发展综述与热点分析

（一）数说 2014

从互联网普及情况来看，截至 2014 年 6 月，我国互联网用户数已超过 6.32 亿，占全球 30 亿网民的 20% 以上。受移动互联网的影响，我国智能手机的用户渗透率高于 50%，远超全球 30% 的平均渗透率。目前，全球移动及固定宽带普及率分别为 32% 和 10%，其中发展中国家分别达到 21% 和 6%。

从网络基础设施和网络资源方面来看，2014 年通过增设骨干互联节点，我国骨干网总容量超过 100Tbit/s 的传输能力，国际出口总带宽接近 4000Gbit/s，为国内外互联互通提供了稳定的基础保障能力。据工业和信息化部的统计结果显示，截至 2014 年年底，我国备案网站数量已超过 357 万个，和全球 1.8 亿个活跃站点数量相比稍显落后。但在新通用顶级域名的发展布局上，我国新顶级域名的注册量有望超过 50 万个，在全球 400 万的总数量中占据了一定的后发优势。

从互联网领域对社会经济的贡献来看，2014 年全年我国互联网服务业的总收入规模高达 8986 亿元，其中互联网增值企业的收入达 5000 亿元。互联网领域的投融资在 2014 年也掀起了新高潮，据已披露的统计结果显示，2014 年互联网行业融资金额高达 44.6 亿美元，上市企业的总市值达 3.7 万亿元。

（二）我国互联网服务业收入年增 35%，接近 9000 亿元

2014 年我国互联网服务业总规模将接近 9000 亿元，同比增长 35.3%[1]，是基础电信业增速的 13 倍。其中，基础企业的互联网服务收入接近 4000 亿元，同比增长 23.1%；增值企业的互联网服务收入将达到 5000 亿元，同比增长 39%，占互联网服务业总收入的比重达到 56%，比上年提升 3 个百分点，如图 1 所示。

[1] 互联网服务收入包括接入服务和信息服务的收入。其中，2014 年 6 ～ 12 月的数据是经营改增调整后的。

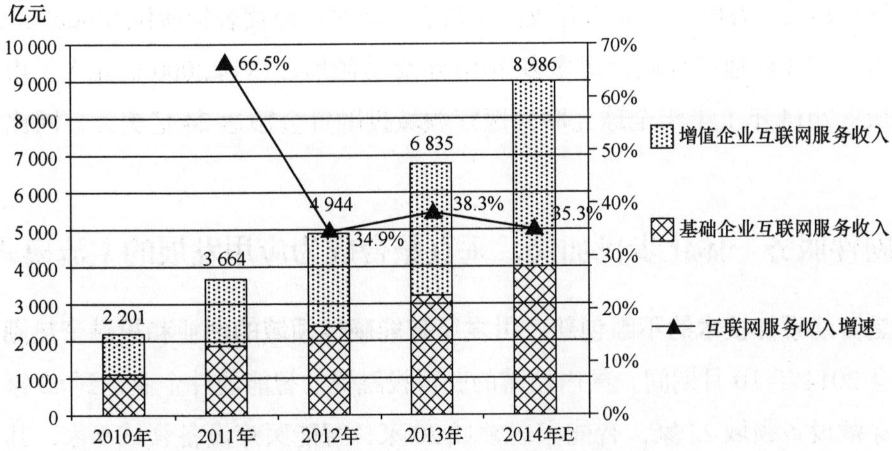

图 1　2010—2014 年我国互联网服务业规模

（三）互联网应用横向跨界融合和纵向硬件整合交相辉映

1. 产业互联网成为发展主题，深度融合初现端倪

一是传统产业拥抱互联网，用互联网思维重塑核心价值链。互联网影响下消费者行为习惯和消费习惯的改变，重构了企业和消费者之间的关系。传统产业主动拥抱互联网，实现了互联网从推广、销售、售后等产业下游向研发、生产、物流等产业中上游的全面渗透。在研发设计环节，海尔 HOPE 开放创新平台通过互联网技术将全球设计资源与用户需求对接，已有来自各领域的 300 多万名专业研发设计人员通过众包等形式提供产品和技术解决方案。在生产制造环节，GE 利用海量用户数据，借助大数据预测市场，打造柔性化、智能化生产线。在物流配送环节，运力资源、仓储资源、人力资源等物流平台不断涌现，顺丰计划成立千家门店以实现物流 O2O 化。

二是互联网企业主动出击，向生产性领域不断纵深。2014 年，国内互联网公司共披露投融资案例 903 起，涉及投资总额约 2250 亿元人民币。其中消费性服务领域投资案例 211 起，涉及金额占比 26.08%；生产性服务领域投资案例 505 起，涉及金额占比 42.36%；行业应用领域投资案例 187 起，涉及金额占比 31.56%[2]。生产性服务领域是 2014 年互联网发展最为活跃的领域，在线教育、在线医疗、在线房地产和互联网汽车成为新蓝海。在线教育领域提速渗透，2014 年市场规模超过 800 亿元人民币。

2　数据来源：中国信息通信研究院监测。

互联网汽车领域，谷歌主导成立开放汽车联盟，新兴厂商代表特斯拉 Model S 2014 年销量翻番。在线房地产领域，房多多 2014 年交易额预计达到 2000 亿元人民币。在线医疗领域，2014 年上半年全球互联网医疗领域投融资金额达 24 亿美元，同比增长超过 26%。

2. 软硬件服务一体化步伐加快，垂直整合成为应用发展的主流模式

一是智能硬件技术的不断创新，引发了智能硬件领域的创业和投融资热潮。2013 年 7 月至 2014 年 10 月期间，国内披露的获得投融资的智能硬件企业达到 62 家，其中智能可穿戴设备领域 22 家，智能家居领域 20 家，智能医疗设备领域 9 家，其他智能硬件设备 11 家[3]。初创企业、创新产品不断涌现，智能手表、智能空气净化器、智能插座等产品纷纷问世，开启终端发展新模式。

二是依托平台优势，互联网巨头抢占智能硬件生态体系先机。“智能硬件 +APP+ 云端数据”的软硬件服务一体化垂直整合模式成为主流模式。互联网巨头企业依托自身平台优势，率先推出百度 Inside、微信智能硬件平台等开放硬件平台。极米科技、ihealth、大可乐手机等初创企业依靠极具想象力的创新产品获得了市场和投资界的肯定。同时，老牌设备企业如美的、格力、海尔、TCL 等也先后推出智能产品加入战局。

（四）我国互联网企业加紧走出去，国际化全面开花

2014 年，我国互联网企业在多个领域的国际市场上均有上佳表现，我国互联网企业国际化思维正走向成熟，国际影响力与日俱增。

1. 品牌国际化

随着京东和阿里巴巴赴美上市，全球互联网企业市值排名前 10 中已经有 4 家我国公司，分别是市值 2701 亿美元，排名第二的阿里巴巴；市值 1373 亿美元，排名第五的腾讯；市值 804 亿美元，排名第五的百度；市值 347 亿美元，排名第十的京东[4]。

3　数据来源：投资潮。

4　数据截止日期：2014 年 12 月 9 日。

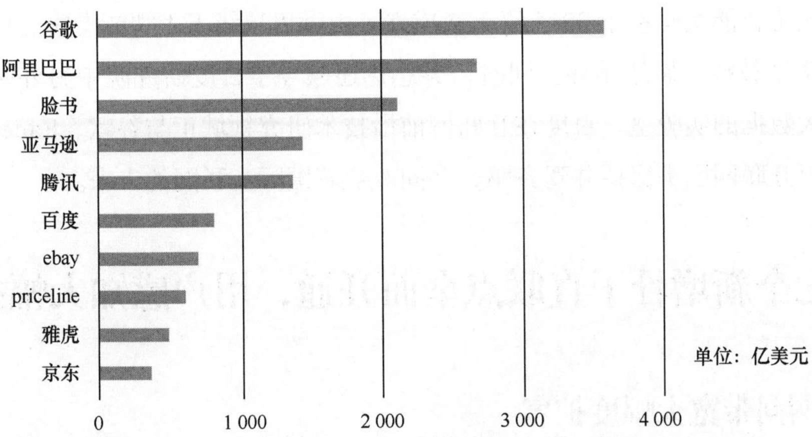

图 2 全球互联网企业市值排名前 10 的公司[5]

2. 投资国际化

随着国际化战略思维的日益成熟，自 2013 年起，国内巨头陆续在电商、社交、游戏、移动互联网等优势领域进行海外战略投资。其中，阿里巴巴斥资 1.2 亿美元投资美国移动游戏公司 Kabam，并派出高管加入 Kabam 董事会，利用自身渠道引进 Kabam 优质游戏；斥资 2.39 亿美元入股新加坡邮政，将物流的触角伸向东南亚；投资诸如 ShopRunner、Fanatics 等美国电商，拓展海外商品渠道。同为千亿美元俱乐部的腾讯近两年在海外投资上同样亮点颇多，其中 2 亿美元投资知名阅后即焚应用 SnapChat；14 亿美元入股动视暴雪。

3. 用户国际化

2014 年，我国互联网公司的产品和服务在国际市场上同样取得了令人瞩目的成绩。其中，阿里巴巴将“11.11”活动覆盖到了 217 个国家和地区；微信海外用户预计一年翻番，有可能突破 2 亿户；百度推出葡语搜索引擎，贴吧葡语版帖数达 68 万；猎豹移动 2 月纽交所上市时其 2.23 亿移动端活跃用户中海外用户比例达 63%。

4. 模式国际化

2014 年，中国互联网公司的模式正在影响着世界。在日益火爆的手机游戏市场中，我国公司开发的 Cocos 系列手机游戏引擎，已经成为国际市场中主流第三方引擎。在互联网技术前沿研究领域，我国企业也不甘落后。百度投资 3 亿美元在硅谷建立的

5 数据截止日期：2014 年 12 月 9 日。

百度硅谷人工智能实验室于 2014 年正式成立，由世界顶级人工智能专家、斯坦福大学计算机科学系教授吴恩达领导。同时，吴恩达还领导了百度研究院中另外两个针对深度学习和大数据的实验室。百度在互联网前沿技术研究领域正与谷歌、Facebook 以及微软等世界互联网巨头保持并驾齐驱，共同改变着国际互联网的未来。

（五）七个新增骨干直联点全面开通，用户感知大幅提升

1. 促进网间带宽大幅度扩容

我国互联网网间带宽一直落后于网间互通需求，成为制约互联网用户感知的重要瓶颈。本次新增七个骨干直联点，直接带动网间带宽增加 790Gbit/s，占当前互联网互联总带宽的 30% 以上，创历年来带宽扩容幅度之最。预计到 2014 年年底，互联网网间带宽将接近 2.5Tbit/s，如图 3 所示。

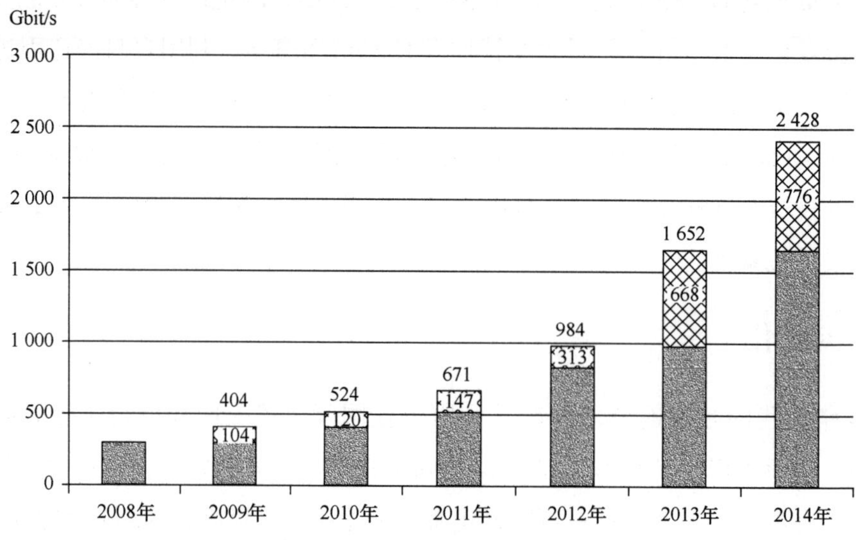

图 3　2008—2014 年互联网网间带宽扩容情况

（数据来源：工业和信息化部、中国信息通信研究院）

2. 中西部流量绕转现象改善明显，区域均衡格局基本形成

继成都、西安、重庆直联点相继开通，西部十省、市、自治区网间互访流量绕转明显降低，跨网访问节省绕转 2000 ～ 8000 公里。成都直联点开通后，以乌鲁木齐联通访问四川电信为例，之前需要经过北京、上海绕转，现在直接从成都过网，节省绕

转距离至少 4000 公里。

西安直联点开通后，兰州联通访问陕西电信，之前需要经过北京直联点过网，现在在西安就可以实现跨网，至少节省路由 2000 公里绕转。

3. 互联网网间访问整体性能显著提升

自 6 月 30 日首批直联点开通以来，互联网网间质量已连续 4 个月无障碍。七个新增骨干直联点开通后，网间访问路由平均减少 3 跳以上，时延降低 60% ～ 80%，分组丢失率降低 60% ～ 90%，网间访问速率提升 1 ～ 2 倍。新增骨干直联点所在省网间质量提升效果更为明显，网间访问路由由开通前的平均 10 跳减少为 7 跳，用户上网速度明显加快，上网体验明显改进。据统计，新增骨干直联点所在省份内网间访问时延由原来的 50 ～ 60ms 降至 10ms 左右，分组丢失率接近于零。

6 月 30 日南京、成都直联点同时首批开通。开通后南京地区网间各个方向平均时延由 21.36ms 下降至 5.77ms，性能提升 3.6 倍；平均分组丢失率由 0.19% 下降至 0.07%，性能提升 1.7 倍。具体各个方向改善情况见图 4 和图 5。

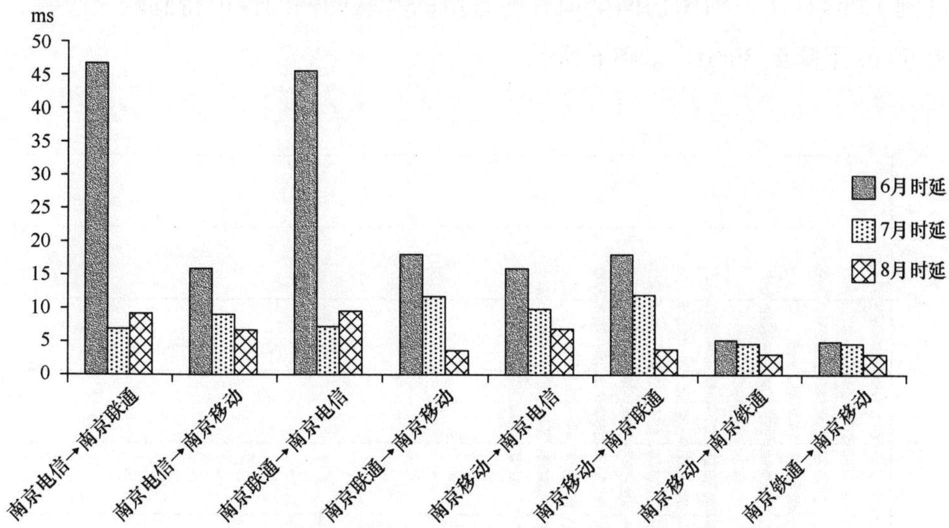

图 4　2014 年 6 ～ 8 月南京地区跨网访问端到端时延情况示意图

（数据来源：中国信息通信研究院互联网监测分析平台）

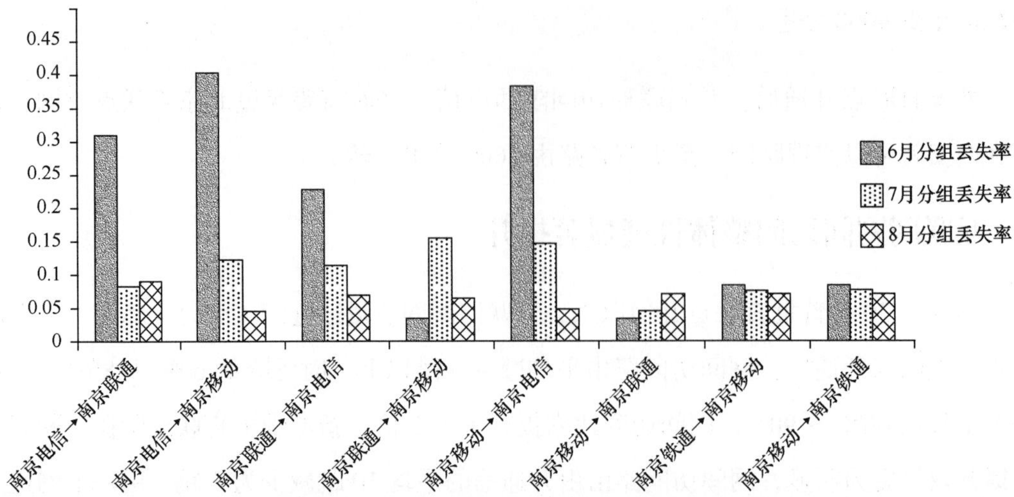

图5　2014年6～8月南京地区跨网访问端到端分组丢失率情况示意图

（数据来源：中国信息通信研究院互联网监测分析平台）

成都直联点开通后，四川省网间端到端互访质量忙时平均时延由85.78ms减少至31.61ms，降幅达到63%，忙时平均分组丢失率由3.91%降至2.07%，降幅为47%。

8月15日郑州直联点电信到联通方向开头，两企业省内网间互访时延从50ms级别下降到15ms以下。河南访问全国其他省市的互联网网间性能得到较大改善，平均时延由60ms下降至30ms，如图6所示。

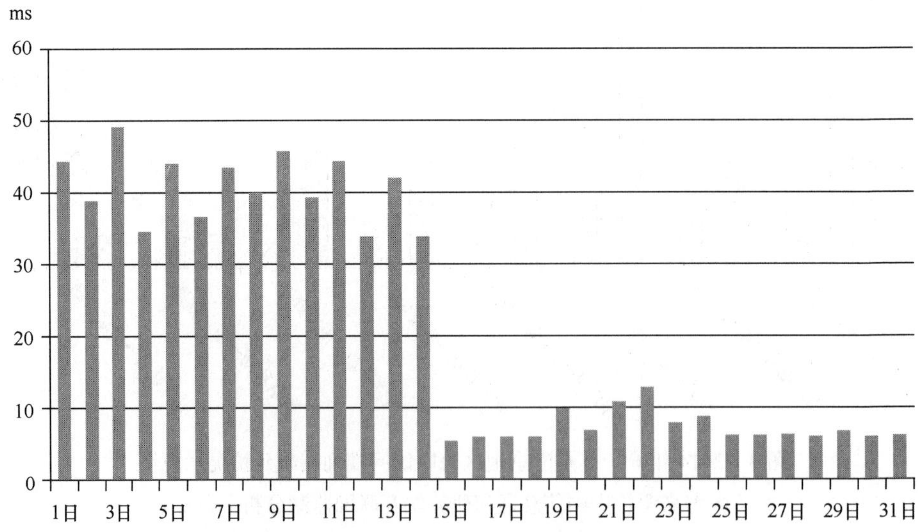

图6　郑州直联点开通前后郑州电信至郑州联通网间互访时延变化情况

（数据来源：中国信息通信研究院互联网监测分析平台）

7月10日，西安直联点开通，用户访问质量明显提升。以“古城热线”为例，以前PING值高达100ms，目前PING值平均在2ms，大大缩短了页面访问时间，极大地提升了用户感知度。

4. 网间架构带动网内架构优化调整

新增骨干直联点规划设计要求接入的互联单位在该点具备疏导周边省份流量的能力。此前，各互联单位在重庆、郑州两点均不具备疏导能力，其余个别直联点中的个别互联单位不具备疏导周边省份的能力。在确定建设网间直联点城市后，各互联单位均将重庆、郑州升级成各自骨干网络的核心节点，建设了多条省际直达链路，其余各直联点所在省份的省际链路由于新的流量疏导任务均不同程度地进行了扩容调整。网间架构的调整带动了互联单位网内升级改造，促进了该区域互联网的整体发展。

中国移动新增省际传输链路重庆至云南、贵州、广西、西藏以及河南至山西、山东总带宽280G，中国联通新建河南至山西 / 山东方向、成都至拉萨方向、南京和无锡至合肥方向以及重庆至贵阳、昆明、成都、西安的光缆和传输链路共计300G。

（六）互联网金融“鲶鱼效应”显现，P2P平台发展向好

1. 互联网企业“鲶鱼效应”引发的负激励在2014年全面爆发

2014年，在互联网企业的刺激下，传统金融机构面对互联网金融的态度发生明显转变，从质疑到主动参与。以银行和基金公司为代表的金融机构密集推出了多款直销银行、理财产品销售业务。互联网金融类业务在经过2014年后已成为金融行业标配，随着传统金融机构的进一步介入，未来互联网公司与金融机构将在征信、结算等领域展开新一轮的竞争。据不完全统计，2014年金融机构推出的互联网金融产品见表1。

表1　2014年金融机构推出的互联网金融产品（不完全统计）

金融机构	产品	金融机构	产品
中行、中银基金	活期宝	国泰证券	佣金宝
工行、工银瑞信	薪金宝	招商银行、招商基金	朝朝盈
交行、交银施罗德	快溢通	重庆银行、南方基金	聚利宝

续表

金融机构	产品	金融机构	产品
建行、建信基金	速盈	杭州银行、易方达基金	幸福添利
兴业银行	掌柜钱包	渤海银行、诺安基金	添金宝
浦发银行、浦银安盛基金	浦发宝	康泰人寿	乐业保
广发银行、广发基金	月光宝盒、慧存钱	阳光保险	摇钱术
民生银行、民生加银	如意宝	平安银行	橙子银行
……	……	……	……

2. 以 P2P 平台为媒介，互联网金融正在进入传统产业链

2014 年，互联网金融 P2P 平台无论是在数量还是规模上都有了令人瞩目的发展。根据网贷之家数据显示，至 2014 年 12 月，我国共有 P2P 平台 1600 家，较 2013 年同期增长一倍。超过 30 家 P2P 平台在 2014 年获得风险投资，累计投资金额超过 30 亿元人民币，其中人人贷更是获得上亿美元的高额投资。高速发展的背后是互联网金融 P2P 与实体经济和传统金融深入融合的明显趋势。2013 年 P2P 平台以撮合个人融资者与个人投资者为主，随着监管层对 P2P 平台业务红线的明确，2014 年 P2P 平台的业务类型发生了重大变化。随着针对供应链金融、融资租赁、企业债权等业务的平台出现，以及以银行、保险、信托为代表的传统金融机构与 P2P 业务合作方式的探索，P2P 平台正在成为打开传统产业链、深度链接金融服务与传统产业的新媒介。基于平台本身的开放性，未来 P2P 很可能会成为将信息流、资金流与产业流深度融合的统一信息化平台。2014 年 P2P 平台业务变化如图 7 所示。

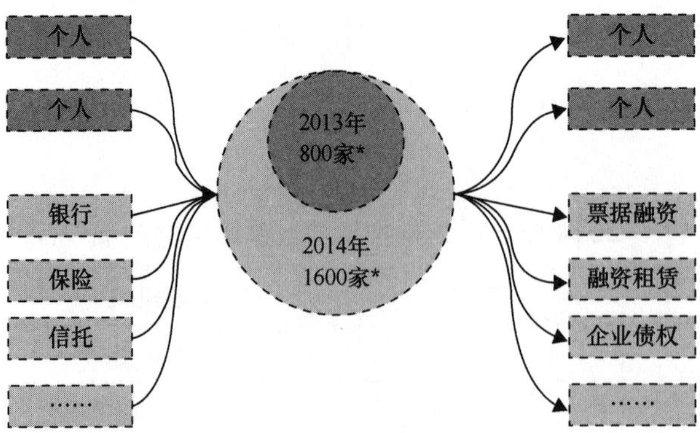

图 7　2014 年 P2P 平台业务变化示意图

（七）移动支付额翻倍，正在成为信息经济的基础支撑

移动支付作为互联网金融中的先锋应用，正在为更多、更广的领域提供支付服务，交易规模快速攀升，用户接受程度快速提升，逐渐成为信息经济的基础支撑。

1. 业务向民生、医疗、教育、制造业等多领域拓展

过去，移动支付是在电子商务领域进行深耕细作、提升在商业零售领域的服务效率和用户满意度。近年来，移动支付正尝试在多个领域中实现多场景的现金替代使用。例如，在民生生活领域，2014 年年初的打车软件补贴战，用户可以通过移动应用完成叫车、支付、获得补贴全部应用。在医疗领域，2014 年开始远程医疗软件——春雨医生，开始支持有偿医患沟通，2014 年 7 月春雨医生 App 已有 2200 万用户通过第三方支付付费购买医生咨询，已有一批医生通过服务该平台月收入超 2 万元[6]。另外，在在线教育、工业互联网领域，移动支付也有一定的应用。

2. 移动支付交易规模和交易笔数同比均实现翻番

2014 年，我国移动支付的交易额、交易笔数都有大幅攀升，显示了这一业务的巨大潜力。2013 年移动支付交易笔数为 16.74 亿笔，交易金额 9.64 万亿元，而 2014 年交易笔数预计将达到44.2亿笔，交易金额将达 21.6 万亿元[7]，同比均实现翻番增长，如图 8 所示。

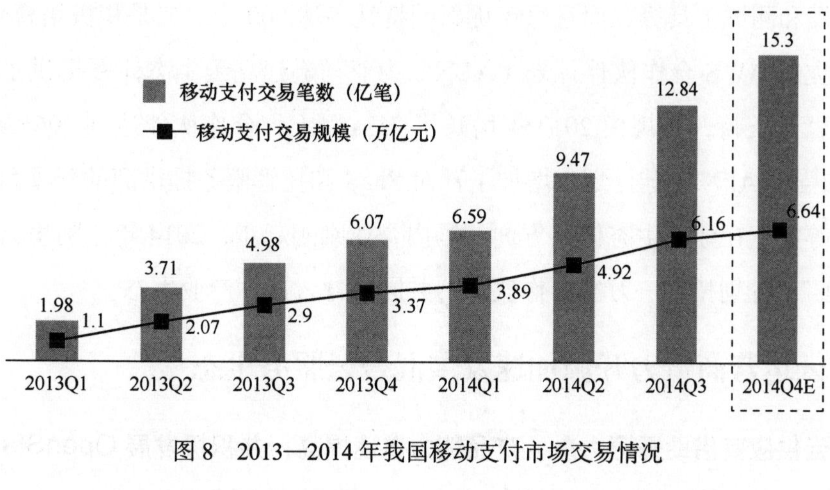

图 8　2013—2014 年我国移动支付市场交易情况

[6] 数据来源：春雨医生官方披露。

[7] 数据来源：中国支付清算协会 2013—2014 年间支付体系运行季度报告以及中国信息通信研究院测算。

3. 网络支付用户覆盖超四成

2014 年以来，网络支付用户数持续增长，从 2013 年年底的 2.6 亿户增长到 2014 年 6 月的 2.92 亿户，同时移动支付用户增长更加迅速，半年时间增加了近 8000 万用户，达到 2.05 亿[8]。在用户分布上，网络支付的覆盖面也更为全面。过去网络购物、网络支付特别是移动支付的用户大多以 80、90 后的“互联网原生代”为主，但目前这一范围进一步扩大，例如支付宝钱包在 2014 年双十二期间推出的线下商店移动支付优惠活动，引发了一大批大爷大妈在柜台前使用支付宝钱包结算，盛况空前。

（八）云计算生态格局初步确立，中国影响力亟待提升

云计算正快速从互联网市场向企业 / 行业市场拓展，建立产业生态成为关键。目前产业界已经形成以服务商为核心和以开源社区为核心两类产业生态建设路径。

1. 主要公共云服务商积极构建以自身为核心的合作生态

国内外主要公共云服务商不断加强服务能力，并建立合作伙伴体系，积极构建以我为主的生态体系。一是不断丰富业务种类。企业应用比 Web 应用复杂，需要多种工具配合，因此丰富的业务功能和可选组件就显得非常重要。以亚马逊为例，不仅可以提供 40 余种基本云服务，还可提供多达 2300 多种第三方应用，包括基础软件、应用软件、开发和测试工具等，而且每年更新的特性多达 500 个。二是积极培育合作伙伴。亚马逊建立的 AWS 合作伙伴计划（APN）为亚马逊建立云生态体系提供了技术、业务和市场营销支持，其规模 2013 年增长了 75% 以上，合作伙伴达到 2065 家。最近，AWS 又加强了 APN 全球计划，增加了针对 SaaS 和托管服务提供商的新项目并扩大了培训项目等等。在建立生态体系方面，国内企业刚刚起步，2014 年，阿里云宣布启动“云合计划”，计划招募一万家合作伙伴，共同培育云计算产业生态。

2. 私有云运营商借力开源加速发展混合云服务生态

私有云供应商借助开源力量，产品能力迅速提高，并积极发展 OpenStack 兼容的

[8] 数据来源：CNNIC《第 33 次中国互联网络发展状况统计报告》及《第 34 次中国互联网络发展状况统计报告》。

混合云和公有云服务，成为生态构筑的另一条路径。从对ICT产品的兼容性上来看，传统ICT厂商正在加速对OpenStack的支持。OpenStack作为资源管理平台，与底层软、硬件产品的兼容性至关重要。OpenStack社区中的软、硬件设备厂商通过为不同模块提供自身产品的控制API（相当于驱动程序）的方式保证产品对OpenStack的兼容性，也使用户可以方便地使用OpenStack管理已有的软、硬件设备。从计算（Nova）、存储（Cinder、Swift）、网络（Neutron）三个最基础的模块来看，老牌的IT、CT制造商如IBM、微软、EMC、Oracle、Cisco、Juniper、Vmware等均向OpenStack提供了自身主要产品的兼容性支持。同时从最近两年的发展来看，各厂商对OpenStack的支持力度明显加大，许多厂商在2014年两个版本中加入的兼容产品数超过了之前八个版本的总和，这也显示了OpenStack越来越为传统ICT产业所接受，逐步成为云计算技术演进的核心平台。但在这些企业和产品中，我国企业只有华为提供了OceanStor存储设备的兼容接口，国内企业在把握产业、技术发展趋势的步伐上仍有些缓慢。

（九）模块化数据中心取得突破，从中国制造到中国设计

我国的互联网、云计算企业在长期的基础设施运营实践中，在数据中心方面总结出了多项原创性的技术、运营成果。2014年，随着“开放数据中心委员会”的成立，以及“天蝎整机柜服务器规范2.0”以及“微模块数据中心”标准的发布，标志着中国企业在新型数据中心研究方面已经居于世界领先地位，实现了从中国制造到中国设计的转变。

微模块数据中心是国内首创的数据中心模式，在国际数据中心产业中处于领先地位。微模块数据中心是由国内的腾讯、百度、阿里等企业提出的新型数据中心解决方案，每个数据中心模块都可以预置化生产，能够独立提供服务，具有统一的输入和输出接口，模块之间可以相互备份。与传统数据中心相比，微模块数据中心Opex降低10%，交付速度提升10倍，机房利用效率提升10%，能耗降低10%。目前全国的数据中心已经部署超过200个微模块，可容纳约10万台服务器，实现5亿元的销售额。

整机柜服务器规范的制定与发布，标志着由互联网企业主导，向上游制造企业辐

射的设备产业生态初步建立。我国的整机柜服务器研究项目在 2011 年被正式提出，并在同年年底确立了最初的技术规范，与 Facebook 主导的 OCP 组织基本同步。在这个项目中，中国互联网的三巨头——阿里巴巴、百度和腾讯是主要的参与者，英特尔则为技术顾问，中国电信、中国移动也已正式加入。目前已有华为、浪潮、曙光等多个厂家提供整机柜服务器的产品，全国已有超过 500 个整机柜部署落地。随着整机柜服务器技术规范 2.0 的发布和推进，将会有越来越多的厂家支持该规范，这对于整机柜服务器的发展将会起到非常积极的推动作用。

（十）国际互联网治理进入变革关键期，中国积极应对

2014 年 3 月 14 日，美国政府宣布拟解除和互联网名称与数字地址分配机构（ICANN）的合同，向多利益相关方移交互联网号码分配管理（IANA）职能管理权，并表示不将 IANA 职能管理权移交给政府或政府间组织，移交后 ICANN 的地位和 IANA 职能依然保持不变。DNS 根区管理是 IANA 的核心职能，也是互联网资源管理的焦点，若能移交，则美单方修改根区文件劫持某国家顶级域的威胁将大为降低。美国政府要求 ICANN 召集多利益相关方起草移交方案，并于 2015 年 9 月 3 日前提交，目前移交方案正在起草之中。IANA 职能管理权移交推动了改进根服务器架构的技术讨论，促进了加强 ICANN 问责机制的工作进程，但是能否按预定计划在 2015 年 9 月移交，则存较大变数。

2014 年 4 月 23 日至 24 日，巴西政府与 ICANN 合作在圣保罗召开“互联网治理的未来”全球多利益相关方会议，又称网络世界（NetMundial）会议。会后主办方发布了多利益相关方宣言，该宣言构建了以人权、自由等为核心理念的互联网治理原则，支持多利益相关方治理模式，强调自下而上及各利益相关方平等参与，希望未来建立分散式、协作式的互联网治理架构，但未在原则中明确支持信息社会世界峰会（WSIS）成果文件提出的“多边”原则。该会议被多数与会者视为多利益相关方治理模式的成功实践，美欧国家普遍明确支持该宣言作为国际互联网治理的指导纲领，俄罗斯、伊朗等部分国家提出质疑。

NetMundial 会议后，ICANN 和巴西政府等机构发起了 NetMundial 倡议，拟落实多利益相关方宣言。目前，正在收集各方提案，组建全球多利益相关方协调理事会。

该理事会拟与IGF等其他互联网治理机制加强协调，计划于2015年1月正式启动工作。

为应对国际互联网治理2014年的新形势，我国采取了积极应对措施：一方面，我国改进国际互联网治理体系，推动ICANN国际化，希望美国政府尽早移交IANA职能管理权，并强调进一步加强IGF的作用；另一方面，我国多次明确表达维护网络主权、发展权和安全权，呼吁按照多边、民主、透明原则，构建和平、安全、开放、合作的网络空间。此外，我国于11月19日至21日在乌镇举办了首届世界互联网大会，倡导“互联互通、共享共治”。

二、2015 年互联网领域发展展望

（一）展望：2015 年我国互联网服务业规模

未来几年，我国互联网服务业发展的基本环境仍然向好，互联网服务业仍将保持快速增长态势。预计到 2015 年我国互联网服务业收入规模将超过 1.2 万亿元。其中，增值企业的互联网服务收入将超过 7000 亿元，同比增速将达到 41%；增值企业在互联网服务业中的主体地位进一步上升，收入规模占整体规模的比重将达到 59% 左右，如图 9 所示。

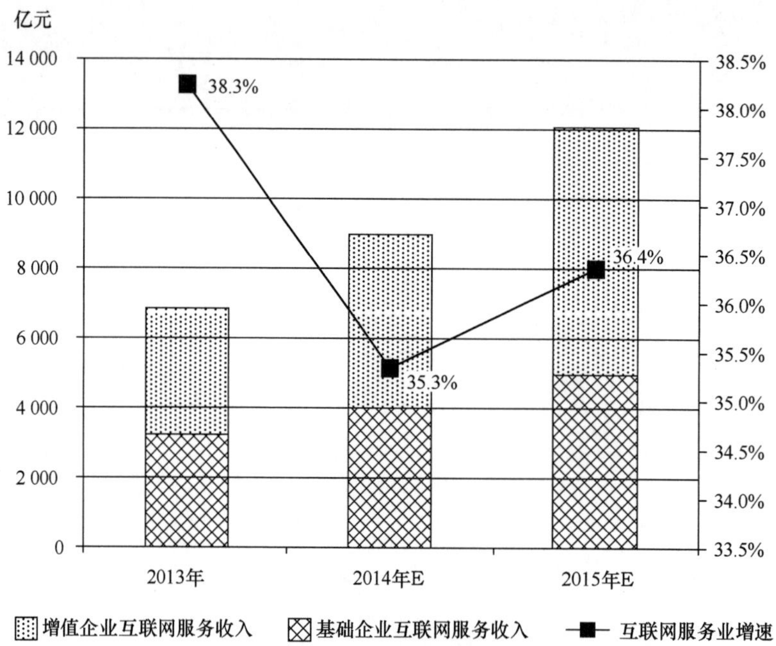

图 9　2015 年我国互联网服务业规模预测

2014 年以来，我国互联网网民数进入稳定增长期，增速逐渐放缓，预计 2015 年网民数增速约为 4.2%，2015 年年底网民数预计将达到 6.7 亿人，继续领跑全球，如图 10 所示。

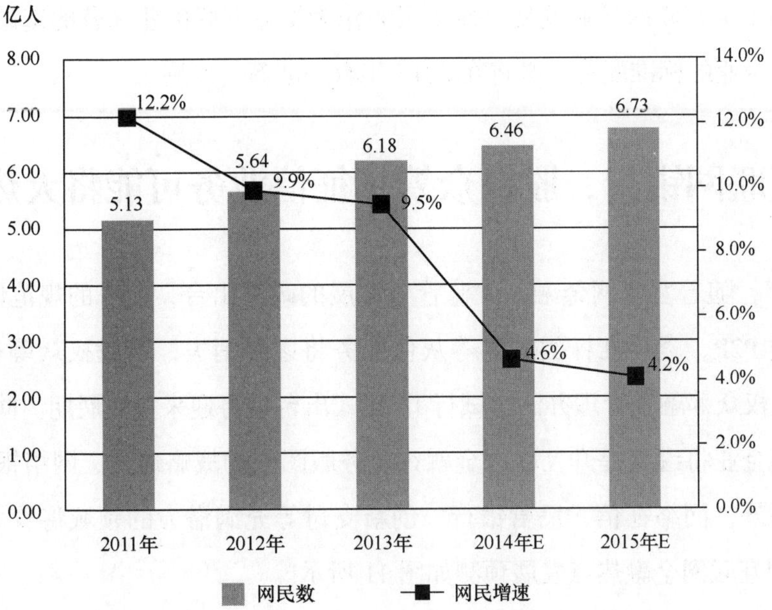

图 10　2015 年我国互联网网民数预测

（二）境内上市融资气候渐暖，投资存潜在泡沫化风险

2015 年，互联网企业在我国境内上市融资的气候环境将逐渐转暖。目前全国中小企业股份转让系统（新三板）对企业的挂牌要求低，无盈利要求，只需存续满两年。未来一段时间内，中国证券监督管理委员会将推动在深圳证券交易所创业板设立专门的层次，允许符合一定条件尚未盈利的互联网和科技创新企业在全国中小企业股份转让系统挂牌满 12 个月后到创业板发行上市。这种转板机制一旦确定，相当于为互联网企业上市开辟了一条绿色通道，必将打开国内资本市场吸引互联网企业回归境内上市的新局面。

预计 2015 年，互联网行业的投资估值仍将不断升温，平均每笔投资金额将保持在千万美元以上，存在估值虚高的泡沫化风险。尤其对于初创阶段的企业和项目而言，其发展空间存在较大的不确定性，盈利能力恐难与成百上千万美元的投资金额相匹配，极易产生投资泡沫。从投往互联网行业的资金流向来看，智能硬件仍是 2015 年产业发展的焦点，其中智能家居、医疗健康最为火热。除此之外，垂直电商、互联网金融、生活娱乐等都将是 2015 年互联网产业发展的热点领域，有望涌现出一大批技术和业务创新，带动整个互联网产业发展。而云服务作为企业互联网化运营的基础支撑，将逐步成为各类企业的标准配置，必将在 2015 年有一波新的发展。

（三）互联网银行、股权众筹、征信业务可能将大热

2015 年，随着互联网金融相关监管与发展的政策出台，业务的规范性逐渐提升，资金担保类 P2P、资金杠杆类 P2P 等灰色业务将逐渐消失，而股权众筹在 2014 年年底《私募股权众筹融资管理办法（试行）》正式出台后将迎来大发展期。同时，传统金融与互联网企业将继续提升互联网金融在业务版图中的战略地位，网络银证保业务稳步发展。另外，网络征信、民营银行、创新支付等充满潜力的领域将着力加速发展。2015 年我国互联网金融热点发展预测如图 11 所示。

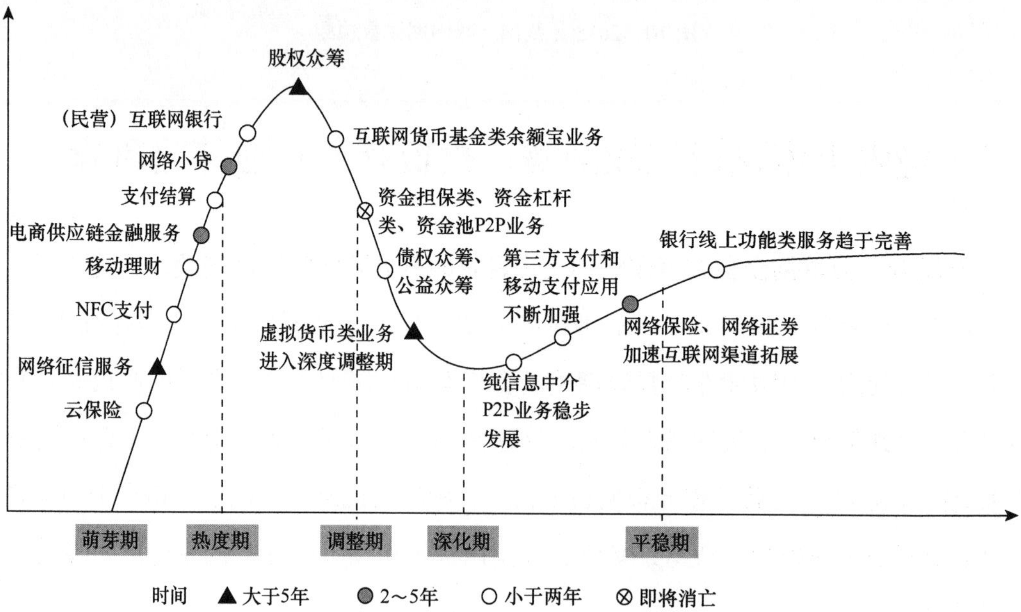

图 11　2015 年我国互联网金融热点发展预测

（四）国际和国内互联互通向全方位、立体化发展

1. 国际互联网支撑国家“一带一路”互联互通重大政治外交战略举措

2013 年至今，贯穿欧亚大陆，东连亚太经济圈，西入欧洲经济圈的“丝绸之路经

济带"、"21 世纪海上丝绸之路"以及无缝、全面连接和融合亚太的亚太经合组织互联互通战略构想被相继提出。

"丝绸之路经济带"，加强政策沟通、道路联通、贸易畅通、货币流通和民心相通；"21 世纪海上丝绸之路"，阐明坚持讲信修睦、合作共赢、守望相助、心心相印和开放包容。"一路一带"战略构建世界上跨度最长的经济大走廊和最具发展潜力的经济合作带，在 2014 年上海合作组织成员国元首理事会议和亚太经济合作组织峰会上，获得广泛赞誉和认同，成为热议焦点。

亚太经合组织互联互通蓝图，秉承"一路一带"内涵精髓，强调互联互通应该是基础设施、制度规章、人员交流三位一体，其中明确提出信息通信技术基础设施的互联互通。信息通信技术发展一直是亚太经合组织的工作重点之一，旨在加强区域信息共享、改善通信技术、进一步普及宽带网络，使亚太人民、机构之间的联系更加快捷可靠，缩小数字鸿沟，促进贸易和经济增长。

新时期国家战略强调我国与周边国家和地区之间互利合作的深入广泛开展，要求国际通信在后续建设和发展中，面向重点方向加大网络建设力度，在拓广网络延伸范围的同时提高网络承载能力和覆盖深度；在全国以及全球范围内优化网络部署，形成主次分明、全局均衡的网络节点和传输路由布局。

2014 年 11 月，工业和信息化部参与制订了《周边国家互联互通基础设施建设规划》，对我国与周边国家和地区的信息高速公路建设进行了整体部署和规划，力图全力打造"数字丝绸之路"。规划中明确的重点建设方向包括东南亚、南亚、中亚、东北亚及整个欧亚大陆和相邻海域。

2. 国内互联网互联互通架构优化持续向全方位、立体化演进

从长远来看，新增 7 个直联点还只是我国互联网网络架构发展优化的第一步，随着我国互联网进一步的发展普及和应用创新，互联互通需求的规模、层次还将极大地扩展。另一方面，随着云计算的发展、云端数据和网络内容的指数式增长，内容分发网络（CDN）的全面推广，以及软件定义网络（SDN）等新技术的逐步应用推广，全球互联网的互联互通基本架构也将出现新的变化，将向一个更加灵活、具包容性、更

为多样化的架构方向发展。我国互联网网间互联架构也将顺应全球发展趋势，按照既定的步伐继续演进优化，下一步亟须在扩大互联互通参与主体，搭建区域交换中心、本地直联、转接互联等多层次、多维度互联架构方面更上一层楼，构建一个高速高效、互联互通、动态灵活、安全可靠的国家互联网架构。

3. 内容分发网络（CDN）产业间的竞争与合作深化

随着网络视频和移动互联网流量增长，游戏、电商、OTT 等业务发展成为 CDN 网络建设的驱动力，CDN 整体渗透率提升，行业快速发展。CDN 服务提供商、电信运营商以及互联网内容服务提供商等纷纷投入 CDN 建设，CDN 成为互联网服务生态竞争的重要环节。

国际方面，2014 年 8 月，苹果自建 CDN 在美国和欧洲上线，试图通过内容改造和 CDN 建设，打造完备的生态服务体系。微软启用 sway-CDN.com、sway-CDN.net 等域名，有望开启 CDN 服务。

国内方面，中国电信作为 CDN 建设的元老级参与者，之前一直将 CDN 作为支撑自有视频业务的手段。近几年，逐渐进行 CDN 资源的整合与改造，2014 年 3 月，中国电信云计算公司推出自有商用云 CDN 产品，并不断扩大规模。2014 年 5 月，中国移动宣布暂停缓存类产品采购，未来将自建 CDN，或自用、或部分开放服务。运营商凭借自身的网络资源优势，CDN 覆盖能力及建设成本明显优于其他建设主体。

乐视是视频网站中自建 CDN 最为典型的代表，通过自建与 ISP 合作等方式，建成具备 260 多个节点、带宽总量超 3.5T 的 CDN，形成集“平台 + 内容 + 终端 + 应用”一体的生态体系。阿里云原本为天猫、淘宝等流量巨大的网站提供 CDN 支持，在全球建立起了上百个优质节点和带宽资源。2014 年 3 月，阿里云宣布 CDN 平台正式商用。正式商用后，覆盖范围包罗日本、新加坡、中国香港等海外节点，资助中国企业，更好地将业务延展到海外。

在竞争如火如荼的同时，出于资源共享、合作共赢为目标的 CDN 合作也成为行业强音。2014 年 3 月，中国电信与蓝汛建立战略合作关系，共同运营电信国内的 CDN

网络。10月中国电信云公司与Akamai达成战略合作伙伴关系协议，把Akamai业界领先的整套关于媒体分发、网络性能和云安全解决方案与自身云服务相整合，为寻求拓展海外网络部署的中国企业提供一体化解决方案。同时这一战略合作也旨在深化双方在技术和网络接入领域的合作，增强Akamai在中国内容分发网络的能力，实现其全球客户向国内用户内容分发的加速。

2015年，CDN行业将持续深化竞合关系，运营商、互联网企业将深度参与CDN领域，推动自有CDN商用化，充分发挥CDN合作优势。

（五）云计算和大数据技术进入2.0时代

云计算、大数据技术在体系架构方面正在酝酿新的突破，在未来的2～3年中，云计算、大数据可能突破现有技术体系，在架构、性能、应用方面跨上新的台阶。

虚拟化技术在经历了近20年的发展后，正在根据市场和应用的需求发生变革，其中容器管理技术Docker是其中的突出代表。Docker是一种Linux容器工具集，作为DotCloud公司的开源项目，其首发版本的时间是2013年3月。Docker 1.0在2014年6月发布，而且延续了之前每月发布一个版本的节奏。与传统虚拟机技术相比，Docker容器的效率要高得多，用户云实例规模可以从几十G级别下降到几十M级别；同时，Docker容器还具有跨平台的特点，可以大大降低开发与迁移难度。虽然目前虚拟容器技术与传统虚拟化技术相比还面临着多租户隔离能力较差等缺陷，但随着谷歌、IBM、VMware、微软等巨头的加入，Docker可能成为新的云计算基础性平台。

内存计算平台Spark异军突起，将突破大数据分析领域Hadoop一统天下的局面。2009年，Spark诞生于伯克利大学AMPLab，最初属于伯克利大学的研究性项目。它于2010年正式开源，2013年成为了Aparch基金项目，并于2014年成为Aparch基金的顶级项目，整个过程不到五年时间。目前Spark已经吸引了超过50家公司的参与，代码行也从原来的63 000行增加到175 000行。Spark的特色一方面在于它首先为大数据应用提供了一个统一的平台，整合了批处理、交互式、流处理等多种数据处理模型，并能够很好地与现在主流的 Hadoop、Mesos 等大数据平台集成；另一方面，Spark 将数据分析的中间数据存放在内存中，与 Hadoop 硬盘 I/O 相比，大大提升了处理速度，大数据计算速度提升了 30 ～ 100 倍。Spark 以其高速度、低成本、高兼容性的特点，可能取代 Hadoop 成为新的主流大数据处理平台。

无线与移动篇

导　读

2014 年已经过去。回顾 2014 年，LTE 的发展成为一个突出的亮点，全球新增 LTE 用户超过两亿，网络正在向 LTE-Advanced 方向升级。在我国，2014 年是 LTE 商用元年，截止到年底，用户数已经超过 9000 万。全球范围内移动数据流量保持高速增长，年复合增长率超过 80%，月人均流量达 270MB，美、日、韩月人均流量进入 GB 时代。我国移动用户月均流量低于全球平均水平，前三季度同比增长超过 50%，第四季度引入 LTE 网络以后，增长趋势逐渐加快。

2014 年无线和移动领域呈现三大热点。其一，全球 4G 进入稳步发展阶段，中国成为最重要的发展地区。VoLTE 的商用进度依然落后于预期，大部分拥有 WCDMA 网络的运营商仍然依托 WCDMA 提供话音业务。2015 年将主要是非 WCDMA 运营商和少部分追求技术先进的运营商加快发展 VoLTE。随着我国大规模商用 TD-LTE，TD-LTE 与 FDD LTE 的差距逐步缩小。芯片和关键元器件仍然是 4G 研发的关键方向。其二，第五代移动通信需求基本明确，概念和技术路线日渐清晰。ITU 正式发布了 5G 工作计划，确定在 2020 年年底发布 5G 标准，ITU 还基本确定了 5G 的八大关键能力指标。其三，在移动互联网领域，2014 年虽然没有颠覆性的技术创新，但移动互联网应用规模持续快速增长。以智能手机为核心的应用生态模式创新成为主旋律，泛终端引发全新变革。

展望 2015 年，全球移动用户普及率将超过 100%。我国 LTE 用户有望超过 2 亿，成为世界第一大网络。得益于 4G 网络的发展，我国移动互联网流量将加速增长，与世界水平的差距将逐步缩小。在无线通信领域，还有许多潜在的热点，如北斗导航系统、基于 LTE 的无线专网，以及 Wi-Fi 应用等，都值得大家期待。

本篇作者：

万屹　王彦龙　沈嘉　罗振东　刘思言　付有奇　潘峰　宋颖　路博　杨天一　杨萌

一、2014 年无线与移动领域发展综述和热点分析

（一）市场

1. 全球 4G 发展带动移动用户整体增长，新增 LTE 用户超过 2 亿户

全球移动用户规模继续保持整体增长。截止到 2014 年年底，全球移动用户达到 72 亿户，普及率约 97%。虽然移动用户逐渐饱和，新增移动用户从 2012 年开始明显减少，但是随着 2014 年 4G 的快速发展，带动移动用户整体增长态势好于 2013 年，2014 年新增移动用户约 4 亿户。2009—2014 年全球新增移动用户情况如图 1 所示。

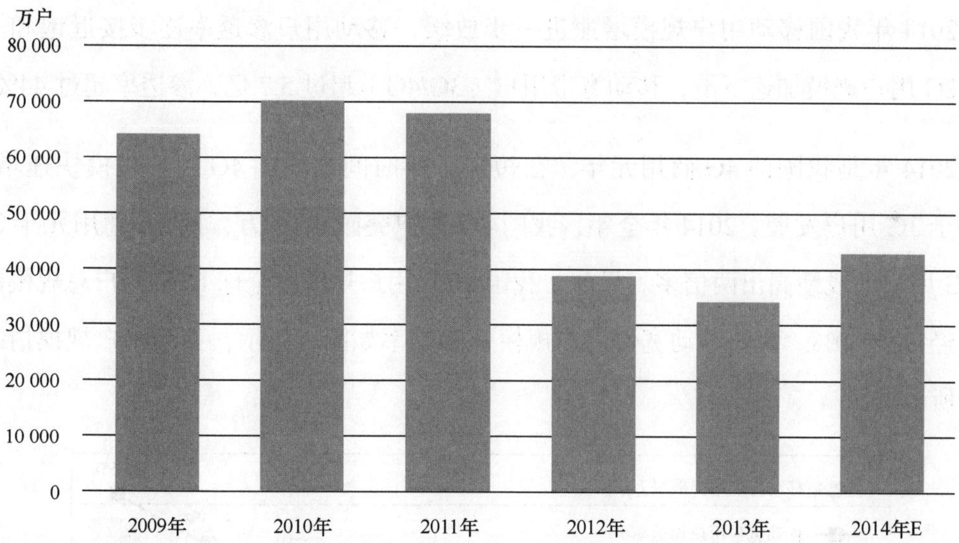

图 1　2009—2014 年全球新增移动用户（来源：Informa，CDG，工业和信息化部）

2014 年全年 LTE 用户新增超过 2 亿户，LTE 用户总规模超过 4.5 亿户。3G 用户发展与 2013 年持平，新增用户 4 亿户。2014 年，2G 用户继续呈现明显的负增长态势，减少了 2 亿户。全球移动用户市场的新技术替代效应继续凸显。2009—2014 年 2G/3G/LTE 新增用户情况如图 2 所示。

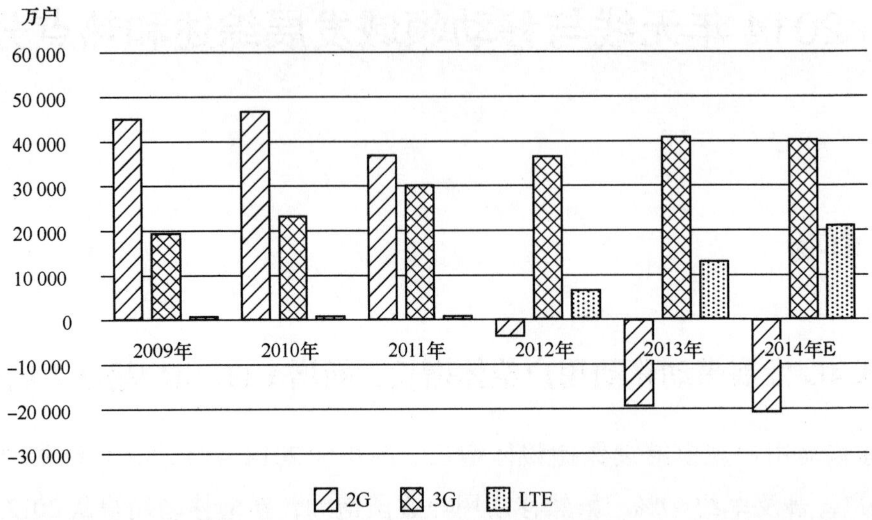

图 2　2009—2014 年 2G/3G/LTE 新增用户（来源：Informa，CDG，工业和信息化部）

2. 我国移动用户逐渐饱和，LTE 用户规模快速增长

2014 年我国移动用户规模增速进一步放缓，移动用户渗透率逐步接近饱和。其中，2G 用户规模加速下滑，移动宽带用户（3G/4G）超过 5.7 亿，渗透率超过 44%。

2014 年是我国的 4G 商用元年，在短短一年时间内我国 4G 用户规模快速增长，远快于 3G 用户发展。2014 年全年，我国 4G 用户突破 9000 万，比 3G 商用元年 2500 万 3G 用户的成绩高出两倍多。目前，我国 LTE 用户规模占全球 LTE 用户总规模的比例已经达到 20%。我国移动宽带用户规模及渗透率如图 3 所示，移动用户规模情况如图 4 所示。

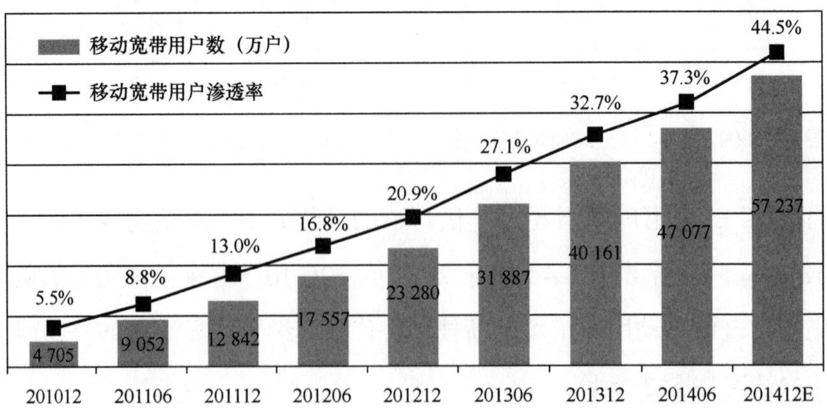

图 3　我国移动宽带用户规模及渗透率（来源：工业和信息化部）

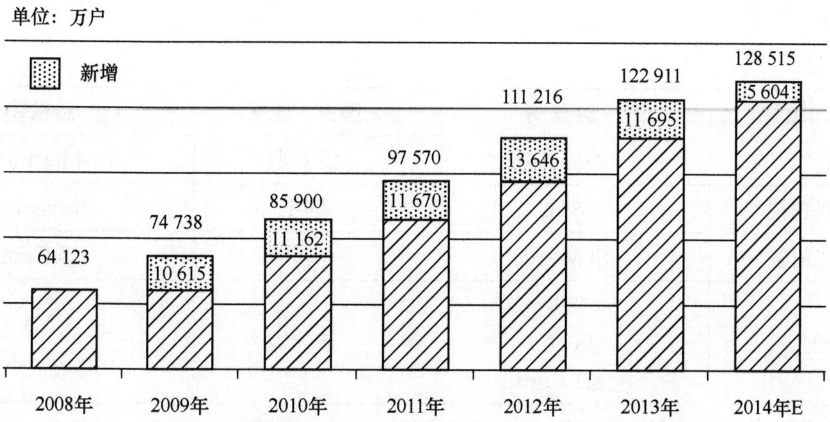

图 4　我国移动用户规模（来源：工业和信息化部）

（二）网络

1. 全球 4G 网络向 LTE-Advanced 演进

全球众多 LTE 运营商积极部署 LTE-Advanced 商用网络。根据 4G America 的统计，截至 2014 年 12 月中旬，119 个国家已部署 357 个 LTE 商用网络，已超过 3G 网络数的一半。 LTE-Advanced 网络是网络演进的必然趋势。截至 2014 年 12 月中旬，全球 LTE-Advanced 商用网络就达到了 33 家，涉及的国家达到了 20 多个，既包括美、日、韩等 LTE 领先国家，也包括爱沙尼亚、捷克等 LTE 发展一般的国家。SoftBank 2013 年年底对 3.5GHz TD-LTE-Advanced 技术进行了室外试验，80MHz 带宽下的最大峰值速率可达 770Mbit/s。 全球 LTE-Advanced 商用网络国家及运营商见表 1。

表 1　　全球 LTE-Advanced 商用网络国家及运营商

国家 / 地区	运营商	国家 / 地区	运营商
澳大利亚	Telstra Vodafone	意大利	Telecom Italia Vodafone
加拿大	Rogers	日本	KDDI
捷克	Vodafone T-Mobile	荷兰	KPN Vodafone
爱沙尼亚	EMT	肯尼亚	Safaricom
芬兰	Netcom	菲律宾	Smart Communications
中国香港地区	CSL	葡萄牙	Vodafone

续表

国家 / 地区	运营商	国家 / 地区	运营商
卡塔尔	Ooredoo	俄罗斯	Megafon
沙特阿拉伯	STC	瑞士	Swisscom
斯洛文尼亚	Si Mobile	南非	Telkom
韩国	SK Telecom LG U+ KT Corp	新加坡	M1 SingTel Mobile
奥地利	A1 Telekom Austria	法国	Bouygues
英国	EE	美国	AT&T Sprint

数据来源：4G America。

2. 我国4G网络规模跃居全球第一

我国4G网络建设进程继续加快。随着我国TD-LTE商用牌照以及混合组网实验牌照的发放，我国移动通信网络建设重点向4G全面转移，4G基站规模超过86万个，成为全球最大的4G网络。2G网络基本停止规模建设，重点转向优化调整。

◆中国移动

截至2014年12月，中国移动累计完成TD-LTE基站建设近70万个，实现绝大部分城市、县城连续覆盖，发达乡镇、农村热点覆盖，人口覆盖率达到80%。

◆中国联通

中国联通获批在56个城市全面开展LTE网络建设，进行TD-LTE/LTE FDD混合组网试验。截至2014年12月，中国联通已建4G基站7.2万个，其中TD-LTE基站10 200个。

◆中国电信

中国电信获批在56个城市全面开展LTE网络建设，进行TD-LTE/LTE FDD混合组网试验。 截至2014年12月，中国电信已建4G基站约9万个，其中TD-LTE基站10 249个。

3. 全球 WLAN 公共热点持续增加，国内 WLAN 公共热点部署热情有所减退

WLAN 以低流量成本的优势成为用户较为青睐的网络接入方式。根据 Mobidia 的数据，无论是 iOS 终端还是 Android 终端，美国用户通过 WLAN 承载的移动流量都占将近八成的比例。美国不同智能终端用户流量使用情况如图 5 所示。

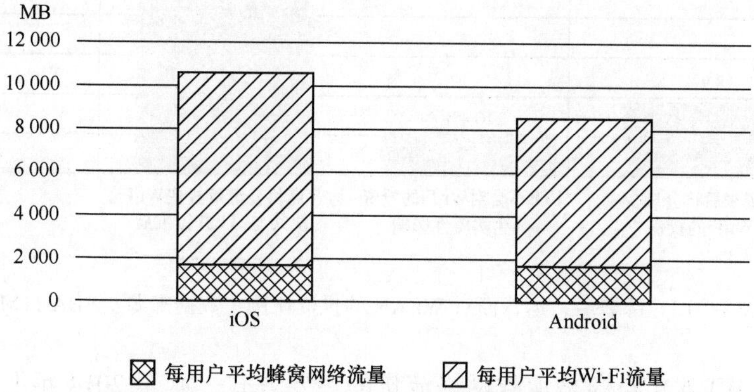

图 5　美国不同智能终端用户流量使用情况（数据来源：Mobidia）

因此，在 LTE 建设时期，全球 WLAN 公共热点仍在持续增加。据 ABI 预计，2013 年至 2018 年全球运营商 WLAN 热点将保持 15% 的年复合增长率，如图 6 所示。

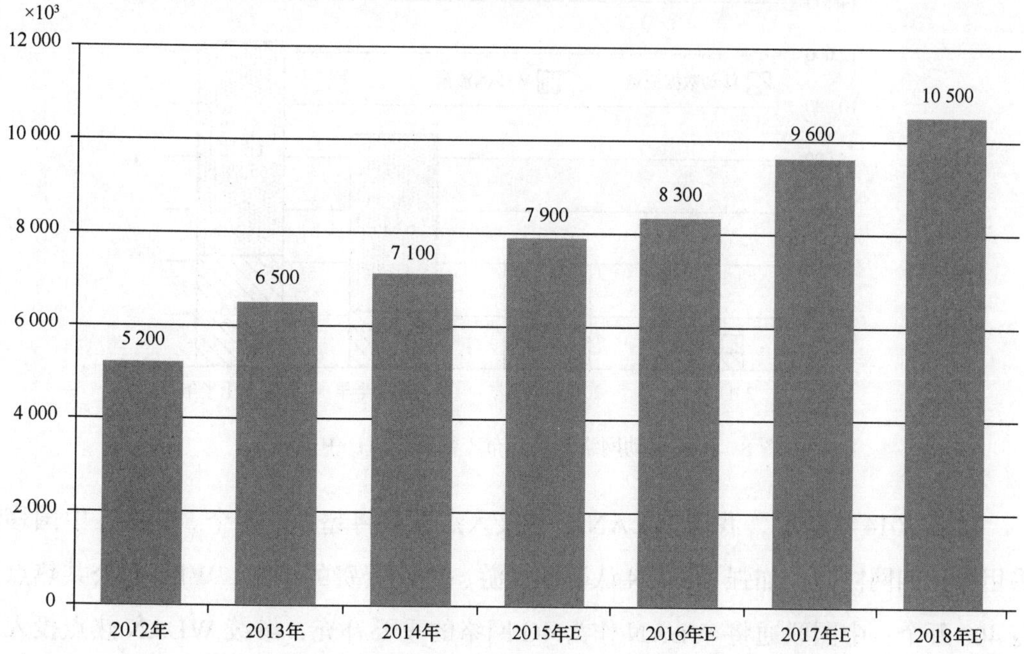

图 6　全球运营商 WLAN 热点数（数据来源：ABI Research）

LTE 大规模部署之后，运营商不会大幅减少 WLAN 的投资。据 WBA-ITM 调查，近 80% 的移动运营商表示在 LTE 大规模部署之后不会减少对 WLAN 的投资，具体投资比例如图 7 所示。

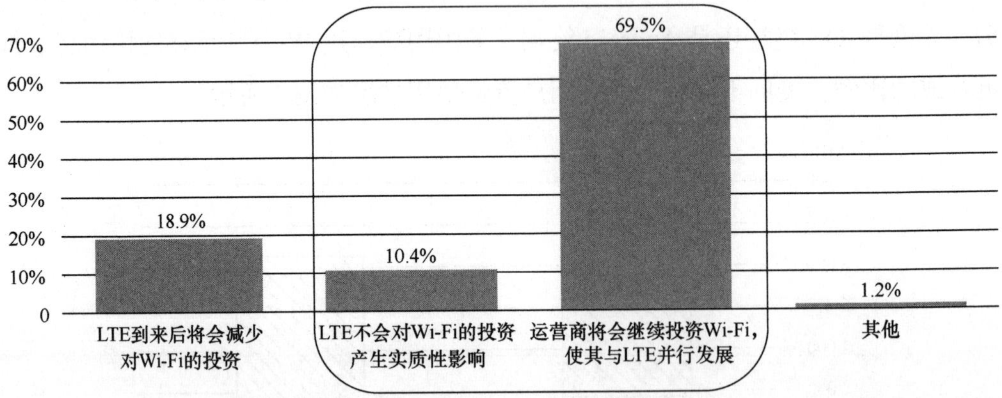

图 7　LTE 部署后，运营商对 WLAN 的投资比例（数据来源：WBA-ITM）

在我国，WLAN 同样是承载网络流量的主要方式。截至 2014 年上半年，中国移动 WLAN 流量使用达到 8219 亿 MB，占总流量的 65.8%，是主要的流量承载网络，如图 8 所示。

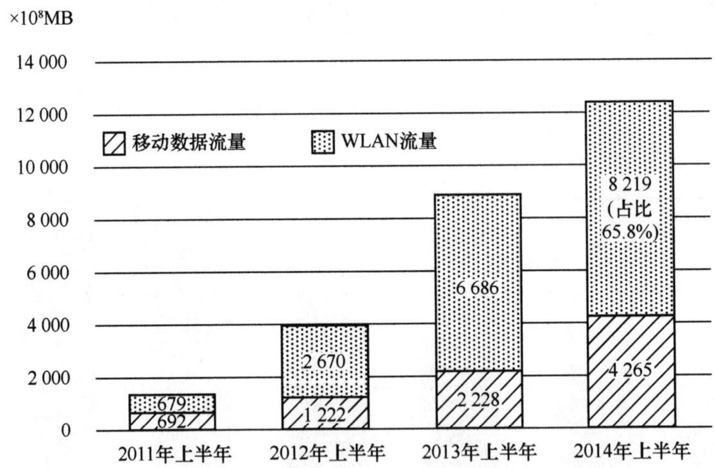

图 8　中国移动网络流量分布（数据来源：中国移动）

截至 2014 年年底，我国 WLAN 公共接入点总数将超 600 万个。其中，中国移动采用深化四网协同、加强 WLAN 认证和漫游、优化资费的策略，WLAN 公共热点约有 400 万个；中国联通将 WLAN 作为 4G 网络的重要补充，继续 WLAN 热点投入和建设，已有公共热点 100 万个；中国电信将 WLAN 与蜂窝网络协调发展，重点拓展公共热点区域覆盖，也有公共热点约 100 万个。总体而言，受 4G 网络建设影响，国内 WLAN 公共热点部署热情有所减退，但从国际趋势来看，未来运营商还会继续建设 WLAN。

（三）终端

1. 全球智能手机出货量不断增长，但增速放缓

受移动计算和低成本设备驱动，2014 年全年全球智能手机出货量同比继续增长，达到 12.68 亿台，比 2013 年多 2 亿多台。随着北美和欧洲智能机市场趋于饱和，智能手机的销售需求转移到中国和其他发展中国家。据 IDC 估算，2014 年全球智能手机出货量增速有所下降，放缓至 26.3%，比 2013 年全球智能手机出货量增长率低将近 13 个点，如图 9 所示。

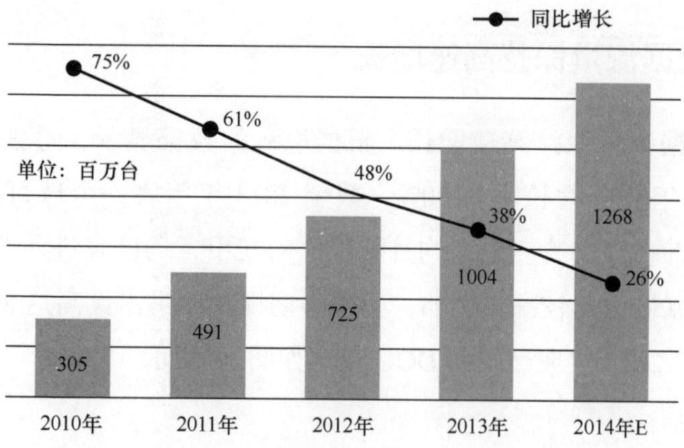

图 9　全球智能手机出货量与增长比（数据来源：IDC）

2. 国内手机出货量同比下滑，4G 手机出货量增速明显

与国际市场趋势一样，国内手机出货量 2014 年出现下降，但 4G 手机出货量加速非常明显。2014 年，我国手机市场累积出货量为 4.58 亿部，同比下降 20.8%。其中，智能手机出货量为 3.96 亿部，同比下降 6.4%，市场占有率达到 86.4%。2014 年，我国 2G 手机出货量为 5951.4 万部，3G 手机出货量达到 2.19 亿部，同比分别下滑 65.0% 和46.2%。而4G手机终端款式不断丰富，价格区间不断拓展。4G手机出货量明显增长，2014 年全年 4G 手机出货量达到 1.8 亿部，占比达到 39.1%，如图 10 所示。

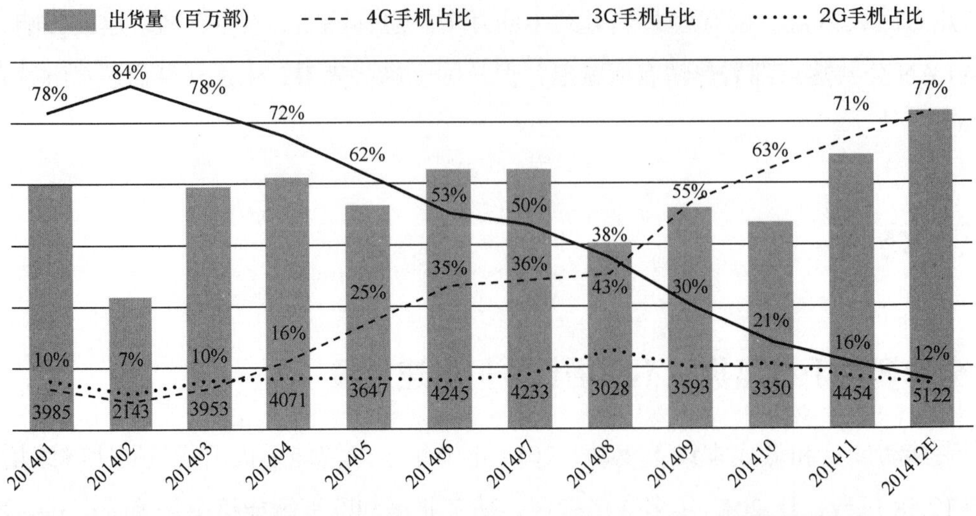

图 10　国内 2G/3G/4G 手机出货量与增长比（数据来源：中国信息通信研究院）

（四）流量

1. 全球移动数据流量保持高速增长

全球移动数据流量保持高速增长。根据思科的数据显示，过去四年，全球移动互联网流量规模年复合增长率超 80%。截至 2014 年年底，全球每月人均流量约为 270MB。其中，韩、日、美三国人均月流量居前三甲，均已经进入 GB 时代。这三个国家视频业务的流量占比较高，例如，美国移动视频流量占比高达 80%，而韩国和日本也均超过 70%。2014 年典型国家 DOU 情况如图 11 所示。

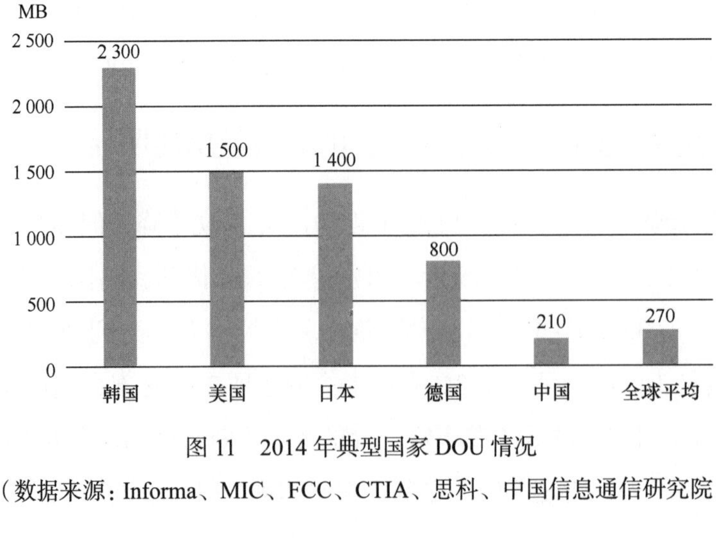

图 11　2014 年典型国家 DOU 情况

（数据来源：Informa、MIC、FCC、CTIA、思科、中国信息通信研究院）

2. 国内蜂窝移动数据流量主要以 3G 网络承载为主，从流量看，国内移动互联网市场仍处于培育期

国内蜂窝移动数据流量规模继续保持高速增长。截至 2014 年年底，全国月均移动数据总流量超过 16.5 万 TB，同比增幅约为 53%，如图 12 所示。从网络承载来看，国内主要以 3G 网络承载为主，约占六成，2G 网络的流量承载占比逐渐下降至三成。从人均流量和流量的业务结构来看，截至 2014 年年底，国内月户均移动数据流量为 210MB，低于全球平均水平，我国移动数据流量主要以浏览下载和即时通信业务为主，移动视频类业务流量占比不足 20%，国内移动互联网市场仍处于培育期。

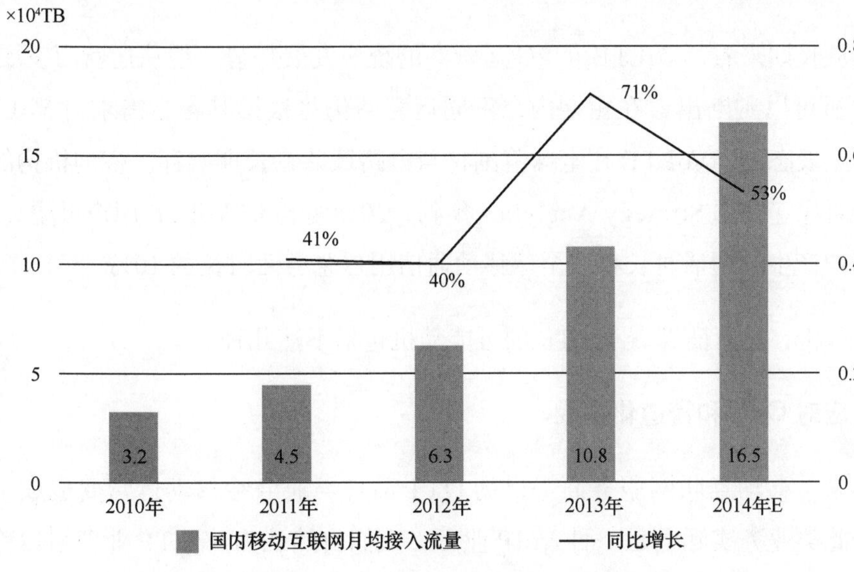

图 12　2010—2014 年国内移动数据流量月均规模及同比增幅

（数据来源：工业和信息化部、中国信息通信研究院）

（五）LTE：全球 4G 进入稳步发展阶段，中国 4G 迈向全球第一

LTE 已经进入快速稳步发展阶段，中国成为 2014 年全球 4G 发展的最大亮点。VoLTE 作为运营商参与 4G 时代业务竞争的重要方向，发展仍面临诸多挑战；TD-LTE 在中国市场的带动下大幅缩小了与 FDD 的差距，但国际拓展仍有赖于 TD-LTE/FDD 的融合发展；随着 LTE-Advanced 技术的持续增强和半导体工艺的不断演进，终端芯片和核心元器件将成为 4G 发展的关键研发方向。

1. VoLTE 商用落后于预期，2015 年少数运营商将加快发展

VoLTE 作为 4G 话音的终极解决方案，曾一度被认为 2 年前就会得到运营商的大规模部署，但是时至今日，**VoLTE 的发展速度严重落后于预期。**

目前全球 324 家 LTE 运营商中只有 11 家提供了 VoLTE 商用业务。2014 年以前，部署 VoLTE 的运营商集中在韩国、新加坡、中国香港的几家中小型运营商。直到最近，AT&T、NTT DoCoMo、T-Mobile 等几家大型运营商才开始加入 VoLTE 运营行列，但只是在几个城市小范围的运营。

运营商部署 VoLTE 的动因分析：

虽然从长期来看，VoLTE 是 4G 运营商的统一发展趋势。但从运营商发展 VoLTE 的动机分析可以判断出，在短期内，不同运营商仍将根据其各自需求对 VoLTE 保持差异化的发展态度，VoLTE 在全球范围将与电路域话音长期共存。咨询机构的预测比前两年相对保守，据 Strategy Analytics 预测，2018 年全球 VoLTE 用户可望突破 8 亿，VoLTE 用户产生的通话时长将占全球移动通信用户总通话时长的 10%。

经过分析，运营商部署 VoLTE 的可能动机包括下述几种。

（1）应对 OTT 和管道化挑战

近年来，移动互联网服务商提供的 OTT 话音类业务给移动运营商造成了竞争压力。由于此类业务实际上是一种 VoIP 业务，人们自然认为 VoLTE 业务可以弥补运营商的这一缺陷，以应对 OTT 和管道化的挑战。但是冷静分析，OTT 取得的成功更多是商业模式的成功。在运营商固有的商业模式下，即使部署 VoLTE 这样的 IP 话音业务，也不一定能扭转运营商的竞争劣势。近几年，部分移动互联网应用商迅速推出了实现简单的 VoIP 服务，发展快速，例如日本 live 和我国腾讯公司的微信通话本等，对运营商的 VoLTE 形成了倒逼。OTT 业务的最大优势在于几乎是免费的，运营商 VoLTE 服务的收费难题亟待破解。最近中国移动的 VoLTE 试验，同时测试了按分钟计费和按流量计费两种计费模式，在 VoLTE 商业模式上尚未形成清晰的思路。

（2）提高话音 QoS

VoLTE 由于可以改善时延、话音质量等 QoS 指标，可以提供电路域话音无法实现的高清（HD）话音。另外，VoLTE 可以实现话音和其他 LTE IP 数据业务的并发，从

而使运营商可以拓展富通信（RCS）业务。但是，大部分用户使用话音业务的要求仅在于信息传递，对高清话音并没有显著的需求，而 RCS 业务尚未发展出成功的应用方向，因此 VoLTE 在 QoS 方面的提升尚不能成为推动其快速发展的主要推动力。

（3）加速对 2G/3G 的替代，向 4G 单一网络演进

部分运营商积极部署 VoLTE，是希望尽快将电路域话音用户迁移到 VoLTE 上，从而可以放弃其 2G 和 3G 网络，实现 4G 网络单一网络运营。尤其是非 WCDMA 运营商，因其 3G 网络早已不再增强演进，相对 WCDMA 的竞争劣质日趋明显，因此这两类运营商希望通过部署 VoLTE，加速其向 4G 单一网络演进的步伐。而 WCDMA 运营商由于可以借助 HSPA+ 技术继续提升 3G 的数据传输能力，产业链也仍在蓬勃发展，相当长时间内仍将以 WCDMA 为基础网络，除了 NTT DoCoMo 等坚持“技术领先”的运营商，并不急于向 4G 单一网络演进。如图 13 所示。

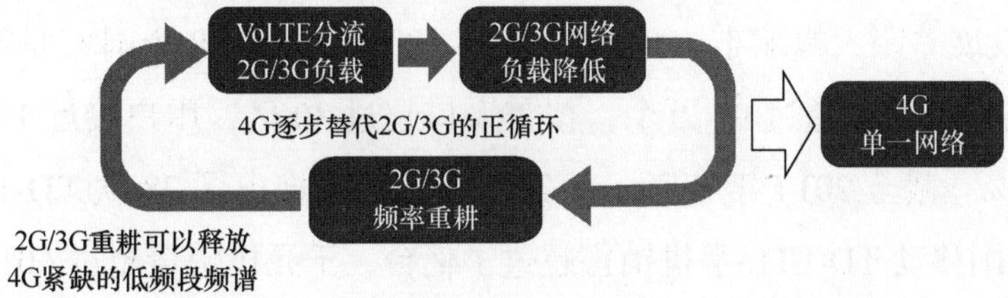

图 13　通过 VoLTE 推动 2G/3G 频谱重耕的“正循环”

（4）加速 2G/3G 频谱重耕，获得低频段的 FDD 频率

将部分 2G、3G 话音容量迁移到 VoLTE，还可以为运营商腾出部分 2G/3G 频谱，用于 LTE 的部署。特别是 GSM 频谱往往是低频段的 FDD 频谱，对于急需低频段和 FDD 频谱资源的运营商而言，尽快部署 VoLTE 可以加速 2G/3G 频谱的重耕进程。

综上所述，在上面四个需求中，后面两个是比较现实、明确的，但有这两方面需求的运营商只是少部分，即非 WCDMA 运营商以及急需低频段和 FDD 频谱的运营商。在这两类运营商率先部署了 VoLTE 并获得成功后，才会对同一市场内的其他运营商形成竞争压力，迫使那些运营商也加速 VoLTE 的部署。

另外，运营商在部署 VoLTE 时，仍需解决一系列问题。技术方面的问题包括：运营商间 IP 通信互操作问题、芯片组和终端的统一规范以及解决方案问题和安全问题等。网络建设和产业方面的问题包括：网络覆盖不足问题、核心网 IMS 改造难度大的问题、终端尚未全面普及的问题等。

最后，从长远来看，VoLTE 只是从运营商角度参与 4G 时代 IP 话音业务竞争的一种技术，相对 OTT 话音等并不存在必然的竞争优势，成败取决于用户的选择。

2015 年 VoLTE 发展趋势预测：

根据上述分析，预计 2015 年继续全力推动 VoLTE 商用的将是非 WCDMA 运营商和少数技术领先类运营商。大部分 WCDMA 运营商仍将以电路域话音为基础，对 VoLTE 停留在小规模试商用阶段，直到受到先行 VoLTE 运营商的竞争压力，才会开始大规模商用 VoLTE。

2. TD-LTE 国际拓展仍有赖于 TD-LTE/FDD 的融合发展

TD-LTE 国际化发展仍面临挑战。2014 年，TD-LTE 在总量上实现了很大突破，和 LTE FDD 的发展差距大幅缩小。截至 2014 年 12 月，全球 28 个国家部署了 40 个 TD-LTE 商用网络，基站数超过 90 万个，覆盖人口超过 30 亿，用户接近 1 亿，约占全球 4G 用户的 20%。截至 2014 年年底，11 家国内外厂商推出了 28 款 TD-LTE 多模芯片商用产品。中国移动 TD-LTE 手机销售超过 1 亿台，千元机销量超过 60%。

TD-LTE 凭借其产业链的日益成熟以及与 LTE FDD 融合发展的便利，不仅促使诸多只有 TDD 频谱的中小型运营商向 TD-LTE 演进，也吸引了日、美等相对大型的运营商（这些运营商通常同时拥有 FDD 和 TDD 频谱）采用 TD-LTE 技术，与 LTE FDD 进行融合组网。日本软银先行启动 TD-LTE 商用，目前已经部署 4 万多个基站，覆盖日本 97% 的人口，已拥有近 300 万用户，随后也部署了 LTE FDD 网络，双网同时运营。美国 Sprint 则先部署了 LTE FDD 网络，后于 2013 年启动 TD-LTE 商用网络建设，计划在全国主要城市部署 3.8 万个 TD-LTE 宏基站和一定数量的微基站，作为 LTE FDD 网络的补充。

但是需要看到，2014 年 TD-LTE 网络和用户增长均主要依赖中国移动，没有新的国际大型运营商加入 TD-LTE 阵营。在目前部署 TD-LTE 的 40 个运营商中，有 13 个都同时部署了 LTE FDD，也就是采用 TD-LTE/FDD 融合组网，而且这 13 家运营商都是 TD-LTE 产业阵营中相对实力较强、网络规模较大、影响力较强的大型运营商，而只采用 TD-LTE 单独组网的，除了中国移动，基本都是产业影响力有限的中小运营商。而拥有 FDD 频谱的大型运营商往往将 TD-LTE 定位于热点覆盖，而不建设全覆盖的网络，使 TD-LTE 网络规模明显小于 LTE FDD，因而用户数量和产业规模也相应较小，软银目前的 TD-LTE 用户的数量只有其 LTE FDD 的约 1/10。

究其原因，TD-LTE 与 LTE FDD 是否能够形成“和谐互补，长期共赢”的融合组网策略，对 TD-LTE 的长期国际化发展前景将产生深远影响。现在国际上主要有两种 TD-LTE、LTE FDD、3G 混合组网模式，如图 14 所示。

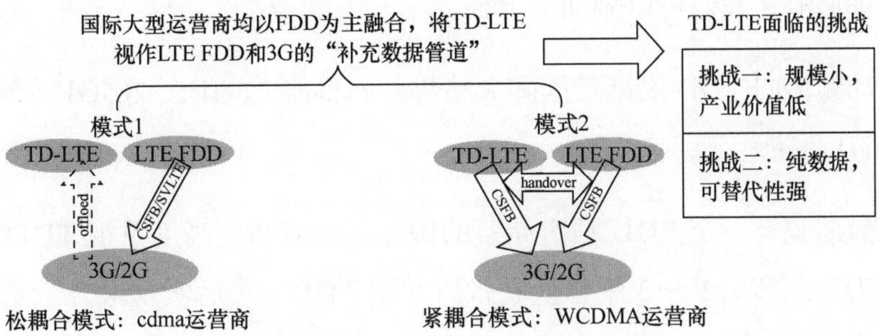

图 14　TD-LTE/FDD 融合组网模式及对 TD-LTE 国际化发展的挑战

3G 时代采用 cdma 的运营商通常都选择模式 1，因为 cdma 技术一直采用双通的技术体制，在向 3G 演进的时候，EV-DO 完全是另外一张网络，终端上实际是有两套通信机制，形成了双待双通的通信模式。后来 cdma 运营商使用 WiMAX 拓展数据通道时，延用了独立建网、独立运营、终端双通的方式来接入。到了 4G 时代，有一些 cdma 运营商在 LTE FDD 和 cdma 之间实现了单待机。但是，对于 TD-LTE，运营商还是沿用了独立建网、终端双待双通的方式。这种方式的优点是 TD-LTE 网络可以独立优化，从移动性管理上来说是比较简单，但缺点是形成了两个网络，成本比较高，终端耗电比较高。

WCDMA 运营商通常选择模式 2，就是完全融合的方式。这是因为在 3G 时代，HSPA 就采用了一种将话音和数据融合组网的技术路线。4G 时代高通等芯片厂商又率先支持了 WCDMA 和 LTE FDD 及 TD-LTE 的单待机模式，因此 WCDMA 运营商通常采用 TD-LTE、FDD 和 3G 完全融合的组网方式。工作在这种方式的终端比较省电，且由于只建设一张网络而可以节省建网成本，缺点是多模网络的优化相对比较复杂。

但是，无论哪种模式，TD-LTE 都被定位在“补充数据管道”，将可能为 TD-LTE 的长远发展带来两个负面影响：一是使 TD-LTE 网络的规模远小于 LTE FDD，可能被限制为规模很有限的“热点网络”，使得 TD-LTE 基站数量、用户数量、终端年出货量达不到“长期自持”发展的阈值，产业规模效应难以形成；二是长期居于“补充”的地位，将使 TD-LTE 的可替代性明显强于 LTE FDD，无法和运营商的核心竞争力实现紧密捆绑。回顾 WiMAX 的发展历史，在其刚推出的几年内也曾获得了很好的发展势头，但随后则逐渐衰落，与其被作为运营商的“补充网络”、可以以较低代价被替换有一定关系。因此，国内外运营商的 TD-LTE/LTE FDD 双模混合组网策略影响了 TD-LTE 长期发展前景。

针对这种形势，我们可以做如下分析。

（1）移动频谱向 TDD 发展是国际大趋势，如目前 2.6GHz、3.5GHz 频段的分配均倾向于以 TDD 为主。

（2）目前期望有一定 FDD 频谱储备的国际运营商初期高度重视 TDD 发展并不现实，“先以 FDD 起步，2～3 年容量紧张后并重 TDD，最后实现融合”是符合客观规律的发展模式；WiMAX 之所以逐渐被边缘化，是因为没有等到随移动互联网爆发到来的“频谱饥渴”时代。

（3）我国运营商应探索融合组网的合理模式，对国际形成示范效应。

（4）在未来 2～3 年 TD-LTE 国际发展的滞后期，要坚决阻止“全下行”等不利于 TD-LTE 产业发展的发展动向。

TD-LTE/FDD 融合组网技术的发展可分为三个阶段（如图 15 所示），即第一阶段：TD-LTE/FDD 独立调度；第二阶段：TD-LTE/FDD 负载均衡；第三阶段：TD-LTE/FDD 联合处理。其中联合处理又分为载波聚合和联合传输两种实现方式。

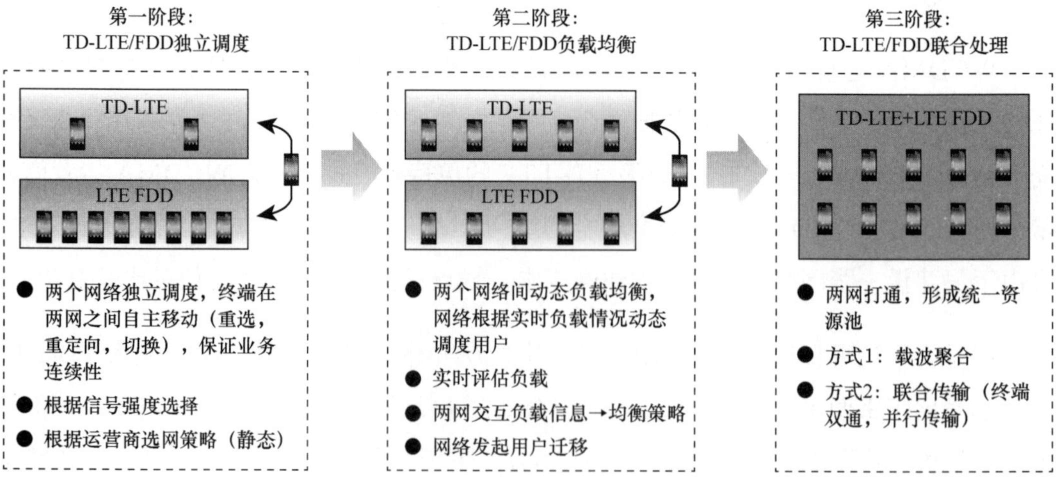

图 15　TD-LTE/FDD 融合组网技术发展的三个阶段

TD-LTE/FDD 融合组网技术需要分阶段逐步实现，尤其是载波聚合和联合传输技术，尚未在 3GPP 完成标准化。但从目前开始深入研究各种融合组网技术的应用场景和应用策略，是非常必要的。

3. 终端芯片和核心元器件成为 4G 研发的关键方向

多模多频仍是近期 4G 终端芯片研发的核心需求。移动通信 2G/3G/LTE 等多制式将长期并存，全球各个国家和地区通信制式的多样化及频段组合的多样化也会长期存在。终端芯片支持 5 模甚至 6 模十个频段以上将是芯片企业满足市场需求和最大化规模效益的主要方向。在此基础上，针对区域市场的按需裁剪和定制化开发使得 LTE 终端的制式组合呈现更为复杂和多样化的特征。

LTE-Advanced 成为下一步 4G 芯片、核心元器件研发和演进的主要方向，并推动工艺和技术水平进一步升级。LTE-Advanced 可有效地提高移动终端芯片的数据传输速率，更好地满足快速增长的移动互联网业务需求。为满足 LTE-Advanced 的技术要求，基带和射频芯片需提升对大数据量的接收和处理能力，同时需平衡成本和功耗性能。虽然 28nm 工艺可较好满足 LTE 类型 3（Cat3）和类型 4（Cat4）终端芯片的需求，但从功耗、性能和芯片面积角度考虑，更高能力等级（Cat6 及以上）的终端芯片对 20nm 甚至 16nm 工艺节点提出了要求。在元器件技术方面，SOI、FBAR 等新材料、新工艺也不断涌现。

芯片、元器件集成和一体化设计成为 4G 发展的新趋势。随着终端支持的频段数量不断增加，射频芯片需要提供更多的发射 / 接收通道，并集成更多的射频前端器件。体积、性能、干扰成为越来越大的技术挑战。前端器件宽频化、集成化（PA、开关、滤波器等）设计，成为射频前端器件的发展趋势。基带芯片和应用处理器共同构成的片上系统（SoC）方案，基带和射频一体化方案，将继续在降低芯片成本和终端设计难度方面发挥重要作用。在元器件方面，开关、滤波器、功放器件一体化、平台化趋势明显。

（六）第五代移动通信（5G）

5G 愿景与需求基本明确，概念和技术路线日渐清晰。

1. 面向 2020 及未来的 5G 愿景与需求已基本明确

我国 IMT-2020（5G）推进组已完成 2020 年及未来的移动通信市场趋势、业务、用户和运营需求研究，总结了密集住宅区、办公室、体育场、露天集会、地铁、快速路、高铁和广域覆盖八个 5G 典型场景及多种 5G 典型业务，完成了各应用场景中的 5G 性能需求定量分析，并于 2014 年 5 月发布了《5G 愿景与需求白皮书》，提出“信息随心至，万物触手及”的 5G 愿景，同时结合国内技术、频谱和产业积累总结形成了“5G 之花”关键能力体系，全面展示了 5G 的关键能力需求，如图 16 所示。

目前，ITU 正在组织全球业界研究 5G 愿景与需求，并已基本明确了用户体验速率、时延、连接数密度、峰值速率、移动性、流量密度、能效和频谱效率八个 5G 关键能力，并初步建议了取值范围。我国在 5G 愿景与需求方面的主要观点和所提出的“5G 之花”关键能力体系已提交至 ITU，并得到全球业界的高度认可。

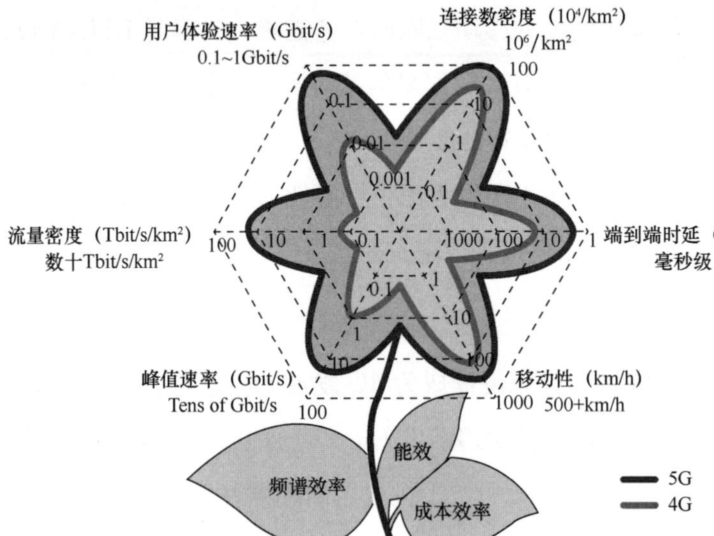

图 16 “5G 之花”关键能力体系

2. 全球 5G 工作计划已初步确定

为了推动 5G 国际标准化工作进程，ITU-R WP5D 会议于 2014 年 10 月形成了 IMT-2020 工作计划，主要内容包括：在 2015 年之前，5G 工作将主要集中在愿景、未来技术趋势和频谱的研究；2016 年启动 5G 国际标准制定，并将首先开展 5G 技术性能需求和评估方法研究；2017 年年底启动 5G 候选技术征集；2018 年年底启动 5G 技术评估；到 2020 年年底，应完成 5G 技术规范。

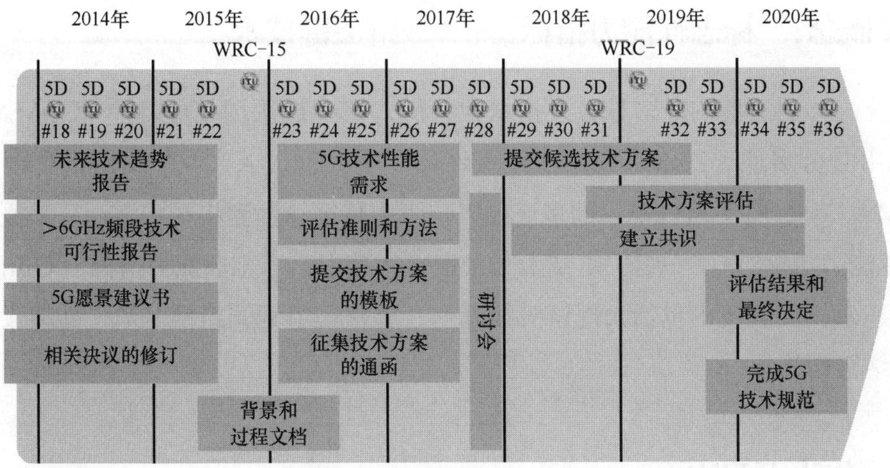

图 17　ITU IMT-2020 工作计划

3GPP 是国际移动通信行业的主要标准化组织，全球业界普遍认为 5G 技术标准的主体将在 3GPP 制定，而 3GPP R14 阶段是启动 5G 标准研究项目（SI）的最佳时机。

3. 5G 研究深入推进，技术框架逐步清晰

通过分析移动互联网和物联网的业务需求与技术趋势，IMT-2020（5G）推进组提出了 5G 的四大典型技术场景，即：连续广域覆盖场景、热点高容量场景、低时延高可靠场景和低功耗大连接场景。连续广域覆盖场景和热点高容量场景主要面向移动互联网业务，以提升传输速率为主要目标。其中，连续广域覆盖场景主要满足大范围覆盖及移动环境下 5G 用户的基本业务需求；热点高容量场景主要面向热点区域的超高速率、超高流量密度的业务需求。低时延高可靠场景和低功耗大连接场景主要面向物联网业务需求。其中，低时延高可靠场景主要满足车联网、工业控制等对时延和可靠性要求高的业务需求，低功耗大连接场景主要面向低成本、低功耗、海量连接的 M2M 业务需求。

在无线技术方面，IMT-2020（5G）推进组已完成 5G 潜在无线关键技术的梳理，形成了 12 个专题技术研究方向并初步明确了大规模天线阵列、超密集组网、新型多址、高频段通信四个无线核心关键技术。在网络技术方面，初步设计了以控制承载分离、软件定义和网元功能虚拟化为基础的更加扁平化的 5G 新型网络架构，并提出了以用户为中心的网络、网络资源控制与业务加速、网络能力开放、移动 CDN 等 5G 网

络关键技术方向。

4. 5G 概念："标志性能力指标" + "一组关键技术"

传统的移动通信均以多址接入技术为特征，如：1G 采用频分多址（FDMA），2G 主要采用时分多址（TDMA），3G 采用码分多址（CDMA），4G 采用正交频分多址（OFDMA）。5G 将不再以单一的多址接入技术为特征，内涵将更加宽泛，其概念可由"标志性能力指标" + "一组关键技术"来定义。其中，标志性能力指标为 Gbit/s 级用户体验速率，关键技术包括大规模天线阵列、超密集组网、新型多址、高频段通信和新型网络架构等。

（七）移动互联网

以智能手机为核心的应用生态模式创新成为主旋律，泛终端引发全新变革。

1. 受多要素影响，颠覆性技术创新放缓

从移动互联网产业的角度考虑，由于受多要素影响，移动互联网颠覆性技术创新正逐步放缓。移动互联网是信息技术交叉汇聚、融合创新的中心环节。近年来，智能技术、大数据、云计算、移动技术交相辉映，缔造了大量高水平创新。2013 年以来，产业向更广阔领域前行，泛终端引发硬件革命，也受到更广泛的基础学科发展局限，未出现真正破局，进入技术创新瓶颈期。

移动互联网在信息学科与相关学科中的位置如图 18 所示。

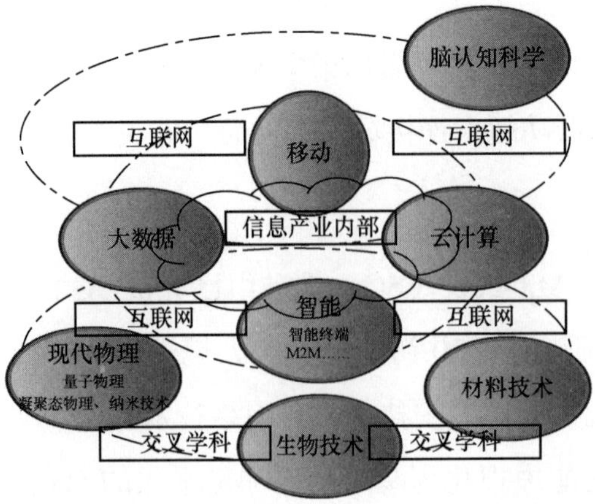

图 18　移动互联网在信息学科与相关学科中的位置

移动互联网终端在材料与交互技术可支撑的条件下，进行了不同范畴和水平的创新。同时，泛终端的创新十分考验外围技术，但功耗、材料和交互技术成为了主要瓶颈。

2. 移动互联网应用规模持续快速增长

移动互联网应用下载规模持续高速发展，其中 APP Store 全球下载总量超过 750 亿次，近期更是达到了每半年下载增量超过 100 亿次，如图 19 所示。Google Play 上承载的下载量同样增长迅猛，其于 2013 年 8 月下载规模超过苹果后，在 2014 年第一季度下载量更是达到苹果的 1.5 倍，截至 2014 年上半年，苹果、谷歌、微软 3 个官方移动互联网应用商店的应用总数达到 300 万个。

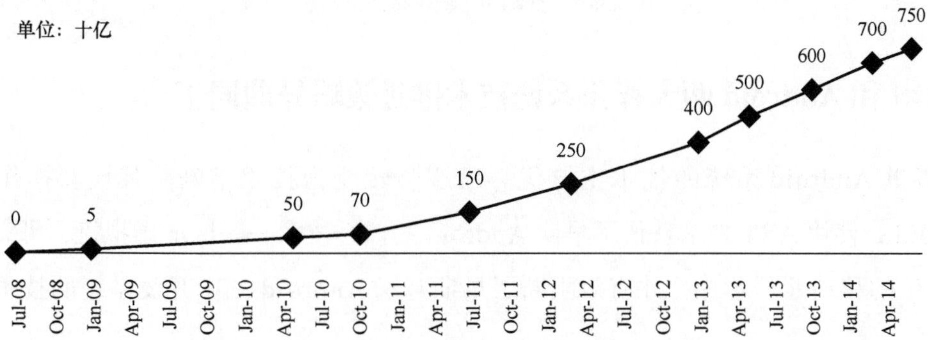

图 19 APP Store 下载规模增长迅速

移动互联网应用规模与经济效益逐步匹配。2014 年互联网广告收入达到 1464 亿美元，年增 21%；移动广告收入达到 314.5 亿美元，增长 162%，在互联网广告中占比增至 21.5%。2014 年 Google 网络广告总收入达到 455.4 亿美元，占据全球 31% 的网络广告市场份额，其移动广告创收达 127 亿美元，占移动广告市场份额超过 40%，占据绝对领导地位。同期 Facdbook 移动广告收入 57.9 亿美元，市场占比为 18.4%，Twitter 移动广告收入更是占据其广告总收入的 67%。2008—2014 年全球网络广告收入情况如图 20 所示。

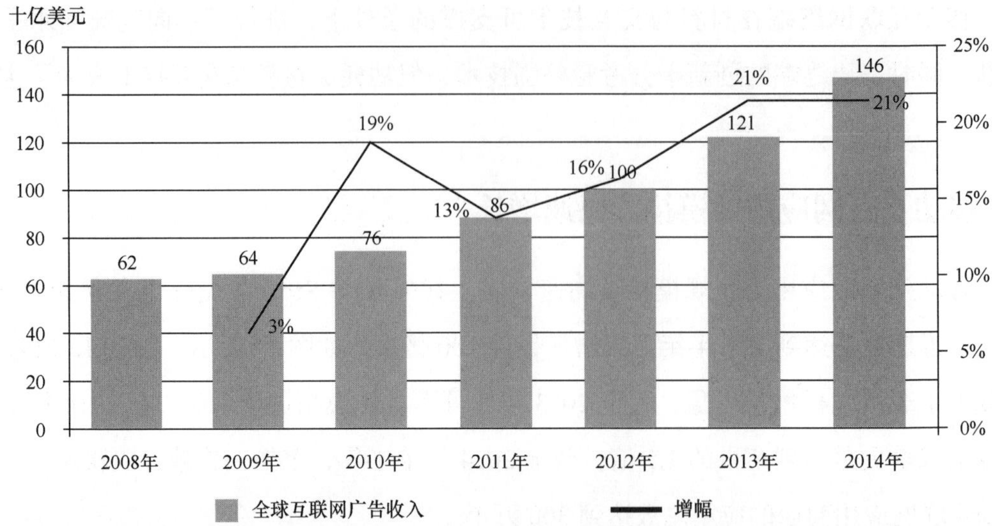

图 20　2008—2014 年全球网络广告收入情况

3. iOS 和 Android 两大操作系统技术推进策略异曲同工

谷歌 Android 系统的技术主导优势已逐步转变为技术垄断。其最新操作系统 Android L 使用 ART 技术替代了早期 Android 的核心技术——Java 虚拟机，可完全兼容 64 位的移动处理芯片，并有效阻断了早期基于 Android 二次开发系统的技术演进路线。

而苹果则通过降低应用开发门槛，刺激其应用生态规模增长，同时凭借高效协同的终端硬件处理能力，构建以 iOS 为核心的软硬一体化的苹果大生态。

与此同时，苹果、谷歌操作系统的发展策略也已逐步趋同，其发展主要包括三个方面。

第一，优化开发语言。谷歌推出了“材料语言”统一手机、平板、笔记本以及网页端设计风格。苹果同样推出了交互开发式语言 Swift，用以降低程序开发的难度。

第二，开放应用 API 接口。谷歌已有更多的应用接口逐步开放，其新开放 API 接口达到了 5000 个，并强调应用间通过接口调用方式，实现功能的深度融合。而苹果则通过 App Extension 机制，先后开放 4000 多个 API 和 touchID 接口，其在一定程度上弥补了 iOS 的沙盒机制对应用间通信的限制，实现了各个应用程序间功能和资源的共享。

第三，两大系统均探索向多平台发展。谷歌先后布局可穿戴、汽车、电视、PC 等领域，力图打造适应各类泛终端的协同 OS。而苹果同样进军可穿戴、家居、汽车等领域，并试图在应用层面构建统一生态。

4. 超级 App 快速发展，实现了应用生态水平化发展的模式创新

移动 SNS 的发展缔造了超级 App 存在的基本条件。移动互联网模式创新或将促进应用服务新爆发，特别是基于移动 SNS 的超级 App 实现了应用生态水平化发展的模式创新。

移动 SNS 不同于固网 SNS，固网社交网络作为主流业务存在，并没有成为互联网网页内容分发核心（搜索），也没有成为固定通信连接中心（电话）。而移动 SNS 则糅合移动通信与互联网信息两大分发模型，还在逐步整合移动应用分发的职能，正渐渐替代搜索引擎，成为流量的第一入口。

移动社交应用凭借更为紧密的人际关系，已成为核心流量承载平台，引领新一轮 OTT 模式竞争于操作系统平台之上，构建全球产业新的竞争焦点。此外，移动社交成为移动互联网的应用核心流量平台，已有替代移动通信的趋势。由微信可见，其已跨界形成移动互联网应用核心并逐步颠覆传统移动通信。

应用分发形态比对如图 21 所示。

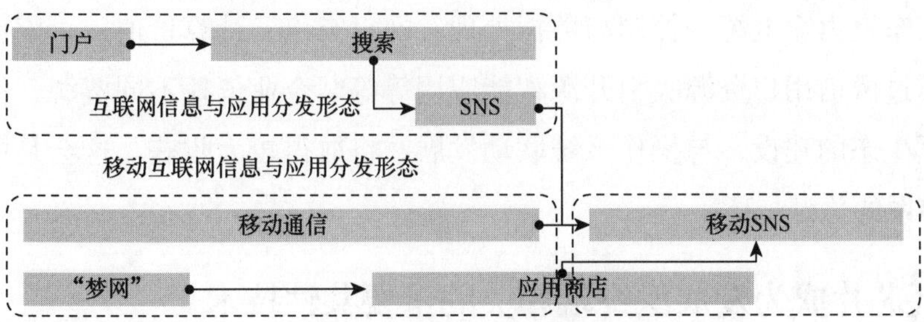

图 21　应用分发形态比对

5. 更大的新型终端生态体系开始构建，推动了智能终端产品的体系创新

智能终端业正由手机向平板电脑、智能电视，甚至可穿戴设备、汽车电子、家居电子等延伸，将形成更泛在化的计算产品，并将推动生产、生活方式的变革创新，如图 22 所示。

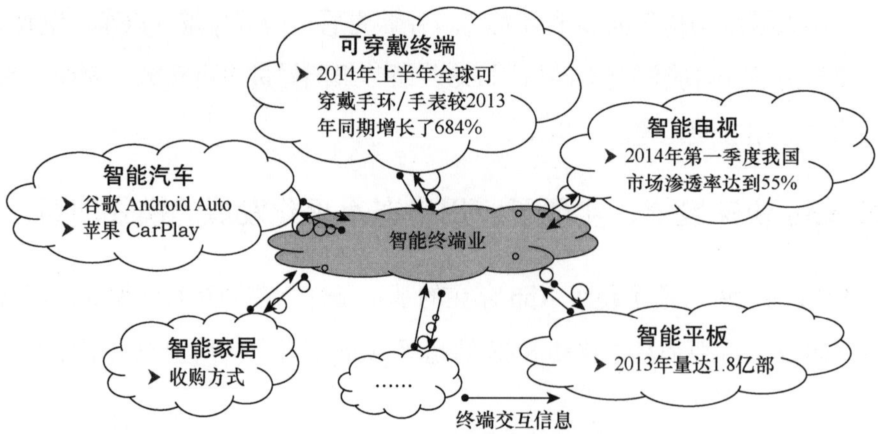

图 22　新型终端生态

其中，可穿戴设备作为新型智能终端体系构建的引领者，其产业生态还比较松散，尚未形成大的产业阵营。其产业界已开始积极尝试基于自身优势形成的，差异化产业整合思路。谷歌试图以操作系统为产业核心整合可穿戴软硬件产业链资源，通过开放的 Android Wear 操作系统平台，鼓励第三方厂商加入生产以手表为主的可穿戴设备，并以类似智能手机的统合战略，聚集全产业链的资源打造统一的可穿戴生态。此外，百度、腾讯等互联网公司通过开放的云端技术、平台和资源，与可穿戴终端厂商和开发者合作，将“云”与“端”结合，力图打造一条贯穿云端的生态链。

中国开源智能硬件推动泛终端生态的发展构建，作为新型智能终端产品开发的重要基础，从来不是开发板之争，也不是产品创新竞赛，而是面向新终端的新应用体系竞赛。如京东发力家电统一控制与数据处理；阿里突出云计算价值；百度创新产品体系；腾讯通过微信用户资源吸引开源智能应用等等。企业依托不同资源，但重点都在应用和数据生态的建设，与操作系统联动发展，将取得较大收获，这会是中国建设泛终端生态体系的关键一环。

6. 低功耗芯片成为发展泛终端相关的重要共性技术

可穿戴设备基于软硬件架构可分为手环 / 腕带类、手表类和智能眼镜类产品，硬件架构包括 MCU、AP+MCU 和类手机三种组织模式，如图 23 所示。但总的来说，低功耗成为发展泛终端相关的共性技术。

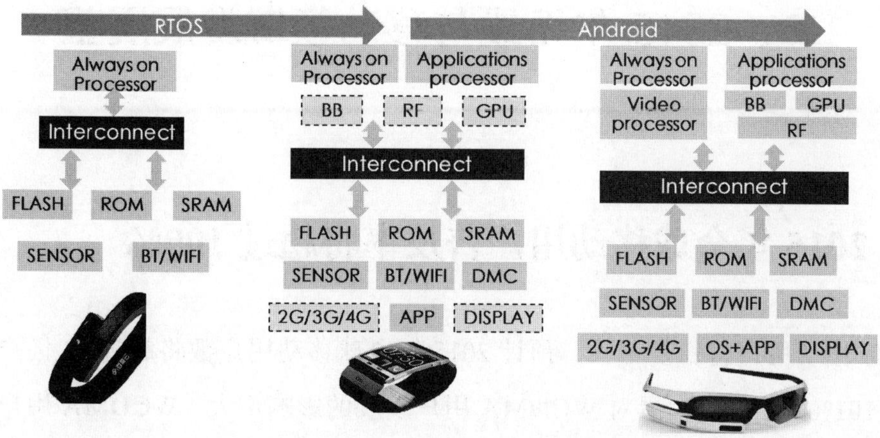

图 23　可穿戴芯片根据用途定位呈差异化分布

可穿戴设备根据功能的复杂程度不同，从最基础的单 MCU 配合 RTOS 到 AP 协同定制版安卓系统，市场上的可穿戴产品对此都有所覆盖，如手镯、手表和眼镜等。但是，专用低功耗芯片正逐步为新型终端定制打造，以配合专用操作系统协同工作。

ARM 引领可穿戴市场发展，MIPS 专攻 Android Wear 生态，而 Intel 推出的夸克（Quark）平台则侧重于物联网行业应用。目前已经有超过 80 款的可穿戴设备采用 ARM 架构处理器，而且选取标准大多是功耗优先于性能。MIPS 架构处理器充分符合可穿戴的应用需求，其已成为 Android Wear 生态圈中的唯一处理器 IP 供应商。应用 Quark 处理芯片打造的 Edison 平台，现在已成功应用于开源智能硬件领域，如智能家居和智能车载等。

二、2015 年无线与移动领域发展展望

（一）2015 年全球移动用户普及率将超过 100%

全球移动用户将稳步增长，预计 2015 年全球移动用户数将超过 75 亿户，普及率达到 101%。LTE 的发展对 WCDMA 用户发展的影响不大，WCDMA 用户在未来几年仍将保持每年 3 亿左右的增长速度。而 LTE 和 WCDMA 的发展对 GSM 用户的冲击较大，GSM 用户未来几年将以较快的速度减少。到 2019 年，全球移动用户将超过 83.5 亿户，普及率将超过 110%。2013—2019 年全球分技术移动用户预测如图 24 所示。

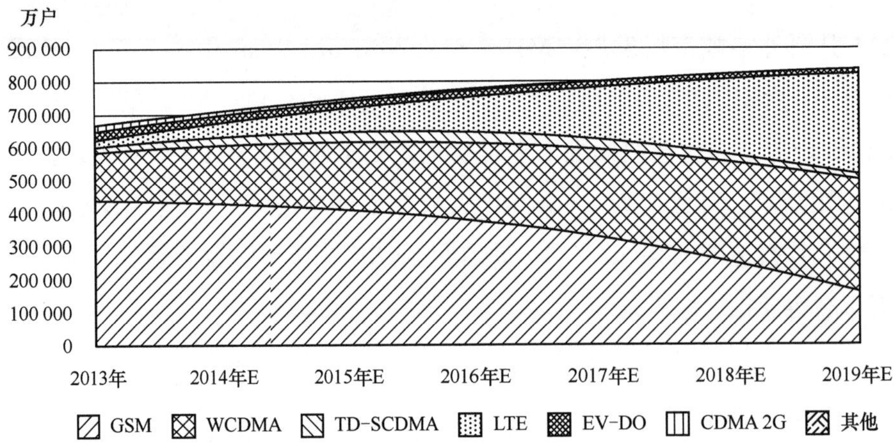

图 24　2013—2019 年全球分技术移动用户预测（数据来源：中国信息通信研究院）

全球 LTE 用户进入快速发展期，预计 2016 年全球 LTE 用户将突破 10 亿户，2019 年将超过 30 亿户，有望超过 WCDMA 用户。预计 2015 年全球 TD-LTE 用户将超过 2 亿户，在 LTE 用户中的占比将上升到 29%。2019 年，全球 TD-LTE 用户有望超过 10 亿户，如图 25 所示。

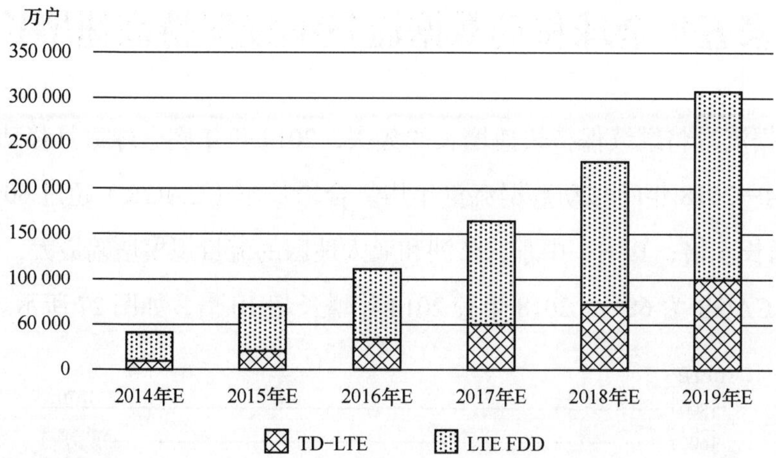

图 25　2014—2019 年全球 LTE 用户预测（数据来源：中国信息通信研究院）

（二）2015 年我国 LTE 用户有望接近 3 亿户，将成为世界第一大 4G 市场

中国移动大力发展 TD-LTE，TD-LTE 用户将是我国 LTE 用户持续增长的主要驱动力。中国电信和中国联通的 LTE 用户将从 2015 年开始迎来快速发展。

预计 2015 年我国 LTE 基站将达约 160 万个，总 LTE 用户数将有望达到 2.5 ～ 3 亿户，成为世界第一大 4G 市场。到 2019 年我国 LTE 用户将超过 10 亿户，在总移动用户中的渗透率将超过 66%，如图 26 所示。

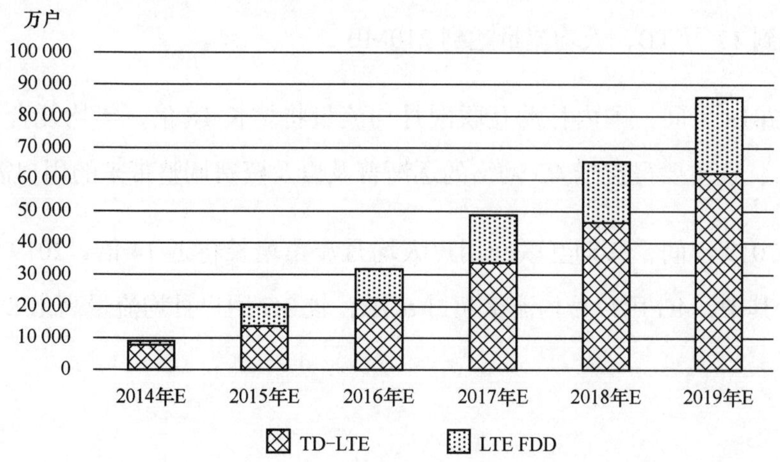

图 26　2014—2019 年我国 LTE 用户预测（数据来源：中国信息通信研究院）

（三）未来五年全球移动数据流量继续保持高速增长

全球数据流量将继续保持快速增长的势头，2014 年年底全球每月移动流量达 270 万 TB，2014—2018 年间移动数据流量年均复合增长率（CAGR）超过 60%，2018 年较 2014 年增长 6 倍；其中，中东、非洲和亚太地区的流量规模增幅最大，亚太地区移动数据流量 CAGR 为 68%，2018 年较 2014 年增长超 10 倍，如图 27 所示。

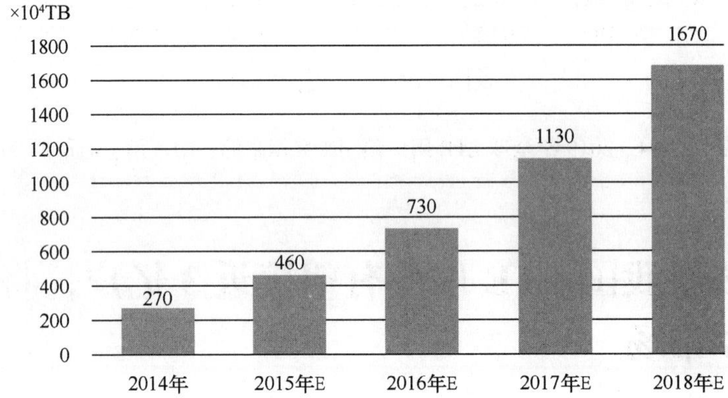

图 27　2014—2018 年全球移动数据流量规模预测（数据来源：思科）

（四）我国人均流量需求持续提升，流量规模增速将高于全球水平

我国人均流量需求进入高速发展期，2014 年年底国内移动互联网月均流量同比增长 58%，达到 17 万 TB，人均流量达到 210MB。

2014—2019 年间，国内移动互联网月均流量将增长 18 倍，年均复合增长率将达到 80% 左右，这主要得益于 4G 网络的逐渐普及以及资费调整带来的用户需求释放。

2014—2019 年间，移动互联网用户人均月流量增长将近 14 倍，2019 年人均流量接近 3GB，其中，4G 用户月均流量超过 5GB，较 3G 用户月均流量高出 2 ～ 3 倍，如图 28 所示。

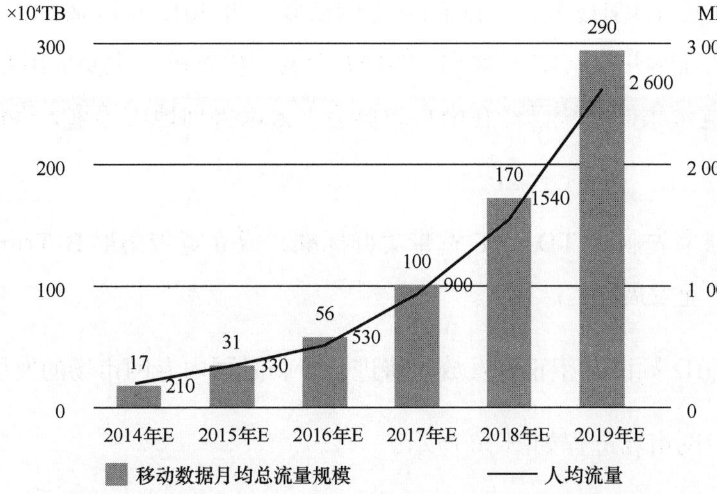

图 28　2014—2019 年国内移动数据流量规模及用户月均流量消耗（数据来源：中国信息通信研究院）

（五）LTE 成为全球无线专网的选择，我国 LTE 宽带集群系统开始规模应用

自 2012 年美国公共安全 LTE 专网 FirstNet 成立并开始建设起，亚太、欧洲、中东等地区的 LTE 专网市场开始陆续启动。行业无线专网逐步向采用 LTE 技术方向发展，公共安全行业预期将占据专网市场的主要份额。各国无线专网的发展模式仍有待探索，短期内多行业共网和单一行业专网模式仍将并存。2011—2016 年全球专网市场空间预测情况如图 29 所示。

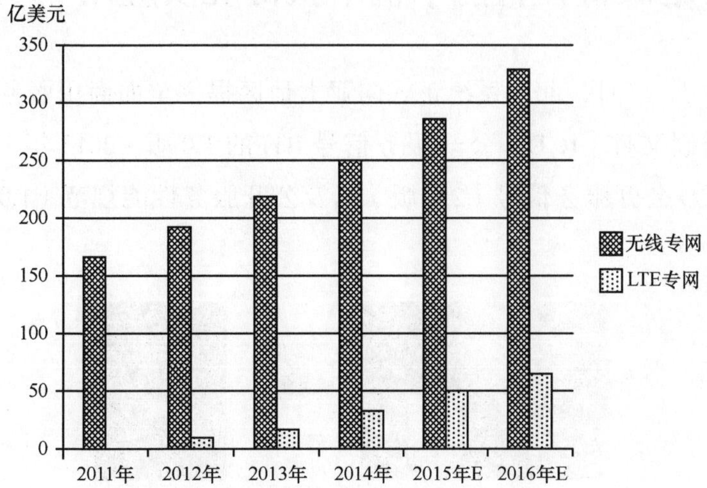

图 29　2011—2016 年全球专网市场空间预测

我国积极开展1.4GHz频段TD-LTE专网试验。自2012年以来，北京、天津、南京、上海和广东陆续开展1.4GHz频段TD-LTE专网规模试验，主要采用专网共网模式。我国TD-LTE宽带集群系统已经在南京青奥会、云南鲁甸地震等重大事件中发挥重要作用。

我国在全球率先制定TD-LTE宽带集群标准，成立宽带集群B-TrunC产业联盟，推进标准化和产业发展。

另外，1.4GHz频谱有望正式发放，将进一步刺激国内专网市场的发展。

我国无线专网市场进程如图30所示。

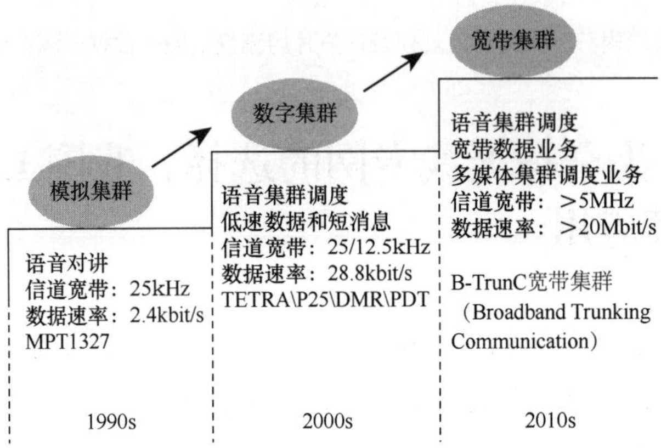

图30　我国无线专网市场进程

（六）北斗定位将在智能手机中获得规模应用

2012年12月27日，北斗系统正式向亚太地区提供全面商用服务，并发布了空间信号接口控制文件（ICD）公开服务信号B1I的1.0版。2013年12月27日，进一步发布了ICD公开服务信号（2.0版）以及公开服务性能规范（1.0版），如图31所示。

图31　北斗系统ICD公开服务信号及性能规范文件发布

移动通信领域北斗标准化工作正顺利推进中，已取得阶段性成果。国际方面，2013年年初工业和信息化部联合总装北斗办成立了“移动通信领域北斗国际标准联合推进工作组”，推动2G/3G/4G网络辅助北斗定位的国际标准化工作。目前技术标准和性能标准均已完成并获得通过，测试标准预计将于2015年中期完成。国内方面，移动通信领域北斗的行业标准已经开始立项。

手机北斗定位芯片将规模量产，部分款型智能手机已开始支持北斗。高通2014年已推出多款与主控芯片集成、支持北斗的28nm手机芯片。展讯、海思、联芯等将于2015年第一季度量产与Wi-Fi、蓝牙、FM集成的手机北斗定位Combo芯片。智能手机方面，三星Galaxy Note 3、Galaxy Note 4，小米4，华为B199、C199和中兴G601U已经支持北斗系统。

（七）Wi-Fi技术和应用不断增强，出现了新的业务模式

Wi-Fi Calling实现Wi-Fi语音业务增强。传统Wi-Fi主要提供网页浏览、在线视频、实时互动游戏等数据业务。而Wi-Fi Calling采用基于3GPP标准的非授权移动接入技术（UMA），可通过Wi-Fi接入获得语音、数据和IMS业务，同时能够实现语音和数据在蜂窝网与Wi-Fi网络之间的切换。

目前，美国运营商T-Mobile和英国运营商EE已支持该项业务，三星、微软、中兴也推出了支持该功能的终端。值得指出的是，2014年苹果推出iPhone 6/6 Plus可支持Wi-Fi Calling功能，用户可使用Wi-Fi网络进行语音通话，并能够支持Wi-Fi与VoLTE之间的切换。

Wi-Fi Calling基本流程如图32所示。

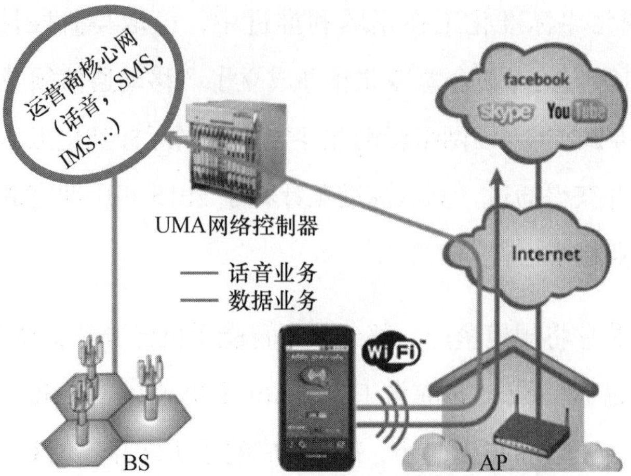

图 32　Wi-Fi Calling 基本流程图

另一方面，互联网和终端企业与运营商合作提供公共免费 Wi-Fi 接入业务的新模式不断涌现。传统公共 Wi-Fi 网络采取运营商直接管理和收费的方式，但由于用户已养成了免费使用 Wi-Fi 的习惯，导致多数收费公共 Wi-Fi 热点被搁置，运营商无法从中获利。互联网和终端企业基于运营商网络，向用户推出公共免费 Wi-Fi 接入业务，不仅能够有效提升运营商 Wi-Fi 网络的利用率，同时互联网和终端企业能够通过提供免费 Wi-Fi 来吸引用户，从而提升自身产品的市场占有率。

从具体进展情况来看，腾讯联合运营商、商用 Wi-Fi 服务提供商和商家成立“腾讯安全 Wi-Fi 联盟”；360 联合三大运营商，为用户提供 3600 多万个免费 Wi-Fi 热点；百度手机助手联合中国电信，在全国提供免费 Wi-Fi 服务；阿里巴巴注资国内商用 Wi-Fi 技术提供商，打造“全民免费 Wi-Fi 计划”；小米联合 Wi-Fi 服务提供商，在全国 2 万多处公共场所和高校提供免费 Wi-Fi ；华为联合中国移动和中国电信，为终端用户提供免费 Wi-Fi 接入。

（八）我国无线电频率资源的有效利用将得到更多政策保障

我国于 2014 年正式启动对《中华人民共和国无线电条例》的修订工作，并于 2014 年 5 月正式公布征求意见稿。征求意见稿主要做了如下修订。

一是无线电频率的划分、分配及其调整，应当充分考虑国家安全、经济社会和科学技术发展以及资源有效利用的需要。

二是因国家利益或者促进无线电频率资源有效利用的需要，国家无线电管理机构可以在对无线电频率使用情况进行评估的基础上，调整无线电频率分配方案。

三是借鉴国外做法，增加了通过招标、拍卖分配无线电频率资源的方式，明确了取得无线电频率使用许可的条件和程序。

四是取得无线电频率资源后无正当理由超过两年不投入使用或者使用率达不到许可要求的，无线电管理机构有权撤销无线电频率使用许可，收回无线电频率资源。

可以看出，《中华人民共和国无线电条例》的修订能够为促进我国无线电频率资源的有效利用提供更多的政策保障。

宽带与泛在网络篇

导　读

宽带与泛在网络领域一直是业界研究的热点，中国信息通信研究院宽带与泛在网络领域一直紧密跟踪研究网络的业务和技术发展趋势，同时还关注领域的热点问题，本年度报告分为以下三个部分。

第一部分报告了2014年国际、国内宽带网络发展状况，包括国际国内光网络、数据中心、物联网，总结了传输网、数据网的最新技术发展特点。

第二部分总结了2014年宽带与泛在网络领域的三个热点："宽带中国"、"软件定义网络/网络功能虚拟化（SDN/NFV）"、"车联网"。"宽带中国"重点介绍了"宽带中国"专项行动落实推进的成果、政府推动农村宽带普及的状况以及宽带上网体验的提升；"SDN/NFV"介绍了2014年SDN/NFV的实际部署状况，并分析了出现这种状况的原因；"车联网"介绍了2014年互联网、电信业、汽车业从三个环节（智能车载终端、车联网无线通信技术和车载信息服务平台）重点布局车联网，并对其未来的发展趋势进行了展望。

第三部分从网络宏观发展趋势的角度进行了展望，认为超宽带、软件定义/虚拟化和深度开放/互联是网络未来发展的重要特征。

本篇作者：

续合元　王爱华　张海懿　杨然　马军锋　王洪岭　李海花　陈才　李少晖
葛雨明　高艳丽　陆洋　吴冰冰　刘阳

一、2014 年宽带与泛在网络领域发展综述

（一）全球国际传输快速增长，互联网企业积极自建网络设施

根据 TELGEOGRAPHY 的统计，截至 2013 年全球国际传输带宽达到 137Tbit/s，比 2010 年年底的 47Tbit/s 增长了 190%，同比 2012 年增长了 37%，增长的势头依然强劲。但是，在全球传输带宽中海缆带宽只从 2010 年的 44Tbit/s 增长到 2013 年的 65Tbit/s，占洲际国际带宽的比例从 90% 下降到不足 50%。我们认为，全球互联网业务网络的发展，尤其是数据中心、CDN、CACHE 等在全球的布局，使互联网内容更加贴近用户，国际传输的需求增长更多的是来自大陆内部。未来 2 ～ 3 年全球范围仍然有 20 多条海缆投入运营，尤其是亚太、非洲等热点地区未来 2 ～ 3 年内海缆的投资仍将超过 15 亿美元，以满足该区域不断增长的国际业务需求。预计到 2015 年年底，全球投产运营的海缆数量将由目前的 260 多条增加到近 290 条。

目前除了电信运营商积极建设网络之外，互联网公司也投入巨资构建网络满足自身发展的需求。以谷歌和脸书等为代表的大型互联网企业在全球范围内积极部署海缆和本地接入网设施，并提出了无人机、激光等新的网络部署理念。谷歌在 2008 年和 2010 年参与投资建设的美日之间 Unity 海缆和南亚地区 SJC 海缆已经投产，主要用于自身数据中心之间的传输。2014 年 8 月，谷歌宣布参与新建美日海缆 Faster 系统，计划 2016 年建成；10 月，谷歌宣布参与新建美国到巴西的海缆系统。在接入网方面，谷歌 2012 年开始在美国密苏里州堪萨斯城试点建设运营 1G 光纤接入网络，目前已经在另外 3 个州的不同城市开展业务。2013 年，谷歌又推出 Project Link（联网项目），为非洲国家乌干达首都建设运营光纤网络。脸书公司在 2013 年宣布接入网新计划，预计投入 10 亿美元，用于接入网络基础设施建设，2014 年还提出用无人机、卫星和激光构建低成本接入网络的计划。

（二）国内光缆网络发展迅速，宽带接入光纤覆盖大幅增长

截至 2013 年年底，我国长途干线光缆约 90 万皮长公里，本地中继光缆约 834 万皮长公里，接入光缆 822 万皮长公里，与 2010 年相比分别增长约 10%、55% 和 118%。2104 年是“宽带中国”战略发布后的第一年，工业和信息化部联合 13 个部委开展“宽带中国”2014 专项行动，全面推动了我国光纤网络尤其是宽带光纤接入的增长。截至 2014 年 3 季度，FTTH 覆盖家庭数达 2.19 亿户，比 2013 年新增 5189 万户，增幅达 31.3%，FTTH 用户渗透率已达 27.4%，如图 1 所示。

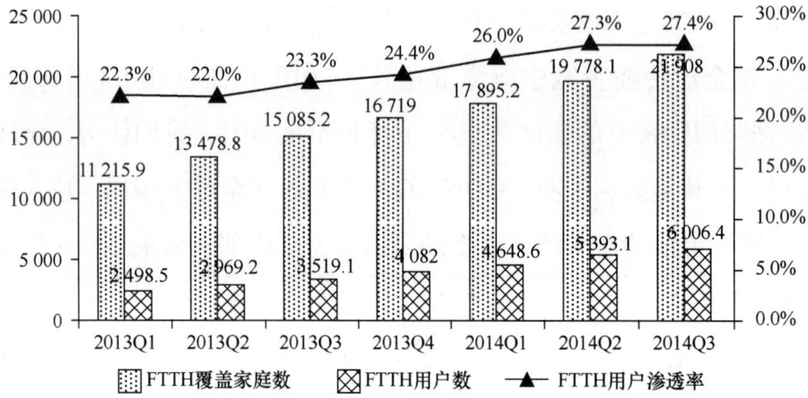

图 1　全国光纤接入网络覆盖情况（数据来源：工业和信息化部）

2014 年全国创建第一批 39 个“宽带中国”示范城市，以区域为单位，落实宽带发展政策，加强宽带网络建设，以示范引领促进全国宽带整体发展。到 2014 年 3 季度，全国使用 8Mbit/s 及以上接入速率的固定宽带用户占比达到 34.95%，并鼓励有条件的地区推广 50Mbit/s、100Mbit/s 等高带宽接入服务。

（三）传输网 100G 进入部署高峰，路由器单点交换容量超 100T

数据流量的激增推动光传输技术不断演进，100Gbit/s 光传送技术由于在传输容量、距离、性能等方面的优势，备受业界青睐。目前 100Gbit/s 标准化已基本完善，正在进行进一步提升集成度、降低功耗等相关标准的制定，预计 2015 年左右新一代 100Gbit/s 标准化工作也将完成。在光模块研发方面，CFP 逐渐向 CFP2 和 CFP4 发展演进，功耗、尺寸和成本均大幅降低，以满足主流 100Gbit/s 技术发展需求。在设备制造方面，主流

设备商均已推出 100Gbit/s OTN 成熟方案，目前设备集成度最高可达到单槽位 400Gbit/s，交叉容量 25.6Tbit/s。在商用部署方面，100Gbit/s 技术已成熟商用并在全球范围内实现规模部署。国内运营商 100Gbit/s 技术亦开始从实验室测试走向现网规模商用，近两年发展尤为迅速，2013 年第三季度至今，三大运营商已先后启动 5 次 100Gbit/s 干线集中采购，进入部署高峰期。

随着互联网业务的迅猛发展，数据流量快速增长，骨干核心数据交换节点的数据处理压力骤增，采用大容量高密度端口的集群路由器设备组网已成为发展趋势。目前业界已开始规模商用部署“2+8”形态的集群路由器设备，同时 400G 路由器也已经成熟并商用部署，单点的交换容量超过 100T。

（四）全球数据中心以欧美为主，国内“重建轻用”现象存在

根据 DATA CENTER MAP 的统计，截至 2014 年 10 月，在较大规模的数据中心中，美国占据了全球 37% 左右，其次是欧洲，占 20% 左右，印度、日本和中国合计大约占 10%。

我国从 2011 年到 2013 年上半年共规划建设数据中心 255 个，已投入使用 173 个，总用地约 713.2 万平方米，总机房面积约 400 万平方米。在规划建设的 255 个数据中心中，超大型数据中心有 23 个，实际投产率只有 1.8%；大型数据中心有 42 个，实际投产 21.5%；中小型数据中心有 190 个，实际投产 40%。

（五）物联网应用更广泛深入，重点领域加快产业布局

2014 年，物联网在行业中的应用更为广泛、深入，互联网模式全面渗透工业、家居、车联网和医疗等行业，互联网与传统行业加速融合，“服务平台化 + 硬件智能化”模式有效促进应用规模化。IT 企业、互联网巨头通过与传统产业并购、结盟等方式，在重点领域加快布局，跨界融合创新异彩纷呈。

在工业领域，物联网技术应用将重构制造业生产体系。美国出台《美国制造业的企业领导力和创新》，明确物联网成为促进美国“制造业回流”的重要抓手；德国推出

《高技术战略2020行动计划》，将物联网引入制造业，重构全新的生产体系，改变制造业发展范式；在中国，物联网成为两化融合的重要抓手。中国制造业已经占据全球制造业20%的比重，李克强总理访德签《中德合作行动纲要》，旨在借力德国工业4.0经验，实现中国制造业的智能化提升。

在智能家居领域，互联网巨头与硬件厂商成立各种联盟试图统一标准。由于移动互联网的发展和智能硬件的门槛不断降低，智能家居在2014年再度升温。然而，各厂商的智能家居产品采用不同的控制和通信协议，大量的私有协议导致异厂商设备难以协同工作，因此产业巨头纷纷依据其强大的影响力，打造以自身为核心的产业生态，推行自主标准，以期成为领域主导。苹果在iOS8中面向开发者新增了HomeKit套件，通过MFi授权计划向设备合作商全面开放，Marvell、德仪、博通等芯片厂商已推出支持HomeKit的蓝牙和Wi-Fi芯片，海尔、飞利浦、霍尼韦尔等企业已接入HomeKit。三星推出向其他厂商开放的Smart Home平台，在Wi-Fi环境下使用统一的App可以连接家中的一切设备。AllSeen联盟以高通的AllJoyn开源项目为基础，已聚集海尔、LG、松下、夏普、思科、微软、AT&T等80余家成员，打造智能家居事实标准。为应对高通AllSeen联盟的挑战，Intel牵头成立OIC联盟，目前有近50家成员单位，包括三星、戴尔、惠普、西门子、联想、思科、MTK等。

在车联网领域，移动互联网阵营之争已投射到汽车市场。谷歌与奥迪、通用、本田、现代联合，在车载终端装入Andoid系统，苹果与奔驰、沃尔沃联手，推出以iOS为内核的Carplay车载系统，试图将苹果模式向车联网领域延伸。中国联通与宝马、上汽、特斯拉合作，中国移动与德国电信合作进军车联网，华为与东风汽车合作，一时诸侯并起，IT厂商、互联网厂商纷纷与车企联合，纵横捭阖，目前产业格局正在重组布局当中，真正的较量还未开始。

在智慧医疗领域，正在形成“智能手机App+可穿戴智能终端+云服务”的新型医疗健康服务模式。在智慧医疗领域已涌现出春雨掌上医生、好大夫、丁香园等2000多种App。这些应用以可穿戴设备进行生命体征数据的采集，采集的数据由后台互联网服务进行处理和服务。目前国内三大互联网厂商在智慧医疗领域都有大笔投资，腾讯丁香园投资7000万元，阿里—中信21世纪以支付宝钱包拓展“未来医院”，百度与政府合作投资北京健康云服务。

（六）国内外智慧城市深化推进，国际合作揭示中欧发展异同

目前海外一些地区和城市已经开启新一轮智慧城市规划，智慧城市成为欧盟“地平线 2020”计划的 12 大重点领域之一，欧盟地平线计划 2014 年资助智慧城市 9200 万欧元，重点发展节能、交通、ICT 基础设施三大方向。伦敦市于 2014 年年初制定了智慧伦敦 2020 规划，包括绿色低碳城市管理、教育培训促包容发展、加强数据开放等七大方面内容。新加坡于 2014 年开始制定新加坡智能 2025 战略，作为《2015 年智慧国》升级版，其智慧城市侧重在城市范围内增强数据收集和分析，并根据所获数据预测公民需求以提供更好的公共服务。我国 2014 年 8 月由发改委等八部委共同发布了《促进智慧城市健康发展指导意见》，提出到 2020 年，建成一批特色鲜明的智慧城市。纵观 2014 年，全国各地智慧城市建设重点关注两大方向：一是以一卡通行、网上全流程办事为主的惠民便民服务；二是提升协同审批、电子督查效能的政府治理现代化相关服务。

二、2014 年宽带与泛在网络领域热点分析

梳理 2014 年宽带与泛在网络领域的热点，可以归纳为宽带中国、软件定义网络 / 网络功能虚拟化（SDN/NFV）、车联网三大热点。

（一）宽带中国

1. “宽带中国”专项行动落实推进《宽带中国战略及实施方案》，推动宽带全面发展

2013 年 8 月，国务院正式印发了《宽带中国战略及实施方案》(以下简称《战略》)，标志着我国的宽带建设发展进入了新阶段。2014 年是《战略》发布后的第一年，行业主管部门工业和信息化部联合 13 个部委开展了“宽带中国”2014 专项行动，重点开展包括创建“宽带中国”示范城市（城市群）、推进光纤到户、大力发展 TD-LTE、推动完善电信普遍服务机制、优化宽带网络性能、改善用户上网体验等在内的十项重点工作，提出完成网络覆盖、用户普及、网速提升、区域示范四项引导目标。政府部门组织宽带发展各相关部门，以专项行动落实推进《战略》要求，全面推动我国宽带的发展。

在各部门的协同努力下，我国宽带发展取得了积极成果。一是网络能力持续增强，光纤到户（FTTH）覆盖快速增长，至 2014 年 3 季度，FTTH 覆盖家庭数达 2.19 亿户，比 2013 年新增 5189 万户，3 个季度增幅即达到 31.3%，FTTH 用户渗透率已达 27.4%，新建 TD-LTE 基站 58.1 万个，TD-LTE 已覆盖 300 多个城市。二是用户规模不断扩大，宽带用户保持快速增长。至 2014 年 3 季度，全国新增固定宽带用户近 1000 万户，达到近 2 亿户，人口渗透率达到 14.9%，3G/4G 用户超过 5.2 亿户，其中发展 LTE 用户 4300 多万户。三是接入速率不断提升，至 2014 年 3 季度，我国使用 8Mbit/s 及以上接入速率的固定宽带用户占比已经达到 35%。四是创建宽带示范，引领区域发展。2014 年，组织全国第一批 39 个“宽带中国”示范城市的创建工作，以区域为单位，落实宽带发展政策，加强宽带网络建设，以示范引领促进全国宽带整体发展。

2. 中央政府出台措施推动农村宽带普及，地方政府出台本地宽带发展计划

在推动我国宽带的建设发展过程中，加快推进农村宽带基础设施建设，推动农村宽带应用是持续提升我国宽带发展水平的关键；推动各地全面落实《战略》要求，促使《战略》中的政策措施落地是我国宽带发展的必要保障。这两方面工作都需要政府主管部门的顶层设计和积极引导。

2014 年，相关工作取得了积极成果。**首先，中央政府出台了一系列政策推动农村的宽带普及发展：顶层设计方面**，行业主管部门加强部委沟通，持续推进完善电信普遍服务补偿机制，研究设计机制，落实支持资金，电信普遍服务补偿机制的确立，将极大推进农村地区的宽带普及和发展；**政策引导方面**，2014 年，工业和信息化部组织开展了“宽带建设发展示范项目”，其中重点支持农村地区的宽带网络建设和宽带应用；**“市场为主，政府引导”方面**，以实施项目政府资金补贴的方式，推动企业开展农村宽带基础设施建设，同时以特色应用带动宽带建设，以示范项目探索农村“建用结合”的宽带可持续发展模式；**工程实施方面**，2014 年国家发展改革委、财政部、工业和信息化部 3 部委联合启动开展了“宽带乡村”试点工程，对尚未实现 100% 行政村通宽带的地区，包括四川、云南、内蒙古、贵州、陕西、甘肃在内的西部 6 省，准备通过 3 年时间重点投资推动，加大宽带网络建设力度，解决上述地区农村的宽带普及问题。2014 年，首先在四川省重点支持资金 6.95 亿元，在 20 个县的 7681 个行政村重点建设宽带网络设施，在云南省重点支持资金 6.28 亿元，在 20 个县的 1727 个行政村重点建设宽带网络设施。**其次，为全面落实《战略》要求，地方政府也重视宽带发展，纷纷出台本地宽带发展计划。**主要开展了三方面的工作，一是落实对接《战略》，出台地方宽带发展战略规划，例如河南的“宽带中原”工程、广西的宽带战略等；二是在省内开展“宽带中国”专项行动，北京、江苏、浙江等省都开展了相关工作；三是出台政策措施，着力解决宽带发展中的重点问题，例如重庆市出台《市域通信设施及廊道规划》、福建省出台《电信设施建设与保护条例》等。

3. 我国宽带发展获得联合国高度评价，用户宽带上网体验提升明显

在中央和各地方政府的支持推动，以及各企业和产业相关各方的持续努力下，在网络建设取得成效的基础上，用户的宽带上网体验也得到明显的提升。在宽带发展联盟按季度发布的《中国宽带速率状况报告》中，通过可用文件下载速率、可用视频下

载速率和网页浏览的首屏时间三个指标反映网民的真实上网体验情况，从发布指标的情况来看，2014 年三季度全国固定宽带用户平均可用下载速率达 4.09Mbit/s，一年内提升近 40%；可用视频下载速率平均达到 3.89Mbit/s，提升了 2 倍多；网页浏览的首屏时间降低到了 2.31 秒，我国网民宽带上网体验提升明显。

联合国也对我国宽带发展给予了高度评价。2014 年 9 月，联合国宽带委员会发布了《2014 宽带状况报告—向所有人提供宽带》，报告指出："宽带中国"迄今为止的重大意义是显而易见的，这是通过政府政策支持宽带业务发展以及在技术与应用方面的行业创新而得以实现的成果。

我国宽带建设发展取得成果的同时，也依然面临问题和挑战。**一是宽带区域发展差距仍然较大**，中西部和城乡差距明显。据统计，至 2014 年上半年，全国固定宽带家庭普及率为 38.5%：城市地区 54%，农村地区 21%；东部地区 48%，西部地区 29%。**二是高带宽应用和创新较少，进一步提速内生动力不足。**2014 年前三季度，20Mbit/s 及以上高带宽接入速率用户比例仅占 8.1%，比例仍显不足。目前，视频和游戏仍是主要的高带宽应用，高带宽业务的应用和创新较少，用户进一步带宽升级的需求相对不足。**三是宽带网速与发达国家相比仍然不高。**2014 年 9 月，我国全国固定宽带用户平均签约接入速率为 6.06Mbit/s，较 2013 年年初增长 41.9%，但 2014 年大部分 OECD 国家均纷纷推出了 10Gbit/s 接入业务，我国的宽带接入网速对比发达国家依然还有一定的差距。

（二）软件定义网络 / 网络功能虚拟化（SDN/NFV）

1. NFV 面向网络功能虚拟化，SDN 只应用于数据中心

2014 年，SDN/NFV 仍然是网络领域的热点技术。SDN 的设计理念是网络的控制平面与转发平面分离，并通过开放的可编程接口实现集中控制。但从应用部署来看，SDN 商用部署仍处在准备阶段，其应用场景仍然聚焦在数据中心组网以及广域网链路调优等典型场景，一些互联网公司如亚马逊、谷歌、脸书等已经在采用或准备采用具有 SDN 特性的解决方案，与此同时，电信运营商也已经从对 SDN 的调研评估或概念验证阶段开始向产品化商用部署迁移，在小规模范围内试点，少数领先运营商进入实际商用部署。

网络功能虚拟化采用虚拟化技术，将传统电信设备的系统软件与硬件解耦，通过使用通用的计算、存储、网络设备实现电信网络功能，提升管理和维护效率，增强系统灵活性。NFV 主要包括三方面的特征：一是硬件通用化，基于行业标准的服务器、存储和交换设备来取代私有专用的网元设备；二是网络功能软件化，通过软件实现不同网络设备的功能，按需部署到网络中的任意位置；三是虚拟化，运用虚拟化技术将物理资源池化，形成虚拟资源供上层应用调用。2014 年，NFV 还处在 PoC 概念验证阶段，主流的设备厂商包括爱立信、阿朗、华为、中兴等都在积极研发 NFV 的解决方案，IMS 和核心网虚拟化是目前关注的重点。此外，国内外运营商也在积极开展 NFV 的试验验证，其中沃达丰的 EPC 核心网已有虚拟化 P-GW 设备商用。

综上所述，可以看出，业界非常关注 SDN 和 NFV 的发展，很多人也认为 SDN 和 NFV 将对网络产生深层次的影响，甚至对网络产生颠覆性的变革，但目前 SDN 还只局限于数据中心的使用，NFV 还停留在研发、实验验证阶段，与业界的预期相距甚远。

2. 云数据中心业务将高速增长，SDN 满足新建 IDC 的需求

随着云计算技术的发展和应用部署，全球的业务提供模式正发生着显著的变化，越来越多的业务都部署在云数据中心。按照估算，全球数据中心的流量将从 2013 年的 3.1ZB/ 年增长到 2018 年的 8.6ZB/ 年，年复合增长率高达 23%，因此未来网络数据中心的规模还会继续快速增长。

云服务的发展，对网络中的数据流量模型产生了根本性的影响。一方面，网络中超过 70% 的流量将全部集中在数据中心内部，而运营商网络中的流量仅占 16%，企业网流量仅占 14%。另一方面，网络流量由传统的南北向（客户和服务器间）流量为主向东西向（服务器间）流量为主转变，而且东西向流量将占 75% 以上。数据中心的发展还有两个本质性需求。一个是超大容量无阻塞交换。新一代的数据中心其服务器的数量将远超 10 万台，核心交换机容量要求达到 1 ～ 10Tbit/s，集群上百 Tbit/s。另一个是低时延，特别是实时性的业务如金融交易、视屏电话、IPTV、远程医疗等对时延都很敏感。而在云化的数据中心，虚机迁移要求在源服务器和目标服务器之间的时延小于 5ms。

综上分析，数据中心由于具有流量大、流量模型简单、与其他网络相对隔离等特点，非常适于 SDN 控制功能与数据平面分离之后的集中化、精细化控制，这是 SDN

技术应用于数据中心的重要原因。

3. 电信业为降低运营成本，积极推动 NFV 的发展

NFV 的发展驱动力包括：降低设备成本和能耗，加快业务上线时间，简化网络运维管理，缩短开发测试和集成周期。而降低运维成本是电信业看好 NFV 的重要原因，例如采用 NFV 技术架构实现 IMS 系统部署，与传统的 IMS 部署相比，硬件网元的类型由 44 个减少到 20 个，其建网成本显著减少，运维成本可以减少 30% ～ 35%。

但是，NFV 的部署也同样面临挑战。首先是可靠性问题，电信设备的可靠性要求达到 5 个“9”，即 99.999%，而虚拟化核心网络设备基于通用服务器，其可靠性要低于专用的高性能网络设备。其次是处理性能不确定的问题，NFV 如何提高通用服务器的处理性能，接近甚至达到专用处理器的处理水平，具备更大的 I/O 能力和良好的可移植性，还需要进一步研究。此外，NFV 是选择开源 Hypervisor 还是商业 Hypervisor，是选择开源编排工具还是商业编排工具，尚需业界达成共识。

NFV 虽然被电信业看成是降低设备成本和能耗、降低运维成本的重要技术方向，但是 NFV 并没有带来新的业务增长，成本的降低也只是理论上的探讨，因此，目前电信业对 NFV 仅停留在研发和实验验证阶段，并没有大规模部署，未来 NFV 有望用于电信设备的升级改造。

（三）车联网

1. 车联网已进入发展的窗口期

车联网借助宽带无线通信、车联网无线通信、定位导航、环境感知、大数据处理、移动互联网等新一代信息技术，实现车与车、车与人、车与路侧基础设施的全方位网络连接，从而提供更加丰富、舒适、安全、高效的车辆运行辅助和综合信息服务。

2014 年不同行业从不同环节大力推动车联网，车联网已进入全面发展的窗口期，涉及的热点环节包括：智能车载终端、车联网无线通信技术和车载信息服务平台。在智能车载终端环节，谷歌、苹果等互联网公司积极推进车载操作交互系统的开放和统一，高通、英伟达等芯片制造商相继推出面向汽车的车载处理器，为实现车、人和手

机的互联互通以及汽车的网联化、智能化奠定了基础。在车联网无线通信技术环节，高通、恩智浦等芯片制造商积极推进基于 IEEE 802.11p 短距离通信的车联网无线通信芯片制造，华为、大唐等通信设备制造商积极推进基于蜂窝技术的车联网无线通信技术的研发与标准化，为实现车车通信和车路协同应用奠定了基础。在车载信息服务平台环节，中国移动、阿里巴巴、腾讯、安吉星等电信运营商、互联网公司和服务提供商联合汽车厂商或通过汽车后装市场积极推进车载信息服务平台建设，为提供车载综合信息服务奠定了基础。

2. 互联网企业强势进入车联网，车联网无线通信或为突破点

2014 年互联网企业、芯片制造商等强势进入车联网市场，将车载操作交互系统和车载处理器作为产业发展的突破口。在车载操作交互系统领域，苹果公司 2014 年推出了基于 iOS 操作系统的 CarPlay 车载操作交互系统，将 iPhone 常用功能投射到汽车中控台，利用触控、语音识别技术在两屏间切换；谷歌公司 2014 年成立了“开放汽车联盟”，打造“投射模式”（Projected Mode）的车载操作交互系统，将 Android 设备和汽车仪表盘无缝集成。在车载处理器领域，高通公司 2014 发布了骁龙 602A 汽车级信息娱乐芯片组及骁龙汽车开发平台，支持 Android 和 QNX 操作系统，并已经应用于奥迪 S3、上海汽车的明爵和荣威系列汽车产品；英伟达公司 2014 正式推出了汽车版 TegraK1 处理器，为车辆提供完整的计算机系统，支持 QNX、Android、Linux、Windows 各种操作系统，并已经应用于奥迪 Quattro Laserlight 概念车等汽车产品。

基于车联网无线通信技术的车车通信和车路协同应用是车联网发展的必然趋势，芯片制造商、通信设备制造商期望借助车联网无线通信技术布局车联网市场。欧美目前主推基于 IEEE 802.11p 短距离通信的车联网无线通信技术，预计 2016 年后进入成熟期；我国车联网无线通信技术标准尚未明确，处于初期研发阶段，将经历一定时期的并行发展。在基于 IEEE 802.11p 短距离通信的车联网无线通信技术领域，2014 年美国高速公路安全管理局发布消息，称预计到 2016 年将会公布正式的 V2V 安全标准，并从 2020 年花费 21 亿美元在全美推广“V2V”通信设备；恩智浦公司 2013 年发布支持 IEEE 802.11p 的通信产品样片 SAF5100；高通 2014 年推出支持 IEEE 802.11p 短距离通信的商用芯片 QCA6056。在基于蜂窝通信技术的车联网无线通信技术领域，爱立信等通信设备厂商主导欧盟 CoCar 项目，希望通过优化蜂窝网络提供车联网无线服务；2014 年完成的欧洲车联网项目 Drive C2X 中车辆需要配备支持 UMTS 功能，车路之间

采用蜂窝通信技术。大唐、华为等通信设备制造商积极研发基于 LTE 的车联网无线通信技术，2014 年已完成技术可行性分析。

3. 四种力量主导车联网的应用，跨界合作助力车联网发展

2014 年汽车厂商、电信运营商、服务提供商和政府及行业监管部门等不同主导力量积极推进车联网应用发展。汽车厂商主导的车联网应用多集中于汽车前装市场，国际上主流品牌有通用丰田 G-book、宝马 ConnectedDrive、福特 SYNC 等；国内市场上，上海汽车与通用汽车合资建立上海安吉星，2013 年中国用户数超过 60 万。电信运营商主导的车联网应用不受制于汽车品牌影响，国际上有韩国 SK、美国 Verizon、法国 Orange、德国 Deutshce Telekom；国内市场的代表应用有中国移动的车务通，2014 年 10 月，中国移动与德国电信签署合资协议。服务提供商主导的车联网应用业务形态比较丰富，国际上主要是保险公司推动的车联网应用，例如德国 Provinzial、意大利 Allianz、和韩国 Blue Link 等；国内市场上，阿里巴巴集团与上汽集团签署了“互联网汽车”战略合作协议，腾讯发布“腾讯路宝 App+ 路宝盒子”，实现随车诊断汽车故障信息等功能。政府及行业监管部门基于行业运营监管职能推动车联网应用，日本推进 Smartway 项目和 ITS-Spots 系统的发展；美国政府主导的车联网应用，从车路协同系统（VII）到智能驾驶（InterlliDriver）；国内交通管理部门主导的重点营运车辆联网联控系统，2013 年 12 月，营运车辆联网联控系统接入平台总数达到 31 个，车辆上线总数 2 291 249 辆，两客一危车辆上线总数 576 735 辆。

2014 年汽车已呈现网联化、智能化发展趋势，跨界合作助力车联网发展全面起步。汽车厂商、芯片厂商、通信设备制造商、电信运营商、互联网企业等纷纷在车联网产业的不同环节布局，包括车载操作交互系统、车载处理器、车联网无线通信技术、车载信息服务平台搭建等。此外，跨界合作促进车联网产业链条逐步趋于完善。通过投资并购、建立联盟、组建合资公司、构建新生态环境等多种方式，车联网相关企业之间逐步形成资源优势互补的跨界合作。

三、2015 年宽带与泛在网络领域发展展望

随着网络业务量的持续增长，网络运营者不断增强降低运营成本、绿色节能的需求，不同行业实现跨界合作，人—机器通信、机器—机器通信更广泛地发展，网络发展将呈现如下趋势：超宽带、软件定义 / 虚拟化和深度开放 / 互联。

（一）网络的超宽带化

1. 网络业务量持续增长，更多国家进入千兆时代

思科预测：随着互联网用户和设备数量的持续增长、宽带速度的不断提高以及视频浏览量的快速攀升，全球因特网协议（IP）流量将在未来五年增长至目前流量规模的近 3 倍。固定和移动连接的全球 IP 流量 2018 年预计将达到 1.6ZB，这一数字将超过 1984—2013 年全球生成的所有 IP 流量总和（1.3ZB），这个流量相当于 88 亿块屏幕以超高清 /4K 分辨率同时传输世界杯足球赛决赛、55 亿人通过视频点播方式观看高清版本、15 亿人观看超高清 /4K 分辨率版本、4.5 万亿视频剪辑和 940 千兆条短信。大多数流量将在互联网历史上首次源自个人终端设备而不是个人计算机（PC），Wi-Fi 流量将首次超过有线流量，高清（HD）视频将生成比标清（SD）视频更多的流量。万物互联也将取得显著发展，到 2018 年机器对机器（M2M）连接的数量将接近地球总人口数；智能汽车将拥有每车近四个 M2M 模块。对于宽带，预计到 2018 年，全球宽带速率将达到 42Mbit/s，比 2013 年年底的 16Mbit/s 有明显提高，且大部分宽带连接（预计为 55%）将超过 10Mbit/s，日本和韩国的平均宽带速率将达到 100Mbit/s。

目前发达国家的网络运营商已经开始部署千兆网络并推出业务。2012 年 9 月仅 4 个 OECD 国家推出了千兆业务，目前大多数 OECD 国家都已开通了 1Gbit/s 的宽带服务，如图 2 所示。美国谷歌首开千兆业务，随后不仅 AT&T、Cox 等传统网络公司加入到了千兆阵营，一些小型运营商也开始提供 1Gbit/s 的业务。

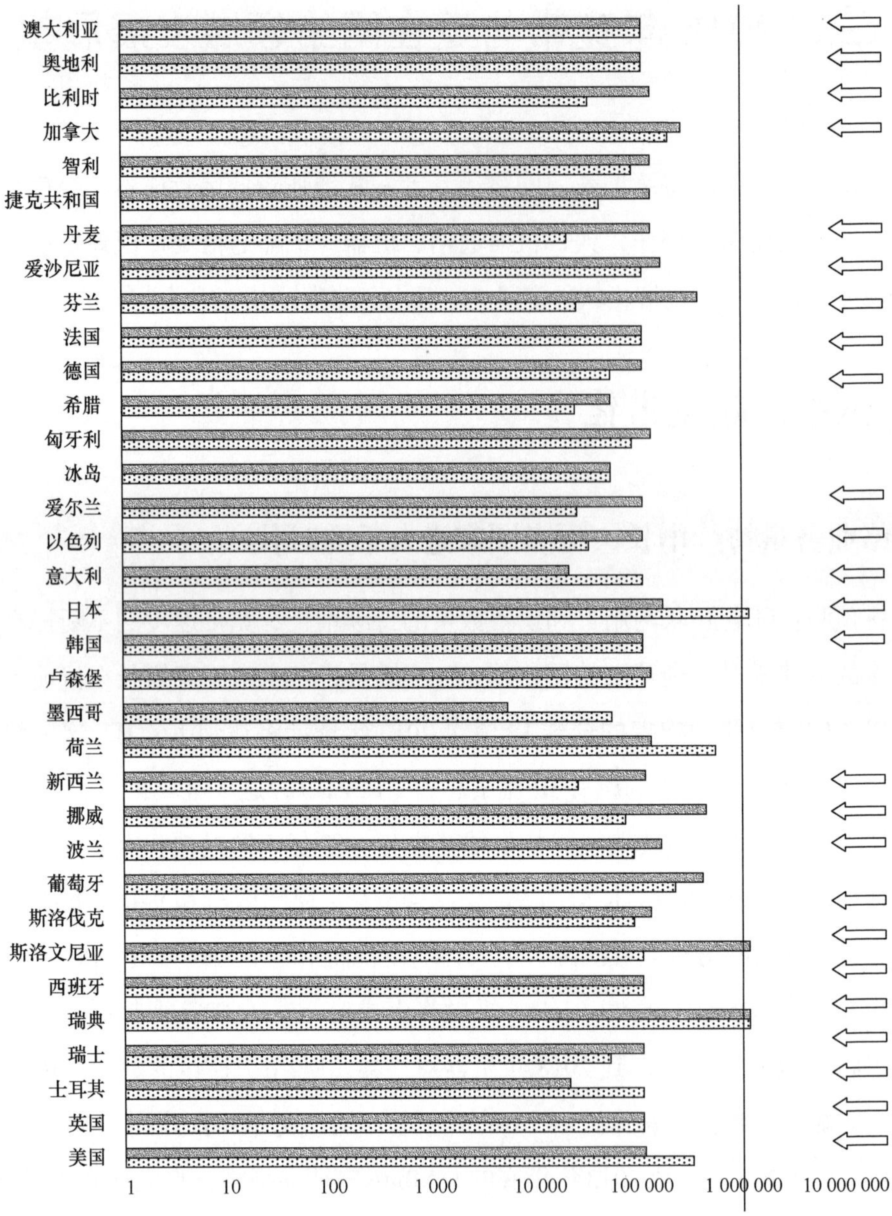

图 2　大多数 OECD 国家推出千兆商用业务（数据来源：OECD 和 Teligen）

2. PON 技术持续演进，传输网 / 数据网加快部署 400G

接入网中下一代 PON 技术标准化工作积极推进，技术演进路线已确定。根据 Point Topic 的统计数据，全球使用光纤接入的用户数量比 2011 年年初增长了近 200%，在宽带用户中的比例已经接近 1/3，光纤宽带有望在未来几年成为最主流的接入技术。目前广泛部署的光纤宽带网络主要采用 2005 年左右推出的 EPON 和 GPON 技术，分别可提供 1Gbit/s 和 2.5Gbit/s 的传输速率。更高速率的 10G PON 技术在 2010 年前后完成了标准化工作，设备也已经比较成熟，在部分地区运营商已经开展了小规模的部署和应用。目前业界正在积极推进下一代 PON 技术标准化工作，希望进一步提供传输速率。国际电信联盟（ITU）已经确定了下一代 PON 支持 40Gbit/s 接入的技术路线，下一代 PON 标准体系的布局已经基本完成，预计应用时间窗口在 2016 年以后。

传输网 400GE 标准已立项，产品及试验进程加速。纵观近期标准制定、主流设备商样机研制、典型运营商现网试验等发展动态，400Gbit/s 借助标准化推动已经成为目前最受关注的超 100Gbit/s 候选技术。预计到 2016 年 400Gbit/s 技术的市场定位将趋于清晰。标准方面，ITU-T 专注 400GE 映射和长距离传输；光互联论坛（OIF）侧重 400Gbit/s 模块及接口；IEEE 规范客户侧接口 400GE，目前 IEEE 400GE 标准已正式立项，标准目标明确。400Gbit/s 标准将在这三大标准组织的合力协作下稳步推进，预计 2016—2017 年标准将正式面世。我国标准化组织 CCSA 在 400Gbit/s 标准研究与制定方面与国际同步，目前正在进行 400Gbit/s 长距离传输和光模块等相关标准化研究工作。产业化进程方面，国内外主流设备商竞相推出 400Gbit/s 原型样机，并从 2012 年开始择机在运营商现网或实验室开展试验。目前，法国电信、智利 Telefonica 等个别运营商已经或准备选择 400Gbit/s 技术承载在线业务。国内运营商在 400Gbit/s 新技术试验方面相对滞后，2014 年年初中国移动率先启动了基于 400Gbit/s 速率的实验室及现网试点测评项目。主流设备商样机的成功研制和多运营商现网试点评测之间的互动加速了产业化进程，为 400Gbit/s 日后竞争超 100Gbit/s 长距传输首选速率创造了优势条件。

（二）网络的软件定义 / 虚拟化

1. 软件定义光传送网应用部署尚需时日

随着 SDN 理念研究的兴起及涵义延伸，基于应用驱动的“软件”定义模式逐渐向光通信网络延伸，成为未来光传送网发展演进的重要方向。软件定义光传送网力求通过集中控制模式和开放网络接口，提供光网络的可编程能力，简化现有光传送网络复杂的运维管理，满足未来光网络虚拟化、业务灵活快捷提供、网络和业务创新等发展需求。

2014 年以来，软件定义光传送网概念持续升温，从标准组织到设备、芯片厂家和运营商都开始积极参与和推进，呈现出快速发展态势。

软件定义光传送网标准化工作快速推进，多种技术标准竞争发展。开放网络基金会（ONF）于 2013 年 4 月年成立了光传送工作组（OTWG），经过一年多的工作，研究制定了光传送网 SDN 需求和用例分析、光传送网 SDN 架构和信息模型，并计划于 2014 年年底发布支持光网络基本功能的 Openflow 协议扩展。ITU-T SG15 组 2014 年正式立项开发光传送网 SDN 架构新标准 G.asdtn，重点研究软件定义光网络架构和与现有传送网的关系。IETF 考虑通过扩展路径计算单元（PCE）架构和协议支持 SDN，并计划成立传送网抽象控制（ACTN）工作组，研究采用网络抽象和虚拟化技术实现传送网服务开放和北向接口。预计 2015 年光传送网 SDN 国际标准将陆续发布。

主流光网络设备厂商加大投入，产业化进程加速。目前，国外厂商如英飞朗、赛安、科锐安等已经推出支持软件定义光传送网的设备和控制器产品；国内华为、中兴、阿朗、烽火等企业也纷纷发布光传送 SDN 样机，并开展演示和试验，预计 2015 年将推出商用产品。2014 年下半年，光互联论坛（OIF）与开放网络基金会（ONF）联合组织了全球光传送网 SDN 原型演示和互操作测试，促进相关技术标准和产业的成熟。

软件定义光传送网处于发展初期，应用部署尚需时日。当前，光传送网引入 SDN 的技术标准尚未完全成熟，在南北向接口方面存在多种技术路线选择，在集中控制的可扩展性、安全性以及管理体制突破等方面仍面临很多问题。但是，在整个信息通信发展浪潮的推动下，光传送网的开放化、软件化趋势必然势不可挡。根据光网络本身的技术特点和网络现状，软件定义光传送网的发展将是一个长期的过程。预计 2015—2016 年，将开放北向接口实现跨厂商互通和业务创新，并开展试点应用部署，中长期将逐步实现南向接口开放和转发层标准化。

2. 发展绿色数据中心，软件定义为关键技术

随着云计算业务的大规模部署，未来数据中心的发展将呈现两个重要的趋势：一是数据中心的规模越来越大，二是对能耗的需求显著增加，因而迫切需要绿色节能的方案。在规模方面，一方面单个数据中心的物理服务器数量将从当前的 5000 ～ 20 000 台规模发展到未来超过 10 万台规模，另一方面网络的容量从当前单核心交换机 48T 交换容量、1000+ 个万兆接口，发展到未来单核心百 T 级交换容量、1000+ 个 40G/100G

接口。在能耗方面，目前全球数据中心能耗已经达到了全球耗电量的 1.5%。绿色数据中心技术已经成为数据中心发展面临的关键问题。据统计，数据中心的能耗主要由服务器（56%）、制冷（30%）、电源（8%）以及网络设备（5%）组成。

目前在数据中心采用 SDN 技术实现网络设备的集中控制，将会有效降低网络设备的能耗，采用云计算虚拟化技术实现服务器存储和计算资源的池化管理，将提高资源的使用效率，从而实现绿色节能。未来软件定义技术将广泛应用于数据中心的基础设施资源（包括电源、制冷），实现资源的池化管理，动态地按需分配，用最低的能耗提供基础设施服务。

3. 目前 SDN 和 NFV 技术独立应用，未来 SDx 和 NFV 将构建云化体系

现阶段，SDN 和 NFV 技术还是独立应用，其中 SDN 技术主要应用于数据中心，实现网络虚拟化，解决虚拟机迁移问题，而且通过集中控制解决数据中心海量设备配置和管理问题。此外，在跨数据中心链路的流量工程中使用 SDN 技术，能够显著提高链路带宽的利用率。而 NFV 主要应用于电信网，以期降低设备成本和能耗，并简化网络管理。

未来基于 SDN 和 NFV 的云化体系将成为信息通信网发展的重要方向，电信运营商也在积极探索云化体系在电信网的应用。对于云化体系的业务，用户只需通过统一的管理界面，选择不同的网络功能就能实现自动化部署；云化体系在技术上要实现硬件云资源池化、功能软件化、业务统一编排，其结构如图 3 所示。

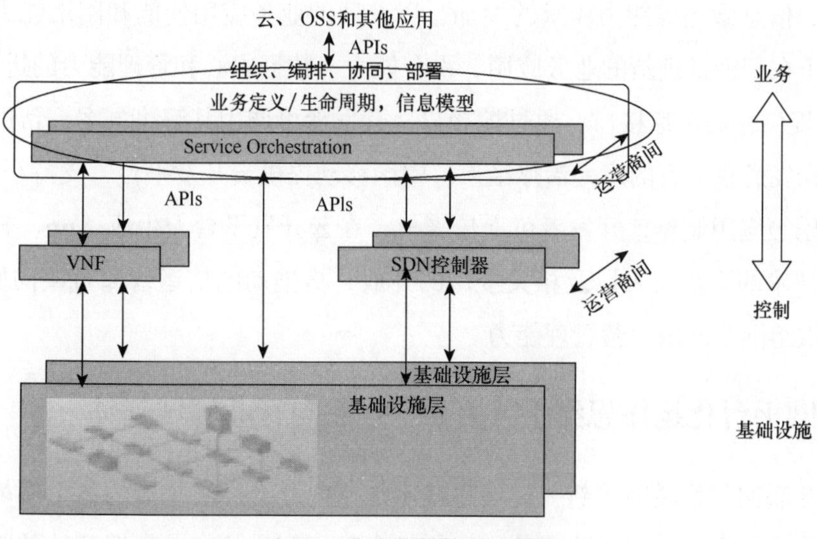

图 3　云化的网络体系结构图

其中，虚拟网络功能（VNF）将原先由不同硬件设备实现的功能，如防火墙、负载均衡、DPI 等，运行在通用的硬件平台上，不同的网络功能将分布到不同的虚机，通过业务链编排实现关联。广义的 SDN 控制器（SDx）不仅要控制网络路由，还可以实现基于物联网的数据采集控制、网络配置、网络管理、路由计算等，从而实现对网络能力的深度开放；Orchestration 在云化网络架构中实现了业务的组织、编排、协同、部署等重要功能。

（三）网络的深度开放 / 互联

1. 运营商推动后向服务增值，电信网络走向深度开放

服务 / 内容提供商等不断向提升产品盈利能力、获取用户规模、强化运营支撑转变，对网络能力支撑的需求不断强化。据调查，服务 / 内容提供商、开发者等都非常关注计费、用户认证、消息推送、数据分析、广告、智能话音、电信能力、定位等能力。

通信网络能力开放也是电信运营商多年推进和探索的方向，目前传统电信业务、计费及相关统计功能等能力开放已有先例，如 AT&T 开放短消息中心接口，通过该接口，应用程序在收到短信后可以转发给一个或多个 AT&T 移动终端，并可获取发送状态信息；中国移动可以提供应用计费能力。随着服务 / 内容提供商对终端、用户管理、运营支撑、信息服务等能力需求的增加，以及新的业务应用使能和网络能力演进，电信运营商正在积极推进新的业务应用、平台能力、数据中心和管理能力的进一步开放，如 AT&T 提供移动医疗接口，通过该接口，开发者可调用其解决方案，帮助用户降低医疗费用和发送改进后的病人治疗结果。中国移动提供云开发平台，支持小说、杂志、资讯、音乐等应用制作，开发者可上传素材，在云开发平台上生成 App。软件定义和虚拟化等技术的逐步引入以及相关接口的开放，将推动电信运营商直接向服务 / 内容提供商提供组网及网络运营管理能力。

2. 互联网平台化运作思维下，开放 / 互联向行业领域延伸

移动互联网、物联网等新一代信息技术加速向社会经济生活的各个领域渗透，互联网化操作系统和云平台成为双核心，推动各种控制、状态、数据开放的跨系统互联

和信息交互，促进信息和应用从封闭走向开放以及与移动互联网的融合发展。

在智能家居领域，开源操作系统OpenWrt在智能路由器等设备中获得快速应用，目前在OpenWrt社区提供3000多种软件包；苹果推出Homekit操作系统，支持对家居智能设备的联网信息采集和远程控制。在工业领域，GE以Predix操作系统为核心打造工业互联网服务，加速全球化协作和应用创新。车辆、智能家居、智能工厂的全球化互联，为在线数据采集、实时分析、运程运维监控等应用提供了巨大的创新空间。车联网云平台、家居云、工业云平台成为产业汇聚信息数据、构建开放式业务应用和创新服务的重要手段。

（四）跨界融合及产业聚合注入活力，物联网或将迎来发展拐点

物联网产品应用创新爆发，推动社会生产、生活方式不断变革。基于可穿戴设备和智能硬件的应用创新，如同打开了潘多拉的盒子，寻物神器、儿童防拐带手表、智能翻译眼镜、随心所欲的手环（电子身份证）、社区医疗终端、虚拟试衣等新生事物层出不穷，它将或正在改变你的生活。你进家门后，只要按一个“回家”键，家中的安防系统自动解除室内警戒，灯光自动点亮，背景音乐自动响起，窗帘能自动关闭等。在健康管理方面，你可以随时用电子秤、人体脂肪分析仪、电子体温计、血压计和心率监测仪等人体状况传感设备，自动测量自己的健康数据，管理自己的健康记录。你开车出门时，智能手机和车载智能导航仪能显示实时路况、自动帮你选择最近或最快路径。尽管目前的物联网尚处初级阶段，在成本、标准及规模化方面还有待完善，但参照移动互联网的应用火爆程度，我们有理由乐观预计，三五年之内，物联网的应用就可能在中国有突破性进展。

互联网与传统行业融合，“服务平台化＋硬件智能化”模式有效促进应用规模化。谷歌、苹果、百度、阿里、腾讯等互联网企业携云平台和互联网服务模式已渗透到工业、家居、医疗、车联网领域，意欲占据这些传统产业的服务核心地位。互联网企业采取与传统行业企业结盟的方式，以创新服务快速拓展双边市场。传统行业通过将机器、终端、设备嵌入或外挂智能模块，实现硬件的智能化，并接入互联网云平台。

未来物联网、互联网、移动互联网之间的融合，以及与传统产业之间的融合将不

断加剧。“物联网即服务”成为融合后的主流模式，产品“软”化已成为产业附加值最集中的部分。移动互联网成熟的应用模式和互动体验成为物联网应用用户侧必不可少的入口，互联网以强大的数据处理能力和用户群优势主打应用服务和数据运营，利用开放性的云平台能力通过智能硬件向底层设备延伸，智能硬件OS成为产业生态扩张的重点。物联网成为互联网与移动互联网扩张的业务蓝海，而传统产业的转型升级，尤其是工业领域的两化融合，为物联网业务提供了广阔的发展空间。在市场的强劲需求以及产业跨界融合的洪流之下，物联网或将迎来发展的拐点。

（五）智慧城市未来发展展望

在《促进智慧城市健康发展指导意见》发布之后，将建立多部门协调联动的智慧城市部际联席会议机制，由国家制定统一评估考核，引导地方智慧城市有序发展。一方面，部级联席会议机制在前期八部委工作的基础上，将联合中央网信办、教育部、卫生计生委等更多部门，协调解决智慧城市建设过程中跨部门、跨领域的重大问题，并出台各行业领域促进智慧城市健康发展的配套政策。另一方面，国家标准委将牵头，进一步研究制定智慧城市评价指标体系，包括评价指标体系总体框架，以及由相关部门根据职责分别研究制订各领域评价指标体系。针对当前智慧城市缺乏监督检查和工作指导等问题，未来国家智慧城市专家组将基于国家智慧城市评价指标体系，开展全国性综合评估，以评估促建设、促管理、促改进，确保智慧城市建设落在实处。

网络与信息安全篇

导　读

网络与信息安全领域年度报告共分“2014 年形势综述”、“2014 年热点分析”、“2015 年展望”三个部分。

第一部分“2014 年形势综述”，对 2014 年国际和国内的安全形势进行了总结：国际上，各国持续深入推进网络空间战略，区域性网络联盟合作逐步深化，资源控制和数据保护的重要性日趋凸显，大型互联网企业对网络安全的影响力日益增加。国内，安全工作战略地位凸显、工作统筹加强，公共互联网环境安全威胁仍动态变化，新技术新业务倒逼安全防护能力提升，移动应用安全隐患仍高位多发，安全产业稳步增长进入成长期，安全意识全面提升，安全宣传交流活跃，人才队伍建设不断推进。

第二部分“2014 年热点分析”，对 2014 年网络与信息安全热点进行了聚焦和深入分析：高危安全漏洞频发，考验威胁应对机制；个人信息泄露态势愈演愈烈，个人信息保护任重道远；网络攻击加速蔓延，万物互联引发严峻安全挑战。

第三部分“2015 年展望”，以行业视角对 2015 年及未来几年网络与信息安全的形势进行了展望：安全体系化建设时代已然来临，体系化的安全工作思路已逐步形成；突破核心技术，有望助力安全可控能力提升；安全产业迎来发展机遇；两化融合深入发展催生新型网络安全需求；网络信任体系建设将会有较快进展。

本篇作者：

魏亮　田慧蓉　郭丰　赵爽　落红卫　陈其云　魏翔　王奕澎　戈志勇

李晶晶　景慧昀

一、2014 年网络与信息安全形势综述

（一）国际形势

1. 各国持续深入推进网络空间战略

美国网络空间战略从顶层设计走向稳步实施，着力强化网络基础设施的战略地位，将其作为国家安全、经济安全的重要保障。奥巴马政府在对美国网络安全现状进行全面评估后，于 2013 年年初、2014 年年初分别出台了《促进关键基础设施安全行政令》和《网络安全框架》，明确提出关键信息基础设施方面的安全防护具体操作框架和适用标准，并倡导私营部门开始着手依据该框架与标准进行防护措施的适应性调整，加强关键基础设施安全能力。

日本通过立法升级战略机构，全面提升战略能力。2014 年 11 月 6 日，面对爆发性增长的网络攻击，日本国会通过了《网络安全基本法》。随后，日本决定将现行政策会议升级为战略总部，以便与日本国家安全委员会和 IT 战略总部密切合作，以便更好地应对网络攻击。

总体而言，美国网络空间战略能力一超独强，各国网络空间战略趋于平和稳妥，以综合防御性质为主。目前，已经发布网络空间战略的国家超过 50 个，网络攻防竞赛正在升级，防御系统建设、网络安全立法、安全产业发展获得各国高度重视。

2. 区域性网络联盟合作逐步深化

通过网络空间合纵连横谋求自身利益，是世界主要“在线国家”的普遍选择。北约把集体防御“宗旨”从现实层面延伸至网络层面，强调“一损俱损”的共同利益。2014 年 9 月 4 日，第 26 届北约峰会在英国威尔士召开。会上，各国首脑认为，对一个成员国的网络攻击可视作对所有成员国的网络攻击，网络攻击会对缔约国的繁荣、安全和稳定产生威胁，当一国遭受网络攻击时，其他缔约国必须给予援助。

由于“棱镜门”事件监控多名世界政要，各国的网络外交发生了重大转向。欧盟

进一步强化网络空间合作，并出现了“独立互联网”的新思潮，德国总理默克尔与法国总统奥朗德进行顶层磋商，就建立欧洲独立互联网进行了初步探讨，计划从战略层面绕开美国。

在中国的大力推动下，中国与东盟网络安全合作开始起步，并作为区域性力量，在全球网络空间博弈中发出独立声音。9 月 18 日，首届中国—东盟网络空间论坛在广西南宁开幕，我国提出与东盟要加强互联互通，深化网络空间合作，共同打造中国—东盟信息港，使之成为建设 21 世纪“海上丝绸之路”的信息枢纽。

3. 资源控制和数据保护的重要性日趋凸显

国际互联网治理迎来承上启下和格局调整的重要阶段。受到“棱镜门”事件影响，美国受到了来自国际社会的巨大压力。2014 年 3 月 14 日，美国宣布向全球多利益相关方移交 IANA（The Internet Assigned Numbers Authority，互联网数字分配机构）职能管理权，并要求 ICANN（The Internet Corporation for Assigned Names and Numbers，互联网名称与数字地址分配机构）组织全球各利益相关方制定移交方案，试图缓和紧张局势，向国际社会示好，但仍然意在扶持 ICANN 成为全球互联网治理的主导性平台。2014 年 9 月 24 日，全球互联网治理大会在巴西举办，会议发布多利益相关方宣言基本原则获得了大多数国家的支持。

各国对数据保护立法空前重视，倡导本国数据保护。俄罗斯、巴西、欧盟等国对数据跨境流动的政策也从开放转向封闭。2014 年年初，巴西总统主动推进将巴西民众的信息存储在国内信息存储中心的方案，并建议铺设直通欧洲的海底光缆，免受美国监控。2014 年 7 月，俄罗斯通过一项法规，规定所有收集俄罗斯公民信息的互联网公司都应当将这些数据存储在俄罗斯国内。

4. 大型互联网企业对网络安全的影响力日益增加

美国依托顺畅的政企合作机制和强大的产业实力，形成了以“八大金刚”为代表的互联网企业集团，在全球范围广泛布局，主导着信息通信的发展方向。从目前情况来看，全球大多数的个人计算机操作系统、服务器、数据库软件等核心技术都掌握在美国企业手中，移动互联网、云计算等代表未来发展方向的技术和标准，也有被美国主导的趋势。可以说，以企业为主体的技术路线竞争是产业链最高端的竞争，信息通信技术差距会成为制约国家安全的掣肘因素。

各国为了争取网络空间有利地位，都在加速培养本国企业。2014 年 11 月 3 日，慕尼黑安全会议（MSC）和德国电信公司在德国波恩主办了第三次网络安全峰会，在其推出的网络安全报告中，呼吁欧洲的企业替代美国的谷歌和脸书等网络巨头。

（二）国内形势

1. 安全工作战略地位凸显，统筹加强

2014 年 2 月 27 日，习近平总书记在中央网络安全和信息化领导小组第一次会议上强调，“网络安全和信息化是事关国家安全和国家发展、事关广大人民群众工作生活的重大战略问题；没有网络安全，就没有国家安全”，进一步凸显了安全工作的战略地位，为新时期做好网络安全工作指明了方向。

中央网络安全和信息化领导小组成立后，网络安全工作得以全面统筹加强，形成了从国内到国际合作、统筹发展与安全的总体思路，我国从网络大国向网络强国的转变开始提速，网络安全和信息化的“一体之两翼、驱动之双轮”的关系更为清晰、统一，“共同、综合、合作、可持续”的安全观已成为搭建安全合作新框架的国际理念。

2. 公共互联网安全环境动态变化，态势总体趋稳

近三年的监测数据显示，木马僵尸、飞客蠕虫、网站篡改、安全漏洞等公共互联网环境主要安全威胁数量有升有降，变化幅度有所放缓，公共互联网安全态势总体趋向平稳。

网络病毒方面，2014 年境内感染网络病毒的主机 2462 万个，同比下降 19.1%，较 2013 年下降幅度显著放缓。其中，境内被木马或僵尸网络控制的主机 IP 数量近三年呈现波动，2014 年数量略高于 2012 年水平；境内感染飞客蠕虫的主机 IP 数量持续大幅下降，2012—2014 年连续两年降幅超过 41%，如图 1 所示。

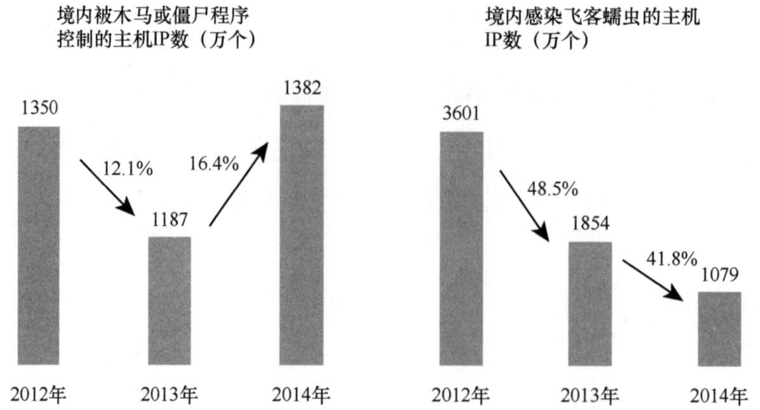

图 1　2012—2014 年境内感染网络病毒的主机数量统计

（数据来源：国家互联网应急中心[1]）

网站安全方面，2014 年境内被篡改和植入后门的网站总量 16 万个，同比下降 20.5%。其中，境内被篡改网站的数量持续大幅增长，2014 年是 2012 年的 6.5 倍；但境内被植入后门的网站数量有所波动，2014 年回落至近三年来的最低水平，如图 2 所示。

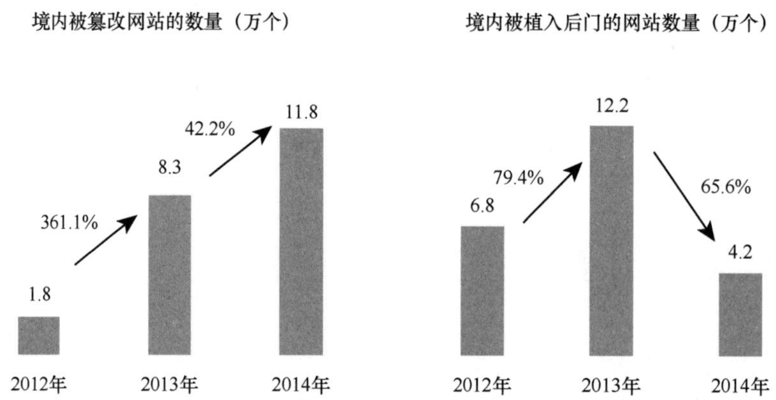

图 2　2012—2014 年境内网站安全威胁数量统计

（数据来源：国家互联网应急中心[2]）

安全漏洞方面，2014 年国家信息安全漏洞共享平台（CNVD）收集整理信息系统安全漏洞 7682 个，同比增长 16.2%，较 2013 年的增速（19.2%）略有放缓。其中，高中危漏洞占比连续三年超过 90%，应用类漏洞数量持续居高不下，如图 3 所示。

1　上述数据为 2012—2014 年 1 ～ 10 月月度数据累计值。

2　上述数据为 2012—2014 年 1 ～ 10 月月度数据累计值。

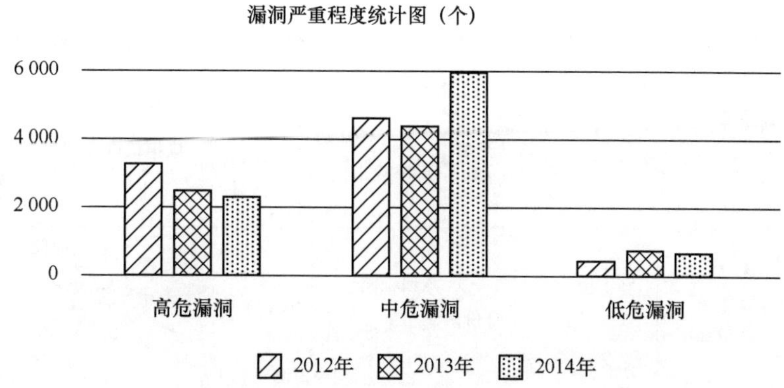

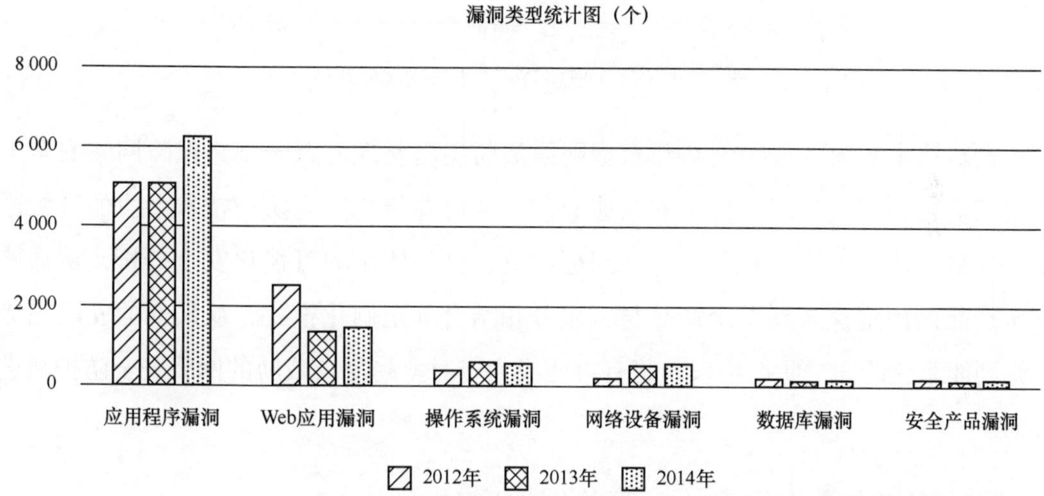

图 3　2012—2014 年信息系统安全漏洞统计（数据来源：国家信息安全漏洞共享平台）

3. 新技术新业务带来新风险，倒逼安全防护能力提升

随着网络技术的飞速发展和迅速普及，网络安全威胁不断变异延伸，对安全防护思路和技术手段提出了更多挑战。一方面，从局域网到互联网、移动互联网以及物联网、工业互联网等新一代网络，网络空间正加速扩张，同时云计算、大数据、SDN（Software Defined Network，软件定义网络）、移动支付等新技术新业务不断涌现，网络与技术的交汇融合驱动着新一轮产业变革来临，云存储、云平台的兴起正带动基础设施不断虚拟化，制造业正在历经从封闭到开放的网络融合。另一方面，网络攻击方法和入侵途径也不断进化升级，僵尸木马等传统安全威胁有增无减，DDoS（Distributed Denial of Service，分布式拒绝服务）攻击、APT（Advanced Persistent Threat，高级持续威胁）攻击等新型网络攻击层出不穷。网络安全威胁与防护手段的演变路径如图 4 所示。

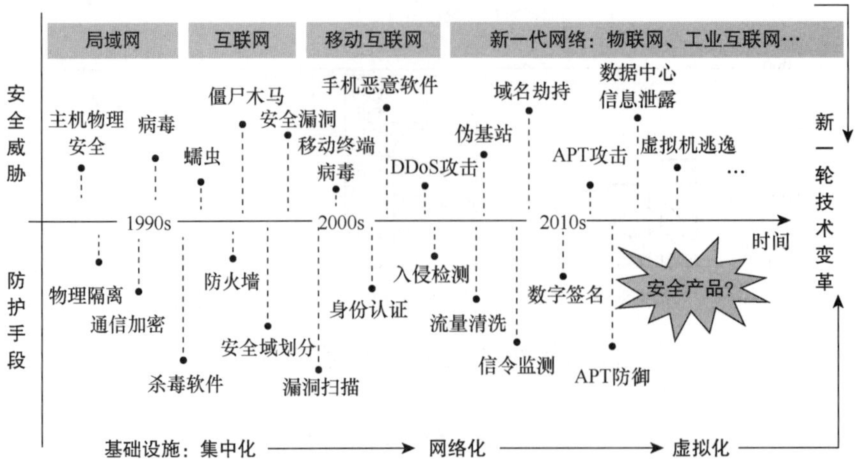

图 4　网络安全威胁与防护手段的演变路径

在新技术新业务持续创新和新型网络威胁层出叠现的背景下，保障网络安全不仅迫切需要新型威胁应对技术的快速突破，也需要传统安全防护技术手段的升级适用。未来，从安全信息和事件管理到更广泛、更一体化的可视化安全分析，从部署安全产品的固定模式到安全产品与云服务相结合等定制化模式，从局部的安全态势感知到体系化的安全防御手段，将有可能成为应对愈趋复杂威胁的网络安全防护演进方向。

4. 移动应用安全隐患多，多策并用促应对

（1）移动应用安全隐患仍高位多发

当前，移动互联网快速发展，已形成以 App 为主导的应用服务体系，其应用能力的不断提升和服务范围的不断扩展，极大程度地方便了人们的生活，促进了经济社会的发展和进步。

但与此同时，具有恶意扣费、资费消耗、信息窃取、诱骗欺诈等恶意行为的移动应用也严重侵犯了用户的利益。据 360 互联网安全中心的监测数据显示，2014 年移动恶意程序较 2013 年大幅增长，特别是 Android 移动应用。如图 5 所示，2014 年前三季度 Android 平台新增恶意程序样本 151.3 万个。其中，第三季度新增恶意程序样本约 67.3 万个，较 2013 年同期的 28.9 万个增长 133%。2014 年前三季度 Android 用户感染恶意程序 2.10 亿人次。其中，第三季度感染用户约 1.30 亿人次，较 2013 年三季度的 2513 万人次同比增长 417.3%。2014 年，在所有手机恶意程序中，通过自动联网、

上传和下载数据、安装其他应用等方式消耗用户手机流量和资费的恶意程序感染比例最高，占感染人次总数的 79.9%，其次为隐私窃取类和恶意扣费类，感染比例分别为 7.36% 和 5.57%。

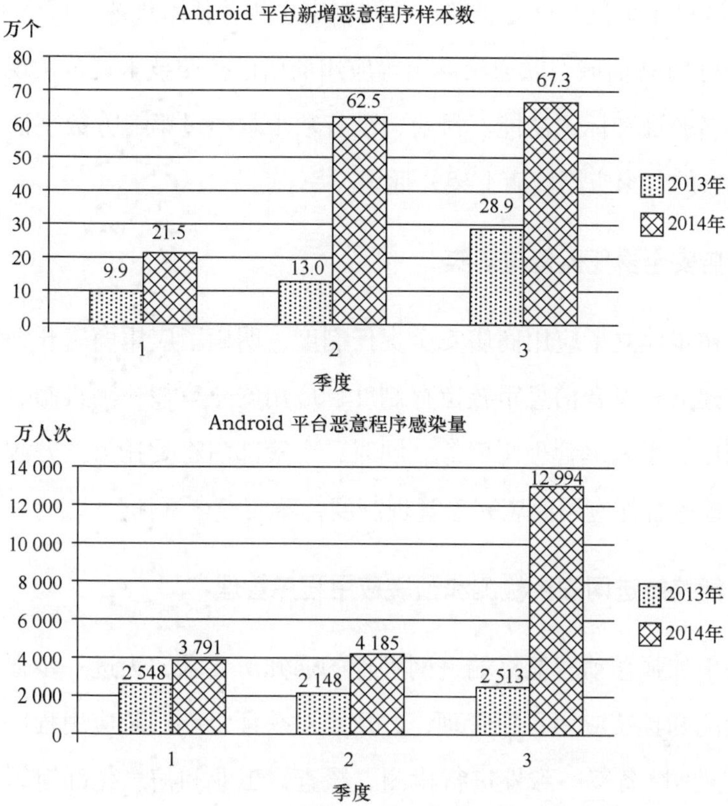

图 5　Android 平台恶意程序情况（数据来源：360 互联网安全中心）

（2）各部门多策并用，共同加强管理

为净化移动互联网环境，保护用户合法权益，各部门采用多种措施，加强移动应用产业链相关环节的管理。2014 年 8 月 7 日，国家互联网信息办公室发布《即时通信工具公众信息服务发展管理暂行规定》，规范即时通信特别是移动即时通信工具服务提供者的服务行为，以及服务使用者的使用行为。目前，工业和信息化部已初步探索建立了包括应用开发者签名、应用商店安全责任落实、移动智能终端入网检测、网络侧恶意程序监测等在内的移动应用安全管理体系。

■ 应用开发者第三方数字证书签名与验证试点工作

在工业和信息化部的指导下，在中国互联网协会反网络病毒联盟、电信终端测试技术协会、电子认证服务产业联盟三家行业协会的组织下，按照“自愿参与、选取典型”的原则，应用商店开办者、手机安全软件厂商、手机终端生产企业以及电子认证服务机构等有关单位积极参与了移动互联网应用程序开发者第三方数字证书签名与验证试点工作。各试点单位经反复研究，共同制定了相关技术规范。百度手机助手、360 手机助手、移动 MM 商城、联通沃商店等应用商店已按照技术规范实现了对上架试点应用程序的签名验证和标识功能。目前，已有数十款经过第三方数字证书签名的应用程序在参与试点的各家应用商店上架并标识。

■ 应用商店安全责任监督与落实

目前，已初步建立了应用商店安全责任制度，明确了应用商店开办者的安全管理责任，要求其建立开发者信息审核留存制度、应用安全审核检测机制、举报投诉和恶意程序下架制度、黑名单管理制度等。同时，主管部门将委托第三方测试机构定期开展应用抽测，检查督促应用商店完善管理制度，落实安全责任。

■ 移动智能终端进网安全检测和预装应用程序管理

根据《关于加强移动智能终端进网管理的通知》要求，为进一步强化移动智能终端进网安全检测和预装应用程序管理，并重点对获证终端预装应用程序符合通信行业标准情况及与进网 / 备案一致性进行检测、核查，工业和信息化部组织开展了移动智能终端进网及证后监督检查工作。

依据《移动智能终端安全能力技术要求》和《移动智能终端安全能力测试方法》的要求，工业和信息化部授权中国泰尔实验室从 2013 年 11 月 1 日起开展了移动智能终端信息安全检测，并同时开展了移动应用备案 / 入库安全检测。2013 年 11 月至 2014 年 7 月，泰尔实验室累计完成了 1500 多款不同型号移动智能终端进网安全能力检测和 200 345 款预置应用安全检测，检测能力覆盖 Android、iOS、Windows Phone、云 OS、同洲 960 等各类终端操作系统。其中，完成的移动应用备案 / 入库安全检测包括 54 家移动智能终端制造商、230 家移动应用软件商、2063 个申请和 5471 款应用，24% 的应用存在用户不知情和不可控的行为。此外，泰尔实验室同步开展了移动智能终端委托测试。自 2013 年 4 月 25 日到 2014 年 7 月 31 日，完成的委托安全检测包括 20 家移动智能终端制造商的 141 款不同型号的移动智能终端，包含 19 466 款预置应用。120 款终端通过二级及以上安全能力检测，其中 10 款终端通过五级安全能力检测。

■ **网络侧恶意程序监测与处置**

通过不断完善恶意程序监测与处置技术手段，加大对恶意程序控制服务器和传播服务器所使用恶意域名和 IP 地址的监测与处置力度，实现对移动恶意程序的治理。

2014 年 4 ～ 9 月，工业和信息化部、公安部、国家工商总局联合开展了全国范围内的打击治理移动互联网恶意程序专项行动，从移动应用商店、恶意程序控制端两个方面入手，加强治理力度。在工业和信息化部的指导下，国家互联网应急中心 2014 年上半年协调应用商店下架恶意程序 5654 个，下架率达 96.5%，应用商店恶意程序数量有所下降。在恶意程序控制端治理方面，2014 年上半年国家互联网应急中心组织了 7 次移动恶意程序专项打击工作，着重处置控制规模较大的恶意服务器，协调域名注册商处置了 101 个移动恶意程序控制域名，协调运营商关停 208 个控制服务器，切断了对 235 余万感染手机用户的控制。

5. 安全产业稳步增长，进入成长期

整体来看，我国安全产业保持增长态势，并在政府、企业和用户安全需求的推动下，呈现出较好的成长性。

（1）企业级安全市场方面

与欧美相比，我国市场体量较小。中国信息通信研究院基于 Gartner 和 IDC 中国相关数据测算，2014 年我国企业级安全市场规模约为 132.5 亿元人民币。而根据 Gartner 数据测算，同期全球安全市场规模约为 735 亿美元。尽管如此，我国企业级安全市场近年来仍拥有较快的增长率。根据 IDC 中国于 2014 年 5 月发布的调查数据显示，我国企业级安全市场以年均接近 15% 的速度增长，超过同期全球平均水平。无论是全球还是我国，云和大数据技术正加速注入各类安全产品。随着移动互联网不断向企业渗透，移动安全产品和服务越来越被看好。我国企业级安全市场规模发展情况如图 6 所示。

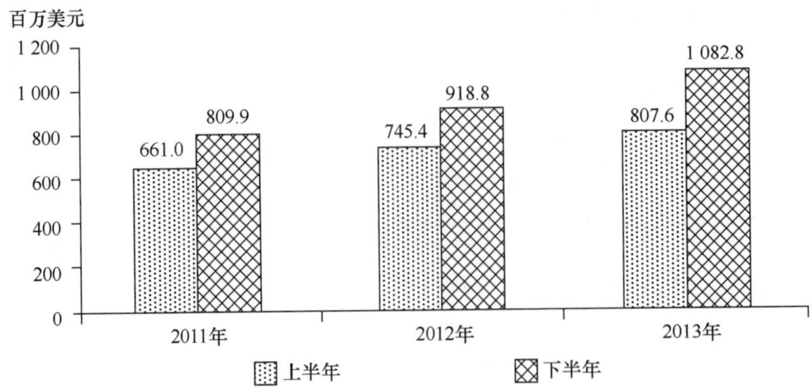

图 6　我国企业级安全市场规模发展情况（数据来源：IDC 中国，2014 年 5 月）

（2）大众消费者安全市场方面

我国本土互联网公司在国内市场中地位稳固。从市场占有率来看，奇虎 360 公司的各类安全软件均占据市场主导地位。例如，电脑杀毒软件方面，360 杀毒、金山毒霸用户数量最多，分别为 4.95 亿户和近 2 亿户。电脑安全防护软件方面，360 安全卫士、腾讯电脑管家、金山卫士分别以 4.95 亿户、4 亿户和 2 亿户的用户数占据大部分用户群。手机安全软件方面，360 手机卫士、金山软件、腾讯手机管家、百度手机卫士的用户数均以亿计，其中 360 手机卫士以 6.73 亿户的用户规模位居第一。我国互联网公司在大众消费者安全市场的规模优势，源于其开创的安全服务免费商业模式。在该商业模式下，以付费模式为基础的国外安全公司在我国市场上被国内互联网公司全面压制。当前，几乎所有安全公司均利用云平台提供安全产品和服务，并以“云安全”、“云杀毒”等标签宣传自身产品。这种提供方式已经成为主流形态，得到大众安全市场的认可。

6. 安全意识提升，多措并举齐推动

（1）广泛宣传，普及安全知识，提高全民安全意识

2014 年，网络安全受到举国上下的关注。11 月 24 日，首届国家网络安全宣传周在京举办，内容丰富，涵盖网络安全知识竞赛、知识讲堂、公益短片、公众体验，以及防范网络违法犯罪活动等多个方面，以灵活的形式帮助公众更好地了解、感知身边的网络安全风险，增强网络安全意识，提高网络安全防护技能。北京、上海、河北等地也以网络安全日、信息安全活动周等活动加大网络安全宣传教育力度。

(2) 行业交流沟通活跃，碰撞聚集新观点

一方面，在世界互联网大会、中国互联网大会等各类行业盛会上，安全是最热的议题，引发了热烈的讨论。另一方面，中国互联网安全大会、中国网络安全大会、通信行业网络安全年会等各类安全峰会，吸引了大量业界专家的参与。安全议题覆盖了网络空间安全战略、APT 防御、Web 应用与安全、电子取证、工控安全、移动安全、云安全、新兴威胁等多个方面，现场气氛热烈，观众发言踊跃，思想聚焦碰撞，业界共同探讨安全问题、技术和趋势。

(3) 选拔吸纳安全人才，促进队伍建设与成长

为加强安全人才培养，促进从业人员安全技能提升，一方面，通过组织竞赛、培训等活动，建立人才选拔激励机制。2014 年，国资委举办了中央企业职工技能大赛，进行网络通信安全管理员的竞赛选拔；上海市信息安全协会举办了信息安全技能竞赛，通过设置个人技能赛和管理运维赛，选拔具有突出攻防技能的优秀人才，以及具有运维和管理能力的团队；中国通信企业协会组织全国范围内的基础运营企业安全从业人员进行攻防技能赛，优胜者最高可得全国五一劳动奖章，以激励优秀选手。另一方面，探索研究安全持证上岗制度，通过规范安全从业人员的职业技能，保障安全要求的落实。

二、2014 年网络与信息安全热点分析

（一）高危安全漏洞频发，考验威胁应对机制

1. 全球性高危安全漏洞频发，立体化网络安全威胁加剧

安全漏洞正凭借其分布范围广、可利用程度高、可造成危害大等特征成为最主要的网络安全威胁之一。2014 年，以心脏流血、Bash 漏洞（又称破壳漏洞）为代表的全球性高危安全漏洞集中爆发。**4 月 8 日，网络安全协议 OpenSSL（Open Secure Sockets Layer，开放式安全套接层协议）被爆出存在编码缺陷，业界称之为“心脏流血”漏洞。**全球大约 2/3 的网络服务器正在使用 OpenSSL，由于心脏流血漏洞的存在，攻击者可通过此漏洞读取系统内存，获取用户账号和密码，范围涉及网银、购物网站、电子邮件、即时通信等应用。中国境内约有 3.3 万 HTTPS 服务（443 端口）受到影响，涉及包括百度、阿里巴巴、腾讯在内的 3 万多家互联网公司。**9 月 25 日，在 Linux、Unix、Mac OS、MS-DOS 等操作系统上广泛使用的 Bash Shell 被爆出存在 Bash 漏洞。**由于缺乏对参数的合法性判断，攻击者可利用该漏洞执行恶意代码，甚至远程控制装有特定版本操作系统的网络设备。该漏洞的影响范围遍及全球约 5 亿台服务器和其他联网设备，我国有近 2 万个银行、金融、电力、航空等现网系统受到威胁。

当前，信息化已经深入融合到各行业的发展之中，信息技术和产品安全漏洞的影响范围日渐扩大。攻击者可利用已知和未知的漏洞实施信息窃取篡改、植入木马后门、深入渗透等恶意行为，不仅威胁到个人隐私安全，更对信息基础设施安全和国家安全形成挑战。因此，必须提高网络安全意识，高度重视漏洞引发的安全威胁。

2. 我国网络安全漏洞应对技术、机制及策略存在的不足

当前，我国的网络安全漏洞挖掘和验证技术、信息共享机制、漏洞修补策略等方面仍存短板，漏洞整体防御体系有待进一步健全完善。

（1）漏洞、后门识别和验证技术存在不足

潜伏 25 年之久的 Bash 漏洞、潜伏时间超过 2 年的心脏流血漏洞等全球性高危漏洞大部分由美国等西方国家发现并曝光，凸显我国在漏洞挖掘、验证取证等方面的能力仍较为薄弱。

（2）网络安全威胁共享机制有待完善

美国、英国等西方网络强国都已意识到网络安全威胁信息共享的重要性，并在各自的国家网络安全战略中规定了安全威胁信息共享的负责机构、推广项目、预期目标等，能够与安全厂商、技术机构与大众媒体等各方充分共享漏洞信息并协同快速应对安全威胁，形成常态化优势。当前我国尚未形成实时高效的威胁信息共享机制，由于信息共享渠道不顺畅等原因，致使威胁信息延时共享、不充分共享等情况时有发生。

（3）漏洞修补速度和全面性亟须提升

2014 年通信网络安全防护检查结果显示，大量设备和系统存在 Struts2 漏洞、心脏流血漏洞等严重安全隐患，虽然已有漏洞补丁和升级产品发布，但由于漏洞修补费用高、调试需国外厂家支持、可能影响业务正常运行等因素而未能及时修补，类似问题在其他重要信息系统普遍存在，亟待解决。

3. 优化漏洞、后门应对机制，打造网络安全隐患整体防御体系

信息技术产品的体系构架、代码设计等环节不可避免地存在一定的缺憾，导致漏洞、后门等安全隐患的存在并具有潜伏性。因此，首先需要对信息技术产品进行安全审查，提升信息基础设施的安全可控能力。在此基础上，优化漏洞应对的四个关键环节，打造网络安全隐患整体防御体系。

（1）增强漏洞发现能力，优化报送机制

建立漏洞、后门挖掘实验室，着力研发漏洞挖掘等核心安全技术；加速研发安全隐患监测系统，提升安全威胁的检测发现能力；优化报送平台和报送机制，畅通威胁信息的报送渠道。

（2）提升漏洞验证能力，提高研判精准性

打造漏洞验证平台，突破相关技术，加快漏洞、后门的验证速度；组建漏洞、后

门验证专业团队，深入分析安全漏洞、后门的运作机理，精确评估威胁影响的范围和程度，强化对安全威胁的跟踪。

（3）强化补丁研发协同，畅通共享渠道

充分协调厂商、业界联盟、科研机构等共同参与补丁研发及隐患应对，健全政府部门间、政企间及企业间实时、通畅的网络安全威胁共享机制。

（4）落实漏洞修补责任，加强效果评估

建议采取招标承诺书等方式，有力推动软硬件厂商承担产品隐患修补的责任，及时、主动提供安全补丁和升级服务；尽快启动隐患处置效果评估，有效衡量威胁处置进展，重点关注重要信息系统安全漏洞难以修补的情况，制定应对方案并妥善处置。

（二）个人信息泄露态势愈演愈烈，个人信息保护任重道远

1. 个人信息泄露事件大幅增长，金融、政府机构、商业以及公共服务等领域均有涉及

从全球信息泄露事件数量来看，2014 年个人信息泄露数量较 2013 年有大幅度增长。据网络安全公司 SafeNet 统计，2014 年截至 9 月全球公开的数据泄露数量近 1.8 亿条，超 2013 年同期 5 倍以上，如果图 7 所示。

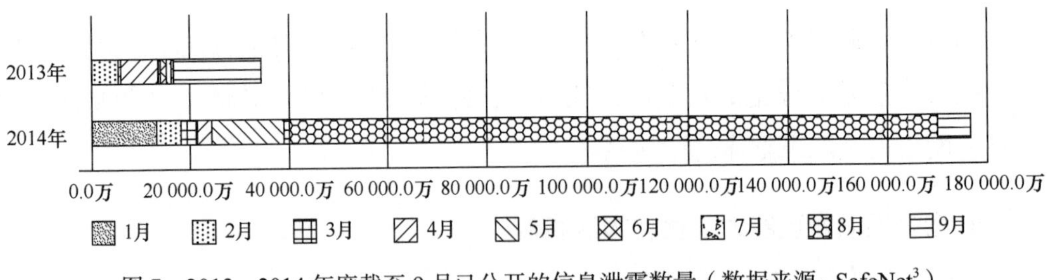

图 7　2013、2014 年度截至 9 月已公开的信息泄露数量（数据来源：SafeNet[3]）

从信息泄露事件涉及领域来看，2014 年全球在金融、政府机构、商业、以及公共服务等领域均发生了严重的数据泄露事件。

[3] 网址：http://breachlevelindex.com/?utm_source=BLI-cta&utm_medium=sidebar-cta&utm_campaign=Breach%20Level%20Index&pageID=8589946865&ctaID=8589949182#sthash.GSoSPg4T.dpbs，时间：2014 年 11 月 24 日。

➢2014 年夏季，黑客取得摩根大通数十个服务器的登入权限，偷走银行客户的姓名、住址、电话号码和电邮地址等个人信息，与这些用户相关的内部银行信息也遭到泄露。据摩根大通在随后发表的声明称，共有 7600 万户家庭用户和 700 万小企业用户的信息被盗。

➢2014 年 8 月，欧洲央行发表声明称，黑客侵入了一个其相对独立的数据库。该数据库中存有 2000 名用户的个人信息，包括电子邮箱地址、电话号码、住址等。在发生数据失窃后，欧洲央行曾收到过匿名邮件，以被窃数据为要挟勒索现金。

➢2014 年 8 月，美国国防部最大背景审查承包商 USIS（U.S. Investigations Services，美国调查服务机构）发表声明称遭到黑客入侵。截至声明发表时，已经可以确认此次攻击造成了包括国家安全局在内的 25 000 名政府安全部门调查人员个人数据的泄露。随着调查的深入，这一数字可能还会上升。泄露的个人数据包括：社会安全码，犯罪史，朋友和家人的姓名以及地址。

➢2014 年 9 月，UPS（United Parcel Service，联合包裹速递服务公司）发表声明称其计算机系统遭到黑客破坏，可能导致公司 1 月 20 日至 8 月 11 日 50 多个分支机构所涉及客户的信用卡或借记卡信息、用户名、邮政地址和电子邮件地址被窃取。

➢2014 年 9 月，日本航空公司发表声明称，因计算机管理系统遭到病毒入侵，导致 11 万～ 75 万人份的顾客信息泄露。

➢2014 年 9 月，美国社区卫生系统有限公司证实，其计算机网络在 4 月和 6 月受到来自外部的网络攻击，入侵事件造成 450 万患者信息被窃取。

……

2. 信息规模、信息价值的变化，以及安全威胁复杂化和黑客产业化成为信息泄露事件激增的主要原因

个人信息泄露隐患日益多元，一方面，随着个人工作、娱乐以及生活对互联网的日益依赖，企业掌握信息规模的增加导致信息泄露的数量级不断增长；而包含用户各类账号密码、社会关系、消费习惯等的大量高价值的信息也吸引黑客铤而走险，通过各种途径盗取个人信息。另一方面，攻击手段日益复杂化。透过承包商网络入侵、盗取和复制管理员密钥、伪造登录身份、通过网络结构绕过服务器身份验证等入侵手段

正普遍出现在各种个人信息泄露事件中，APT、社会工程等更为复杂的攻击方式均可能被用来进行个人信息窃取，传统的边界防护和身份认证等安全措施正遭受前所未有的挑战。同时，旺盛的需求和经济利益的驱动使得黑客行业已经出现完整的产业分工，并正在逐渐向服务化的方向发展，其中漏洞的扩散和利用工具开发迅速，攻击更易快速实现。

3. 全面加强个人信息保护体系构建的建议

（1）完善个人信息保护法律制度体系

建立个人信息保护法律体系，加强立法，构建行政保护为主导的执法体制，通过监督检查、行政处罚等多种措施，形成常态化的个人信息行政保护机制，以应对个人信息泄露的新形势。同时，明确司法赔偿责任，强化涉及个人信息保护案件中的民事诉讼、仲裁、调解机制，充分调动和引导个人信息法律保护中的多主体参与。

（2）完善个人信息技术保护体系

一是加强技术产品研发，包括 DLP（Data Leakage Prevention，数据泄露防护）技术、设备的研发应用，以及专门针对网络信息保护测评认证技术和产品的研发。二是建设个人信息保护监测管理平台，形成涵盖信息申报、测评认证、监测预警、举报受理、信息通报等的监管体系。三是建立第三方信息保护认证评估机制，加强对网站、App、云计算等各类服务个人保护能力的测评。

（3）加强责任意识和个人信息保护技能的提升

一方面，在法律制度规范，以及互联网企业和用户整体安全意识提升的基础上，形成自上而下的个人信息保护需求，促进行业中各个从业主体责任意识的提高。另一方面，加强教育宣传，采取多元化手段，注重区分不同受众层次，提升互联网用户的安全技术常识，增强用户个人信息保护的能力。

（三）网络攻击加速蔓延，万物互联引发严峻安全挑战

1. 万物互联时代的网络安全威胁日益严峻

随着互联网的不断发展和普及，互联网正在将与我们生活、生产息息相关的设备

连接在一起，万物互联时代已经来临。一方面，联网终端数量正以前所未有的速度增长。据 Gartner 预测，不包含 PC、平板以及智能手机在内的物联网终端将于 2020 年增长至 260 亿台 / 支，比 2009 年的 9 亿台增长近 30 倍。另一方面，工业与互联网正在加速融合。“互联网 +”的概念已经深刻影响到各传统行业，以通用电气为首的一大批工业企业开始有意识地运用互联网技术，加快推进生产方式、发展模式的深刻变革。

与此同时，网络攻击也正逐步向各类联网终端渗透，车联网、智能医疗、智能家居、工控系统等领域已面临严峻的网络安全威胁。**一是联网智能汽车面临远程操控风险。**2014 年 Tesla、福特翼虎、丰田普锐斯、奔驰 C180 等智能汽车纷纷被技术人员攻破，可实现远程车辆控制，实施开锁、控制方向盘、紧急制动等危害乘坐者生命财产安全的行为。**二是智能医疗终端隐患威胁生命安全。**2013 年曝光了医疗设备通信协议的设计缺陷及硬件漏洞，可被黑客利用远程控制心脏起搏器、胰岛素注射器等智能医疗产品，严重威胁使用者生命安全。**三是智能家居设备遭遇僵尸网络攻击。**从 2013 年 12 月 23 日到 2014 年 1 月 6 日，全球有超过 10 万台的智能家居产品因接入路由器渗透被黑客控制，构成僵尸网络并发送 75 万份网络钓鱼邮件。**四是工业控制系统受到 APT 攻击侵扰。**2014 年，德国钢厂遭受 APT 攻击，攻击者使用鱼叉式钓鱼邮件和社会工程手段获得钢厂办公网络的访问权，而后通过办公网络控制钢厂生产网络，致使整个生产线被迫停止运转，给钢厂造成了重大破坏。

2. 万物互联时代网络安全问题分析

成熟攻击手段的渗透、新一代网络风险环节的增多、安全防护技术产品的缺失是万物互联时代网络安全的关键问题。

（1）传统的网络攻击方式正迅速向物联网、工业互联网等领域蔓延

历经电信网、互联网、移动互联网时代，病毒蠕虫、僵尸木马、APT 攻击等网络攻击手段日渐成熟。由于物联网是互联网在智能家居、车联网等领域的延伸，工业互联网是互联网在工业领域的拓展，传统的网络攻击方式可迅速移植到物联网、工业互联网等领域。此外，攻击模式将逐步变异进化，形成更适用于新型网络的攻击类型和攻击手段。以物联网、工业互联网为代表的新一代网络正面临成熟攻击手段的全面渗透。

（2）新型网络结构等因素导致潜在风险环节的增多

一是泛在感知引发的海量节点和海量信息。海量感知节点产生的海量信息，在存储、传输、分析、应用等环节都可能引入安全风险。二是互联互通引发的网络跨越。开放融合的趋势逐渐打破行业专网天然形成的自我隔离，网络跨越的过程将引起数据和信息的高度共享。三是智能融合下的工业生态体系。智能制造环境下，要素配置、生产制造和产业组织方式日益依赖网络环境，将产生更多的信息交互和集成协作，并大幅增加潜在的网络安全风险。

（3）受网络应用场景、功能要求、软硬件配置等多种因素局限，传统防护技术难以快速适用

一是智能制造业开放的网络环境需要现有安全防护技术手段进行适应性调整。二是感知节点的存储、计算、通信等能力有限，部署资源消耗过大的安全技术和产品可能会影响生产可靠性。因此，传统的安全防护技术手段将难以直接移植并应用至物联网和工业互联网等新一代网络中。

3. 万物互联时代的网络安全对策

万物互联时代亟须重塑网络安全保障思路，从安全意识、安全管理、标准制定、技术研发及人才等多方面入手，加紧构建和完善网络安全保障体系。

（1）提升安全认识，同步考虑网络安全

要充分认识加强各领域网络安全的重要性和紧迫性，在产品设计、智能制造产业链部署建设时同步考虑网络安全需求。

（2）重塑管理模式，构筑安全监管体系

打破行业管理壁垒，全面适应开放融合的安全管理需求；完善监督管理机制，明确各领域网络安全的主管部门和职责，建立健全安全管理制度。

（3）推动标准制定落地，形成网络安全屏障

联合行业监管部门、研究机构、制造企业、安全厂商等各方共同合作，从产业发展的实际安全需求出发，加速物联网、工业互联网相关安全标准的制定和落地，切实发挥标准对产业的推动作用。

（4）加快新型安全技术研发，促进传统安全产品适用

一方面要结合行业特点和需求，着力轻量级安全技术研发。另一方面，要加快安全防护软硬件的升级优化，促进防火墙、安全防护、安全监测、态势感知等安全技术在工业等领域的适用。

（5）提高从业人员的安全技能，打造各领域内的网络安全人才梯队

一方面，要鼓励各行业开展岗位安全教育培训，提高现有从业人员的网络安全意识、知识储备和安全技能。另一方面，要大力培养精通领域内产品技术并掌握网络安全知识、具备网络安全威胁应对能力的复合型人才。

三、2015 年网络与信息安全展望

（一）总体判断

2015 年，网络与信息安全挑战持续，安全体系化建设时代已然来临。总的来看，解决好安全问题，需要以体系化的思路构建安全保障体系。目前，已初步形成了包含安全战略、法律法规、基础设施、技术产业、人才培养、国际合作等多方面在内的体系化安全工作思路。

- 安全战略：制定战略方针，明确实施路径、行动计划。
- 法律法规：构建法律环境，明确安全责任，规范安全行为。
- 基础设施：加强关键基础设施保护，保护国家重要资产。
- 技术产业：促进核心技术设备、关键安全技术发展，形成良性产业生态环境。
- 人才培养：加快分领域、分类型、分层次安全人才培养。
- 国际合作：积极参与国际规则制定，推动合作共赢。

（二）突破核心技术，增强安全可控能力

当前信息产业创新和发展环境不断优化，信息产业正处于黄金发展机遇期。“棱镜门”事件暴露出我国核心技术产品受制于人的严峻现实，也揭开了民族信息产业大发展的序幕。核心技术的突破和安全可控产品的应用是推动我国信息产业自主可控水平提升的重要举措。国内骨干企业和研究机构将把握机遇，继续开展对国产 CPU、操作系统等基础通用技术的攻关，加大高端服务器、路由器等关键基础网络设备研发投入，深入开展网络安全监测预警、漏洞后门挖掘、APT 攻击应对技术等网络安全核心技术的研究，为我国在大数据、物联网、云计算、工业互联网等新兴技术领域占得先机打

下坚实基础。

技术突破与产业协同相辅相成，安全可控产品的示范应用是构建各环节共赢、自主可控的产业生态体系的关键环节。成熟自主可控产品在党政军、基础网络、重点行业的重要信息系统中的扩大应用，以及高端服务器、存储设备、基础软件等的试点示范，将加速带动民族品牌产品的功能、性能与安全性提升。

（三）安全产业迎来发展机遇

企业级安全市场方面，产业将呈现高增长态势，安全服务市场将进一步扩大。根据 IDC 中国预计，未来 3 ～ 4 年，中国安全产业年均复合增长率将接近 20%，远超国际平均水平。未来 3 ～ 4 年，中国安全服务市场规模的复合年增长率将达到 23.6%。根据 Gartner 预计，云安全服务市场将迎来高速发展时期，安全产品提供商转型安全服务商，IAM（Identity and Access Management，身份和访问管理）、云加密、SIEM（Security Information and Event Management，安全信息和事件管理）漏洞评估增长强劲。2011—2017 年中国 IT 安全市场规模和前景预测如图 8 所示。

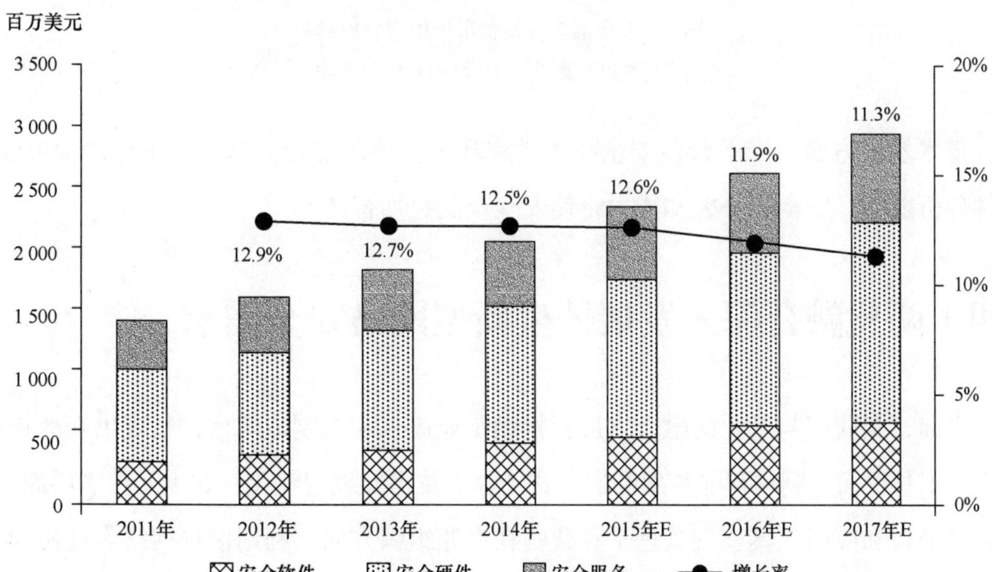

图 8　2011—2017 年中国 IT 安全市场规模和前景预测（数据来源：IDC 中国）

大众消费市场方面，预计国内互联网公司仍将占主导地位，企业之间的竞争将日趋加剧。奇虎360、腾讯、百度、金山等主要安全服务提供商将挖掘、利用各自的比较优势拓展用户群，市场竞争有望加剧，市场领头羊与市场2、3名之间的用户差距将呈现缩小趋势。以电脑安全防护软件为例，2011年360安全卫士用户与腾讯电脑管家用户数相差约2亿户；而两家公司最近公布的数据显示，360安全卫士用户与腾讯电脑管家用户数之差已经缩小到约1亿户。预计未来手机安全软件和电脑杀毒软件将呈现类似的趋势。大众消费者安全市场用户发展趋势如图9所示。

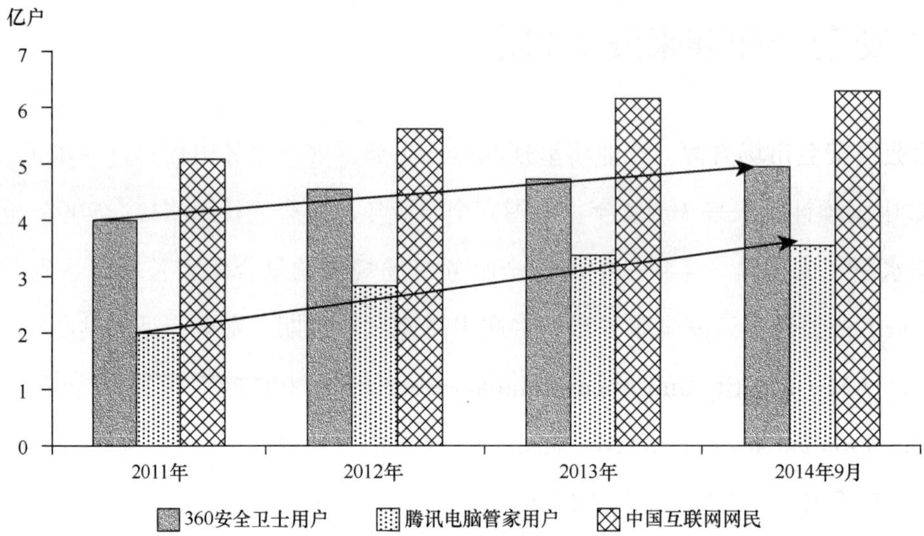

图9　大众消费者安全市场用户发展趋势

（数据来源：360、腾讯、中国信息通信研究院测算）

技术发展方面，云平台使安全技术措施和手段得以聚合，基于云平台的深度安全事件分析能力、安全态势感知能力将使安全产品更加智能。

（四）两化融合深入发展催生新型网络安全需求

当前，互联网与工业的融合发展正推动工业迈入智能制造时代，呈现出新的特点。在生产工具层面，利用智能传感和嵌入式计算等技术实现智能化；在生产控制层面，利用软件平台和应用工具实现管理平台化；在产业组织方面，利用信息网络实现协同化。信息技术在推动生产模式与产业生态转变的同时，更对网络安全保障提出了新的需求。

工业互联网基本模式如图10所示。

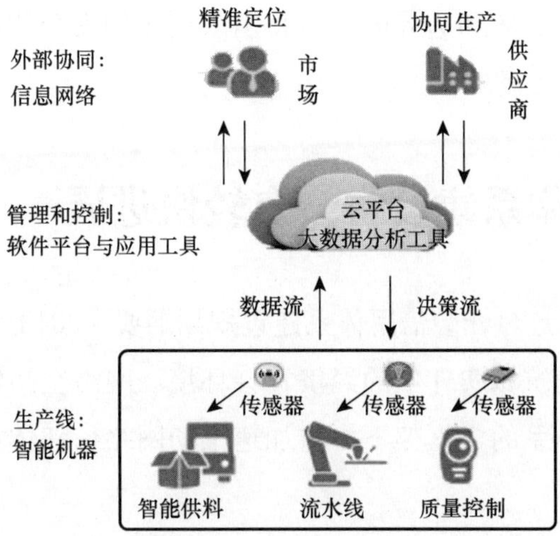

图 10　工业互联网基本模式

（1）智能生产线部署的海量感知节点的安全需求

智能生产线部署的感知节点将有可能成为网络攻击的目标，一旦感知节点被俘获，攻击者可实施信息窃取和恶意篡改，甚至进行深层渗透。因此，新型网络部署的海量感知节点必须保证安全可靠。

（2）通信协议轻量级、通信软件开源化背景下的通信安全需求

传统的复杂加密算法和数字签名等手段无法满足工业机器间短距离通信对时延、功耗等的要求，通信协议轻量化成为智能制造领域通信安全的严峻挑战。同时，通信软件将基于开源代码，攻击者可利用开源代码存在的安全漏洞发动攻击，而智能系统的实时联通、海量数据的快速传输深度依赖智能通信网络。因此，为保障智能通信网络的信息传输安全，迫切需要提升当前无线通信技术的安全性和控制能力。

（3）具备统一控制和远程监控等功能的工业云平台的安全需求

智能制造的管理和控制将依托软件平台和应用工具，通过云计算和大数据技术存储、处理、分析内外部数据并形成生产决策指令，通过制造执行系统和嵌入式控制装置实现设备的弹性运转和灵活调整。工业云平台将是智能制造的神经中枢，保障其网络安全至关重要。

（4）网络互联互通与深度信息共享的网络安全需求

与公共互联网的互联互通有助于企业精准定位市场需求并增强工业全产业链的集

成协作，但网络隔离的破坏和边界的跨越将引入更多的安全薄弱环节，对智能制造体系的网络安全防护提出更高要求。

（五）网络信任体系建设将会有较快进展

当前，我国已经通过《社会信用体系建设规划纲要（2014—2020 年）》，加快部署建设社会信用体系、构筑诚实守信的经济社会环境。网络空间作为社会生活不可分割的部分，在社会信用体系的大框架下，将加速推动网络信任体系构建，打造可信网络环境。

（1）法律的不断完善将奠定“基础防线”

《电子签名法》将继续发挥网络信任体系基础法的作用，最高法院也已就个人隐私和其他个人信息作了司法解释，《网络安全法》已列入立法工作计划，相关法律工作都将作为“基础防线”，构成网络信任体系的重要支撑。

（2）PKI 认证体系仍将不断推进，形成网络空间信任的基础框架

PKI（Public Key Infrastructure，公钥基础设施）认证已在电子商务、电子政务等领域开展了大量应用。未来有望建设国家级 PKI 体系，实现国家级的 CA（Certificate Authority，证书授权机构）策略管理、证书互认和证书备份等，形成身份认证管理的基础框架。

（3）eID 有望从另一方面助推网络空间身份管理体系的完善

截至 2014 年 10 月底，我国已发行 eID 载体 700 万张，2014 年内制发 2000 万张。eID 在工商银行、上海银行、航旅纵横、北邮校园网等领域已经试点使用，未来发展空间广阔。

（4）基于评价的信用管理成为网络空间信任体系的雏形

淘宝、京东、大众点评网等已积累了丰富的基于用户评价的信用管理经验。这些应用于商业领域的信任模型是我国网络信任体系的重要补充。